KANMIN WANG

LERNWORTSCHATZ CHINESISCH

1.200 Substantive zu 56 Alltagsthemen

HELMUT BUSKE VERLAG
HAMBURG

Bibliografische Information der Deutschen Bibliothek

Die Deutsche Bibliothek verzeichnet diese Publikation in der Deutschen Nationalbibliografie; detaillierte bibliografische Daten sind im Internet über <http://dnb.ddb.de> abrufbar.

ISBN-10: 3-87548-420-7
ISBN-13: 978-3-87548-420-5

 Druck und Bindung: Druckhaus „Thomas Müntzer", Bad Langensalza. Werkdruckpapier: alterungsbeständig nach ANSI-Norm resp. DIN-ISO 9706, hergestellt aus 100% chlorfrei gebleichtem Zellstoff. Printed in Germany. *www.buske.de*

INHALT

Vorwort		VII
Benutzerhinweise		IX
1.200 Substantive zu 56 Alltagsthemen		1
(1) Mensch:	1. Person	1
	2. Nation	6
	3. Familie	7
	4. Beziehungen	12
	5. Feste	15
	6. Denken und Fühlen	17
(2) Natur:	7. Himmel	21
	8. Wetter	22
	9. Umwelt	26
	10. Tiere	32
	11. Pflanzen	38
(3) Welt:	12. Welt	42
	13. Sprachen	46
	14. Religionen	49
	15. Raum	52
	16. Zeit	54
(4) Land:	17. Staat	62
	18. Industrie	65
	19. Landwirtschaft	68
	20. Wirtschaft	70
	21. Gesellschaft	73
	22. Militär	77
(5) Stadt:	23. Stadtzentrum	80
	24. Post	82
	25. Bank	85
	26. Geschäft	87
	27. Schule	91
	28. Büro	96
(6) Wohnen:	29. Haus	99
	30. Wohnung	102
	31. Elektrogeräte	107
	32. Werkzeuge	111
	33. Werkstoffe	113
	34. Gebrauchsartikel	117
(7) Verpflegung:	35. Restaurant	123
	36. Fleisch und Fisch	129
	37. Gemüse	130
	38. Obst	133
	39. Gewürze	135
	40. Getränke	137
	41. Andere Lebensmittel	140
(8) Gesundheit:	42. Körper	142

	43. Krankheiten	149
	44. Heilung	153
(9) Kleidung:	45. Kleidung	160
	46. Kosmetika und Schmuck	167
(10) Verkehr:	47. Flugzeug	170
	48. Eisenbahn	172
	49. Auto	175
	50. Andere Verkehrsmittel	179
(11) Freizeit:	51. Tourismus	183
	52. Sport	187
	53. Medien	189
	54. Literatur	191
	55. Kunst	193
	56. Sonstige Aktivitäten und Spiele	199

Deutsch-chinesisches Register 201

VORWORT

Immer mehr Menschen aus Deutschland reisen nach China, arbeiten oder studieren dort. Im Kino werden hierzulande immer häufiger chinesische Filme gezeigt, in den Buchhandlungen mehr Bücher chinesischer Autoren oder über China angeboten, in den Supermärkten finden sich viele chinesische Produkte, die Werbung bedient sich chinesischer Schriftzeichen und vieles mehr könnte ergänzt werden, um zu zeigen, wie vielfältig die Verbindungen zu China geworden sind.

Damit einhergehend nimmt auch das Interesse an der chinesischen Sprache rapide zu. Zunehmend mehr Menschen lernen Chinesisch oder möchten zumindest wissen, wie bestimmte alltägliche Wörter oder moderne Fachbegriffe wie zum Beispiel „Computer" oder „Handy" im Chinesischen heißen.

Der »Lernwortschatz Chinesisch« ist aus meiner langjährigen praktischen Arbeit mit deutschen Studierenden in China und Deutschland hervorgegangen und will allen Sprachinteressierten eine Lernhilfe für den Grund- und Aufbauwortschatz der modernen chinesischen Sprache bieten. Das Buch versteht sich als Ergänzung zu allen gängigen Lehrbüchern, die aufgrund ihres beschränkten Umfangs in der Regel einen kleineren Wortschatz an Substantiven aus dem Alltag aufweisen. Es ist sowohl für Anfänger als auch für Fortgeschrittene geeignet. Man kann es zum Selbststudium, aber auch für Gruppenübungen im Konversationsunterricht benutzen. Es umfasst 1.200 Substantive zu 56 Alltagsthemen, so dass man schnell zu bestimmten Themen nachschlagen kann, sei es für die chinesische Zeitungslektüre oder mündliche Kommunikation mit chinesischen Gesprächspartnern.

Der Auswahl der Substantive lagen u.a. folgende Überlegungen zugrunde:

1. Die Wortwahl sollte der Wichtigkeit der Begriffe in Alltag, Studium oder Beruf entsprechen.
2. Standen mehrere Möglichkeiten zur Wahl, was in der chinesischen Sprache häufig der Fall ist, wurde – mit ganz wenigen Ausnahmen – das in der gesprochenen Sprache am häufigsten verwendete Substantiv ausgewählt. Ansonsten werden wichtige Synonyme in den Beispielsätzen verwendet.
3. Die Wortliste sollte aus dem chinesischen Sprachumfeld stammen. Substantive wie „Quark" sucht man also vergeblich in der Liste, weil sie nicht zum Leben der Chinesen gehören, während einige andere Substantive, die in Europa selten gebraucht werden, wie zum Beispiel „Teehaus", aufgenommen wurden.
4. Die Wortwahl sollte den Wortschatz der offiziellen Prüfung für die chinesische Sprache (HSK-Prüfung – Grundstufe) berücksichtigen.

Ehe ich den Benutzern einen guten Lernerfolg und viel Spaß bei ihrem Studium wünsche, möchte ich mich bei allen bedanken, die mich beim Zustandekommen dieses Buches unterstützt haben, vor allem bei den Professoren des Instituts für Sinologie der Ludwig-Maximilians-Universität München: Prof. Dr. Hans van Ess, Prof. Dr. Thomas Höllmann und Prof. Dr. Roderich Ptak, bei meinen Studenten und bei Herrn Michael Hechinger, Herrn Axel Kopido und Herrn Johannes Kambylis vom Helmut Buske Verlag. Außerdem gilt mein ganz besonderer Dank für ihre stete Gesprächsbereitschaft und wichtige und konkrete Hilfe meinen Kollegen am Institut und meinen Freundinnen und Freunden: Dr. Khaled Atallah; Wayne Brown, M.A.; Sixin Cheng; Dr. Rudolf Geller; Waltraud Gerstendörfer; Gabi Karg, M.A.; Prof. Dr. Godehard Link; PD. Dr. Claudia Link; Christa Linsert, M.A.; Dr. Bernd Mayer; Cathrine Munz, M.A.; Marc Nürnberger, M.A.; Dr. Alexander Pajic; Dipl. Soz. Barbara Reder; Dipl. Hans Dieter Sauer; Dr. Anette Schilling; PD. Dr. Dennis Schilling; Dr. Christian Soffel; Udo Sulimma, M.A.; Yanhong Wang und Lisa Ziemann, M.A. Ohne ihre großzügige und tatkräftige Unterstützung wäre dieses Buch nicht zustande gekommen!

München, im Januar 2006

Kanmin Wang

BENUTZERHINWEISE

Insgesamt 1.200 wichtige chinesische Substantive – thematisch in 56 Kapitel aufgegliedert – sind übersichtlich in Kästchen angeordnet. Zu jedem chinesischen Substantiv werden die deutsche Bedeutung und die Lautumschrift in lateinischen Buchstaben (Pinyin) angegeben sowie bei mehrsilbigen Wörtern die wörtliche Bedeutung der einzelnen Schriftzeichen. Darüber hinaus vermittelt ein auch in Pinyin wiedergegebener und ins Deutsche übersetzter Beispielsatz den jeweils richtigen Gebrauch und – wo immer möglich – zusätzlichen Wortschatz sowie landeskundliche Informationen.

Das deutsch-chinesische Register ermöglicht ein schnelles Nachschlagen des gesuchten Wortes.

Im nachfolgenden Schema finden Sie zuerst die Nummern der Felder, die am folgenden Beispielkästchen „Geburtstag" exemplarisch erklärt werden.

Schema

(1) Ziffer

(2) deutsches Stichwort	**(3)** Pinyin
(4) wörtliche Erklärungen	**(5)** chinesisches Stichwort
(6) chinesischer Beispielsatz	
(7) Beispielsatz in Pinyin	
(8) deutsche Übersetzung	

Beispiel

5. Feste – 93

Geburtstag	shēngri
gebären + Tag	生日
为什么中国人过生日爱吃面条？ -- 它表示长寿！	
Wèishénme Zhōngguórén guò shēngri ài chī miàntiáo? -- Tā biǎoshì cháng shòu!	
Warum essen Chinesen am Geburtstag gern Nudeln? -- Sie sind ein Symbol für ein langes Leben!	

(1) Die Ziffer links über jedem Kästchen

Im Beispiel: 5. Feste - 93:

- „5. Feste" bedeutet, dass das Stichwort 生日 (Geburtstag) zum 5. Thema „Feste" gehört. Eine Liste der insgesamt 56 Alltagsthemen steht im Inhaltsverzeichnis auf Seite V und VI.
- Die Zahl „93" ist die Kästchennummer. Die 1.200 Kästchen sind durchnummeriert.

(2) Das deutsche Stichwort

- Im Deutschen sind Wörter wie „man", „heute", „unten" oder „gegenüber" keine Nomen, sondern Pronomen, Adverbien oder Präpositionen, während solche Begriffe im Chinesischen zur Kategorie „Nomen" gehören und daher in die Liste aufgenommen werden mussten.
- Vor oder hinter einigen deutschen Stichwörtern steht in Klammern ein Wort, das die Bedeutung des deutschen Wortes präziser erklärt, zum Beispiel „(Gemüse-)Markt" oder „Schalter (Strom)".

(3) Das Pinyin für das chinesische Stichwort

- Das Pinyin ist eine in der ganzen Welt anerkannte und in China verbreitete Lautumschrift in lateinischen Buchstaben. Das kleine Feld Nr. 3 bezieht sich auf das chinesische Stichwort.
- Nicht für alle chinesischen Wörter gibt es eine einheitliche und verbindliche Umschrift in Pinyin. Vielmehr weichen Wörter- und Lehrbücher voneinander ab. Das in diesem Buch verwendete Pinyin für Stichwörter basiert prinzipiell auf den Vorgaben der HSK-Prüfung für den chinesischen Wortschatz. Nur in seltenen Fällen wurden andere Vorschläge übernommen.

(4) Wörtliche Erklärungen bei mehrsilbigen Wörtern

- Bei den meisten mehrsilbigen chinesischen Stichwörtern sind die wörtlichen Bedeutungen der einzelnen Schriftzeichen angegeben, zum Beispiel 西红柿 (xīhóngshì, West + rot + Kakipflaume = Tomate). Diese Angaben sollen den Leser nicht nur unterhalten, sondern ihm vor allem die Entstehung eines Wortes verdeutlichen.
- Der Spiegelstrich „-" bedeutet, dass die betreffende zweite Silbe des Stichwortes nur ein bedeutungsloses Suffix 子 oder 儿 ist, oder dass das betreffende einsilbige Stichwort bereits in Feld Nr. 2 (deutsches Stichwort) wiedergegeben wurde.
- Die Abkürzung „phon." bedeutet, dass das betreffende Schriftzeichen nur eine phonetische Umsetzung einer fremdsprachigen Silbe darstellt und in diesem konkreten Fall keine Bedeutung mehr hat.

(5) Das chinesische Stichwort

- Die chinesischen Stichwörter sind großformatig in Kaiti-Schriftart gedruckt, damit der Leser die *Strichrichtung* jedes Strichs verfolgen kann.
- Die meisten Stichwörter sind zweisilbig.
  Im modernen chinesischen Wortschatz dominiert die *Zweisilbigkeit*. Sie bleibt aber in der Sprachpraxis nicht konstant! Der Leser sollte auf flexible Veränderung vieler Wörter bei Einsilbigkeit und Zweisilbigkeit achten und sich nicht darüber wundern, dass einige Nomen als Stichwörter zwar zweisilbig, im Beispielsatz aber nur einsilbig sind.
- Dieses Ein- und Zweisilbigkeitsspiel sieht man zuerst bei vielen Wörtern, die durch Hinzufügung eines *bedeutungslosen Suffixes* (z.B. 子, zi) oder *Präfixes* (z.B. 老, lǎo) zweisilbig geworden sind, wobei sich an der Bedeutung der Wörter fast nichts verändert hat; Beispiele dafür: 桌 (zhuō, Tisch) → 桌子(zhuōzi, Tisch) und 虎 (hǔ, Tiger) → 老虎 (lǎohǔ, Tiger).
- Zudem gibt es viele Wörter, die durch *Verdopplung derselben Silbe* zweisilbig geworden sind, wie zum Beispiel 哥哥 (gēge, älterer Bruder) und 星星 (xīngxing, Stern). Sie haben genau die gleiche Bedeutung wie das einsilbige Wort 哥 bzw. 星.
- Noch ein weiteres Ein- und Zweisilbigkeitsspiel lässt sich gut an folgendem Beispiel zeigen. Das Wort für den Begriff „Körper" ist normalerweise zweisilbig: 身体 (shēntǐ, Körper). Aber in einer Wortphrase, zum Beispiel 全身 (quán shēn, der ganze Körper), oder in einem Kompositum, zum Beispiel 体重 (tǐzhòng, Körpergewicht), bleibt nur eine Silbe für den Begriff „Körper" übrig, damit die ganze Wortgruppe oder das Kompositum weiter zweisilbig bleibt und besser klingt.

(6) Der chinesische Beispielsatz

- Die lebensnahen Beispielsätze sind relativ einfach aufgebaut. Die meisten darin enthaltenen Verben, Adjektive, Adverbien usw. gehören zum modernen chinesischen Grundwortschatz.
- Die Beispielsätze sollen Einblicke in chinesische Landeskunde, Kultur und Lebensgewohnheiten sowie die Denkweise der Chinesen vermitteln.
- Das chinesische Stichwort sowie chinesische Sprichwörter und Redensarten sind unterstrichen, Beispiel: 金窝银窝不如自家草窝。(Kästchen Nr. 215).

7) Das Pinyin für den Beispielsatz

Bis heute ist in China die Pinyin-Umschrift (insbesondere für Sätze) nicht normiert. Vor allem bei folgenden Problemen gibt es Meinungsunterschiede:

- ob die Silben mancher mehrsilbiger Ausdrücke getrennt oder zusammengeschrieben werden müssen;
- ob die letzte Silbe einiger mehrsilbiger Wörter einen neutralen Ton erhalten muss;
- ob der erste Buchstabe mancher Wörter im Satz groß oder klein geschrieben werden soll.

Während der Erarbeitung dieses Buches wurden über 20 aktuelle Lehr- und Wörterbücher untersucht und verglichen. Das jetzige Ergebnis hinsichtlich der Pinyin-Umschrift für Sätze gibt die Meinung der Mehrzahl der Autoren wieder.

(8) Die deutsche Übersetzung des Beispielsatzes

- Die deutsche Übersetzung des chinesischen Beispielsatzes ist häufig ein Kompromiss, der die unterschiedlichen Sprachgewohnheiten und Denkweisen von Chinesen und Deutschen berücksichtigt. Es kann ab und zu, besonders wenn kein treffender deutscher Ausdruck gefunden werden konnte, zu einer „holprigen" Übersetzung kommen, damit die Struktur des chinesischen Satzes gewahrt bleibt.
- In einigen deutschen Sätzen stehen in Klammern kurze Worte als Ergänzung oder Erklärung, die in den chinesischen Sätzen nicht vorhanden sind, Beispiel: „Den Tag der Jugend am 4. Mai feiert man zum Gedenken an die (chinesische) Studentenbewegung vom 4. Mai 1919." (Kästchen Nr. 26).
- Die wörtliche Übersetzung der Sprichwörter und Redensarten ist unterstrichen. Eine sinngemäße Übersetzung steht nur dann danach in Klammern, wenn die wörtliche Übersetzung einem westlichen Leser unverständlich sein könnte, Beispiel: „<u>Weder drei noch vier, weder Esel noch Pferd</u> (weder Fisch noch Fleisch)" (Kästchen Nr. 201).

1. Person – 1

Mensch, Person	rén
–	人
芳乐，你家有几口人？-- 我家现在有五口人。	
Fānglè, nǐ jiā yǒu jǐ kǒu rén? -- Wǒ jiā xiànzài yǒu wǔ kǒu rén.	
Fangle, wie viele Personen seid ihr in deiner Familie? – Wir sind jetzt fünf.	

1. Person – 2

Familienname	xìng
–	姓
请问您贵姓？-- 我姓司马。这是一个很少见的复姓。	
Qǐngwèn nín guì xìng? -- Wǒ xìng Sīmǎ. Zhè shì yí gè hěn shǎojiàn de fùxìng.	
Wie heißen Sie mit Familiennamen? – Ich heiße Sima. Das ist ein seltener zweisilbiger Familienname.	

1. Person – 3

Vorname	míngzi
Rufname + Beiname	名字
林玉龙姓林，名字叫玉龙，意思是“玉做的龙”。	
Lín Yùlóng xìng Lín, míngzi jiào Yùlóng, yìsi shì „yù zuò de lóng“.	
Lin Yulong heißt mit Familiennamen Lin und mit Vornamen Yulong. Dies bedeutet „Drache aus Jade“.	

1. Person – 4

Lebensalter	niánjì
Jahr + Zeitalter	年纪
你知道马老师多大年纪？-- 大概是五十岁吧。	
Nǐ zhīdào Mǎ Lǎoshī duō dà niánjì? -- Dàgài shì wǔshí suì ba.	
Weißt du, wie alt Lehrer Ma ist? – Ich schätze etwa 50 Jahre.	

1. Person – 5

... Jahre alt	suì
–	岁
李太太，您的孩子几岁了？-- 七岁。已经上小学了。	
Lǐ Tàitai, nín de háizi jǐ suì le? -- Qī suì. Yǐjing shàng xiǎoxué le.	
Frau Li, wie alt ist Ihr Kind? – Sieben Jahre. Es geht bereits zur Schule.	

1. Person – 6

Geschlecht	xìngbié
Geschlecht + Unterschied	性别
很多工作对性别是没有要求的，男性、女性都可以干。	
Hěn duō gōngzuò duì xìngbié shì méi yǒu yāoqiú de, nánxìng, nǚxìng dōu kěyǐ gàn.	
In vielen Berufen fragt man nicht nach dem Geschlecht. Sie werden sowohl von Männern als auch von Frauen ausgeübt.	

1. Person – 7

Mann	nánrén
männlich + Mensch	男人
照片上这几个男人是谁？-- 是我的法国朋友。	
Zhàopiàn shàng zhè jǐ gè nánrén shì shuí? -- Shì wǒ de Fǎguó péngyou.	
Wer sind die Männer auf dem Foto? – Das sind meine französischen Freunde.	

1. Person – 8

Frau	nǚrén
weiblich + Mensch	女人
有人说：男人有钱就变坏，女人变坏就有钱。	
Yǒurén shuō: Nánrén yǒu qián jiù biàn huài, nǚrén biàn huài jiù yǒu qián.	
Man sagt, ein Mann wird unmoralisch, wenn er reich geworden ist, und eine Frau wird reich, wenn sie unmoralisch geworden ist.	

1. Person – 9

man	rénmen
Mensch + (Nachsilbe für Plural)	人们
今天在中国，人们不再骂外国人是“洋鬼子”。	
Jīntiān zài Zhōngguó, rénmen bú zài mà wàiguórén shì „yáng guǐzi“.	
Heutzutage beschimpft man in China Ausländer nicht mehr als „ausländische Teufel“.	

1. Person – 10

Adresse	dìzhǐ
Boden + Standort	地址
我下星期搬家。-- 请把你的新地址告诉我！	
Wǒ xià xīngqī bān jiā. -- Qǐng bǎ nǐ de xīn dìzhǐ gàosu wǒ!	
Nächste Woche ziehe ich um. – Bitte teile mir deine neue Adresse mit!	

1. Person – 11

Telefonnummer	diànhuà hàomǎ
Strom + Worte + Nummer + Code	电话号码
名片上有我办公室和家里的电话号码。	
Míngpiàn shàng yǒu wǒ bàngōngshì hé jiā lǐ de diànhuà hàomǎ.	
Auf der Visitenkarte stehen die Telefonnummern von meinem Büro und von zu Hause.	

1. Person – 12

Personalausweis	shēnfènzhèng
Körper + Exemplar + Ausweis	身份证
我的身份证找不着了！-- 别着急，我帮你一块儿找！	
Wǒ de shēnfènzhèng zhǎo bu zháo le! -- Bié zháojí, wǒ bāng nǐ yíkuàir zhǎo!	
Ich finde meinen Personalausweis nicht mehr! – Keine Sorge! Ich helfe dir suchen!	

1. Person – 13

Kurz-Lebenslauf	jiǎnlì
einfach + Erlebtes	简历

你还要写份简历，跟你的求职信一起寄去。

Nǐ hái yào xiě fèn jiǎnlì, gēn nǐ de qiúzhíxìn yìqǐ jì qù.

Du musst noch einen Kurz-Lebenslauf schreiben und ihn dann mit der Bewerbung zusammen abschicken.

1. Person – 14

Beruf	zhíyè
Beruf + Sache	职业

你的职业是什么？-- 我是公务员。

Nǐ de zhíyè shì shénme? -- Wǒ shì gōngwùyuán.

Was bist du von Beruf? – Ich bin Angestellter im Staatsdienst.

1. Person – 15

Arbeit	gōngzuò
arbeiten + schaffen	工作

你喜欢你的工作吗？-- 马马虎虎，能挣钱就可以了。

Nǐ xǐhuan nǐ de gōngzuò ma? -- Mǎma-huhu, néng zhèng qián jiù kěyǐ le.

Gefällt dir deine Arbeit? – So la la. Wenn man damit Geld verdienen kann, geht es.

1. Person – 16

Gehalt, Lohn	gōngzī
arbeiten + Geld	工资

你工资低，钱够用吗？-- 够了。钱多多用，钱少少用。

Nǐ gōngzī dī, qián gòu yòng ma? -- Gòu le. Qián duō duō yòng, qián shǎo shǎo yòng.

Dein Gehalt ist nicht hoch. Reicht das Geld aus? – Ja, es reicht. Wenn man viel Geld hat, gibt man viel aus; wenn man nur wenig Geld hat, gibt man halt wenig aus.

1. Person – 17

Einkommen	shōurù
empfangen + hereinkommen	收入

他的收入不少。除了每月的工资，还有写书的稿费。

Tā de shōurù bù shǎo. Chúle měi yuè de gōngzī, hái yǒu xiě shū de gǎofèi.

Sein Einkommen ist nicht gering. Neben dem monatlichen Gehalt bekommt er noch ein Autorenhonorar für seine Bücher.

1. Person – 18

Lebensstandard	shēnghuó shuǐpíng
gebären + leben + Wasser + Pegel	生活水平

中国大城市里的生活水平现在相当高了。

Zhōngguó dà chéngshì lǐ de shēnghuó shuǐpíng xiànzài xiāngdāng gāo le.

Der Lebensstandard in den chinesischen Großstädten ist inzwischen ziemlich angestiegen.

1. Person – 19

Aussehen	wàimào
außen + Ausse-hen	外貌
你看那些演员和时装模特儿们，一个个外貌都出众得很！	
Nǐ kàn nàxiē yǎnyuán hé shízhuāng mótèrmen, yí gègè wàimào dōu chūzhòng de hěn!	
Schau dir mal dort die Schauspieler und die Mannequins an! Sie haben alle ein phantastisches Aussehen!	

1. Person – 20

Charakter (Person)	xìnggé
Charak-ter + Stil	性格
老张性格怎么样？-- 不太好，动不动就发火。	
Lǎo Zhāng xìnggé zěnmeyàng? -- Bú tài hǎo, dòng bu dòng jiù fā huǒ.	
Welchen Charakter hat Lao Zhang? – Keinen guten. Schon beim geringsten Anlass wird er wütend.	

1. Person – 21

Gewohnheit	xíguàn
üben + pflegen	习惯
中国人吃饭的习惯是先吃菜，后喝汤。	
Zhōngguórén chī fàn de xíguàn shì xiān chī cài, hòu hē tāng.	
Die Gewohnheit der Chinesen bei den Mahlzeiten ist es, zuerst die anderen Gerichte zu essen und dann erst die Suppe zu trinken (= essen).	

1. Person – 22

Heimatort	jiāxiāng
Familie + Heimat	家乡
你的家乡在哪里？-- 在山西。我外公外婆还生活在那里。	
Nǐ de jiāxiāng zài nǎli? -- Zài Shānxī. Wǒ wàigōng wàipó hái shēnghuó zài nàli.	
Wo liegt dein Heimatort? – In der Provinz Shanxi. Meine Großeltern (mütterlicherseits) leben noch dort.	

1. Person – 23

Kind	háizi
–	孩子
后天是六一儿童节。我们带孩子去公园划船，好吗？	
Hòutiān shì liù yī Értóngjié. Wǒmen dài háizi qù gōngyuán huá chuán, hǎo ma?	
Übermorgen ist der 1. Juni, der Tag des Kindes. Wir gehen mit den Kindern in den Park zum Rudern, einverstanden?	

1. Person – 24

Kindergarten	yòu’éryuán
sehr jung + Kind + Garten	幼儿园
你儿子喜欢去幼儿园吗？-- 喜欢，他说比家里热闹。	
Nǐ érzi xǐhuan qù yòu’éryuán ma? -- Xǐhuan, tā shuō bǐ jiā lǐ rènao.	
Geht dein Sohn gern in den Kindergarten? – Ja. Er sagt, dort ist mehr los als zu Hause.	

1. Person – 25

Taschengeld	língyòngqián
stück-weise + benutzen + Geld	零用钱
我妈不给我很多<u>零用钱</u>。她说小孩子不能<u>大手大脚</u>的。	
Wǒ mā bù gěi wǒ hěn duō língyòngqián. Tā shuō xiǎo háizi bù néng dàshǒu-dàjiǎo de.	
Meine Mama gibt mir nur wenig Taschengeld. Sie sagt, dass Kinder nicht <u>mit großen Händen und großen Füßen</u> (= auf großem Fuß) leben sollten.	

1. Person – 26

Jugend	qīngnián
grün + Jahr	青年
五四<u>青年</u>节是为了纪念 1919 年 5 月 4 日的学生运动。	
Wǔ sì Qīngniánjié shì wèile jìniàn yī-jiǔ-yī-jiǔ nián wǔyuè sì rì de xuésheng yùndòng.	
Den Tag der Jugend am 4. Mai feiert man zum Gedenken an die (chinesische) Studentenbewegung vom 4. Mai 1919.	

1. Person – 27

Jugendliche(r)	niánqīngrén
Jahr + leicht + Mensch	年轻人
现在<u>年轻人</u>没结婚也可以住在一起，我那时却不行。	
Xiànzài niánqīngrén méi jié hūn yě kěyǐ zhù zài yìqǐ, wǒ nà shí què bù xíng.	
Unverheiratete junge Leute dürfen jetzt zusammen leben. In meiner Jugend war dies jedoch nicht erlaubt.	

1. Person – 28

junger Mann	xiǎohuǒzi
klein + Gefährte	小伙子
那个高个儿的<u>小伙子</u>你认识吗？-- 认识，他是学医的。	
Nàge gāo gèr de xiǎohuǒzi nǐ rènshi ma? -- Rènshi, tā shì xué yī de.	
Kennst du den großen jungen Mann dort? – Ja, er ist Medizinstudent.	

1. Person – 29

Mädchen	gūniang
Tante + Mutter	姑娘
开出租车的都是男人。你见过<u>姑娘</u>开出租车吗？-- 见过。	
Kāi chūzūchē de dōu shì nánrén. Nǐ jiàn guo gūniang kāi chūzūchē ma? -- Jiàn guo.	
Die Taxifahrer sind immer Männer. Hast du ein Mädchen gesehen, das Taxi fährt? – Ja, schon.	

1. Person – 30

alter Mensch	lǎorén
alt + Mensch	老人
如今许多八十岁的<u>老人</u>身体还相当好。	
Rújīn xǔduō bāshí suì de lǎorén shēntǐ hái xiāngdāng hǎo.	
Viele Senioren sind heutzutage auch mit 80 Jahren noch ziemlich fit.	

1. Person – 31

Lebenserwartung	shòumìng
hohes Alter + Leben	寿命

女人的平均寿命比男人的高。这是为什么？

Nǚrén de píngjūn shòumìng bǐ nánrén de gāo. Zhè shì wèishénme?

Die Lebenserwartung der Frauen ist im Durchschnitt höher als die der Männer. Warum ist das so?

1. Person – 32

Altersheim	yǎnglǎoyuàn
pflegen + Alter + Anstalt	养老院

董大妈不肯去住养老院，说是吃不惯那儿的饭菜。

Dǒng Dàmā bù kěn qù zhù yǎnglǎoyuàn, shuō shì chī bu guàn nàr de fàncài.

Frau Dong will nicht im Altersheim leben. Sie meint, dass ihr das Essen dort nicht schmecken würde.

2. Nation – 33

Ethnie, Völker	mínzú
Volk + Nationalität	民族

中国有五十多个民族，其中人口最多的是汉族。

Zhōngguó yǒu wǔshí duō gè mínzú, qízhōng rénkǒu zuì duō de shì Hànzú.

In China leben mehr als 50 Ethnien. Davon ist das Volk der Han diejenige, die die größte Bevölkerungszahl hat.

2. Nation – 34

nationale Minderheit	shǎoshù mínzú
wenig + Zahl + Volk + Nationalität	少数民族

居住在云南丽江和大理的少数民族叫纳西族和白族。

Jūzhù zài Yúnnán Lìjiāng hé Dàlǐ de shǎoshù mínzú jiào Nàxīzú hé Báizú.

Die nationalen Minderheiten, die in Lijiang und Dali in (der Provinz) Yunnan leben, heißen Naxi und Bai.

2. Nation – 35

Menschheit	rénlèi
Mensch + Spezies	人类

关于人类的起源，到今天还没有一个统一的看法。

Guānyú rénlèi de qǐyuán, dào jīntiān hái méi yǒu yí gè tǒngyī de kànfǎ.

Über die Herkunft der Menschheit gibt es bis heute immer noch keine einheitliche Meinung.

2. Nation – 36

Volksstamm	bùluò
Abteilung + Ansiedlung	部落

印第安人中间有很多部落。-- 他们通过什么来区分呢？

Yìndì'ānrén zhōngjiān yǒu hěn duō bùluò. -- Tāmen tōngguò shénme lái qūfēn ne?

Es gibt viele Indianervölker. – Wodurch unterscheiden sie sich?

2. Nation – 37

Staatsangehörigkeit	guójí
Staat + Mitglied-schaft	国籍

二十多年前移居美国的中国人早就入了美国国籍。

Èrshí duō nián qián yíjū Měiguó de Zhōngguórén zǎo jiù rù le Měiguó guójí.

Die Chinesen, die vor mehr als 20 Jahren nach Amerika ausgewandert sind, besitzen schon seit langem die amerikanische Staatsangehörigkeit.

2. Nation – 38

Han (Mensch)	Hànzúrén
Han + Nationa-lität + Mensch	汉族人

汉族人占中国人口的 94%。汉语就是中文。

Hànzúrén zhàn Zhōngguó rénkǒu de bǎifēnzhī jiǔshí-sì. Hànyǔ jiù shì Zhōngwén.

Die Han machen 94% der chinesischen Bevölkerung aus. Ihre Sprache wird als Chinesisch betrachtet.

2. Nation – 39

Tibeter	Zàngzúrén
tibetisch + Natio-nalität + Mensch	藏族人

藏族人主要住在西藏和它周围的地区，大都信喇嘛教。

Zàngzúrén zhǔyào zhù zài Xīzàng hé tā zhōuwéi de dìqū, dàdōu xìn lǎmajiào.

Die Tibeter leben vor allem in Tibet und seinen benachbarten Gebieten. Die meisten sind Lamaisten.

2. Nation – 40

Mongole	Měnggǔrén
(phon.) + (phon.) + Mensch	蒙古人

蒙古人都是出色的骑手。-- 是啊，孩子们从小就学骑马。

Měnggǔrén dōu shì chūsè de qíshǒu. -- Shì a, háizimen cóng xiǎo jiù xué qí mǎ.

Die Mongolen sind alle ausgezeichnete Reiter. – Ja, die Kinder lernen schon von klein auf zu reiten.

2. Nation – 41

Uigure	Wéiwú'ěrrén
(phon.) + (phon.) + (phon.) + Mensch	维吾尔人

维吾尔人主要住在新疆，他们特别能歌善舞。

Wéiwú'ěrrén zhǔyào zhù zài Xīnjiāng, tāmen tèbié nénggē-shànwǔ.

Die Uiguren leben hauptsächlich in Xinjiang. Sie können besonders gut singen und tanzen.

3. Familie – 42

Familie	jiātíng
Familie + Hof	家庭

在中国家庭里，孩子们一般不叫长辈们的名字。

Zài Zhōngguó jiātíng lǐ, háizimen yìbān bú jiào zhǎngbèimen de míngzi.

In chinesischen Familien reden Kinder die Familienangehörigen älterer Generationen grundsätzlich nicht mit deren Vornamen an.

3. Familie – 43

Ehe	hūnyīn
Heirat + Ehe	婚姻

在中国农村，有些人的婚姻今天还仍然由父母做主。

Zài Zhōngguó nóngcūn, yǒuxiē rén de hūnyīn jīntiān hái réngrán yóu fùmǔ zuò zhǔ.

In China wird auf dem Land noch heute die Heirat manchmal von den Eltern bestimmt.

3. Familie – 44

Ehemann	zhàngfu
Ehemann + Gatte	丈夫

老金是位"模范丈夫"：他不吸烟、不喝酒、做很多家务。

Lǎo Jīn shì wèi „mófàn zhàngfu": Tā bù xī yān, bù hē jiǔ, zuò hěn duō jiāwù.

Lao Jin ist ein „vorbildlicher Ehemann": Er raucht nicht, trinkt keinen Alkohol und macht viel Hausarbeit.

3. Familie – 45

Ehefrau	qīzi
–	妻子

老金的妻子待他很好。老金想吃什么她就给他做什么。

Lǎo Jīn de qīzi dài tā hěn hǎo. Lǎo Jīn xiǎng chī shénme tā jiù gěi tā zuò shénme.

Lao Jin's Ehefrau ist sehr nett zu ihm. Wenn Lao Jin gerne etwas Bestimmtes essen möchte, macht sie es ihm sofort.

3. Familie – 46

Familienangehörige(r)	jiālǐrén
Familie + innen + Mensch	家里人

安娜，你一个人来中国旅游，你家里人放心吗？-- 没问题！

Ānnà, nǐ yígèrén lái Zhōngguó lǚyóu, nǐ jiālǐrén fàngxīn ma? -- Méi wèntí!

Anna, du reist allein in China herum. Macht sich deine Familie keine Sorgen? – Kein Problem!

3. Familie – 47

Großvater (väterlicherseits)	zǔfù
Vorfahr + Vater	祖父

我没见到过我的祖父和祖母。他们去世得很早。

Wǒ méi jiàn dào guo wǒ de zǔfù hé zǔmǔ. Tāmen qùshì de hěn zǎo.

Ich habe meinen Großvater und meine Großmutter nie gesehen. Sie sind schon sehr früh gestorben.

3. Familie – 48

Oma (väterlicherseits)	nǎinai
Milch + Milch	奶奶

我爷爷是中国人，我奶奶是德国人。他们有两个孩子。

Wǒ yéye shì Zhōngguórén, wǒ nǎinai shì Déguórén. Tāmen yǒu liǎng gè háizi.

Mein Opa ist Chinese, meine Oma Deutsche. Sie haben zwei Kinder.

3. Familie – 49

Vater	fùqin
Vater + bluts- verwandt	父亲

你父母是做什么工作的？-- 我父亲是记者，我母亲是护士。

Nǐ fùmǔ shì zuò shénme gōngzuò de? -- Wǒ fùqin shì jìzhě, wǒ mǔqin shì hùshi.

Welche Berufe üben deine Eltern aus? – Mein Vater ist Journalist, meine Mutter Krankenschwester.

3. Familie – 50

Mutti, Mama	māma
Mama + Mama	妈妈

爸爸同意我学开车。妈妈，你也同意吗？-- 开车危险啊！

Bàba tóngyì wǒ xué kāi chē. Māma, nǐ yě tóngyì ma? -- Kāi chē wēixiǎn a!

Papa ist einverstanden, dass ich bald Autofahren lerne. Mama, bist du auch einverstanden? – Autofahren ist aber gefährlich!

3. Familie – 51

Sohn	érzi
–	儿子

月仙怀孕了。她丈夫希望有个儿子，可她想生个女儿。

Yuèxiān huáiyùn le. Tā zhàngfu xīwàng yǒu gè érzi, kě tā xiǎng shēng gè nǚ'ér.

Yuexian ist schwanger. Ihr Mann wünscht sich einen Sohn, aber sie möchte lieber eine Tochter haben.

3. Familie – 52

Tochter	nǚ'ér
weiblich + Kind	女儿

月仙说，女儿细心，将来能好好照顾父母亲。

Yuèxiān shuō, nǚ'ér xìxīn, jiānglái néng hǎohao zhàogù fùmǔqin.

Yuexian sagt, dass eine Tochter sehr aufmerksam sei und in Zukunft ihre Eltern gut betreuen könne.

3. Familie – 53

Schwiegertochter	xífu
Schwiegertochter + Frau	媳妇

邻居老太太们常在一起谈论谁家的媳妇不好。

Línjū lǎotàitaimen cháng zài yìqǐ tánlùn shuí jiā de xífu bù hǎo.

Die alten Nachbarinnen reden oft darüber, in welcher Familie die Schwiegertochter schlecht ist.

3. Familie – 54

älterer Bruder	gēge
älterer Bruder + älterer Bruder	哥哥

我有三个哥哥。大哥是电工，二哥和三哥都是钳工。

Wǒ yǒu sān gè gēge. Dàgē shì diàngōng, èrgē hé sāngē dōu shì qiángōng.

Ich habe drei ältere Brüder. Der älteste ist Elektriker. Die anderen beiden Brüder sind Schlosser.

3. Familie – 55

ältere Schwester	jiějie
ältere Schwester + ältere Schwester	姐姐
你知道大钢有九个姐姐吗？-- 知道！他父母总想生个儿子。	
Nǐ zhīdào Dàgāng yǒu jiǔ gè jiějie ma? -- Zhīdào! Tā fùmǔ zǒng xiǎng shēng gè érzi.	
Weißt du, dass Dagang 9 ältere Schwestern hat? – Ja, ich weiß es. Seine Eltern wollten nämlich immer einen Sohn haben.	

3. Familie – 56

jüngerer Bruder	dìdi
jüngerer Bruder + jüngerer Bruder	弟弟
我的弟弟从来不铺床。他每天吃了早饭就走了。	
Wǒ de dìdi cónglái bù pū chuáng. Tā měi tiān chī le zǎofàn jiù zǒu le.	
Mein jüngerer Bruder macht nie sein Bett. Jeden Tag verlässt er die Wohnung gleich nach dem Frühstück.	

3. Familie – 57

jüngere Schwester	mèimei
jüngere Schwester + jüngere Schwester	妹妹
这五个兄弟姐妹中，最小的妹妹最漂亮，也最调皮。	
Zhè wǔ gè xiōngdìjiěmèi zhōng, zuì xiǎo de mèimei zuì piàoliang, yě zuì tiáopí.	
Von den fünf Geschwistern ist die jüngste Schwester die hübscheste, sie ist auch am frechsten.	

3. Familie – 58

Enkel	sūnzi
–	孙子
洪大爷现在最得意的是他的胖孙子，成天抱在手上。	
Hóng Dàye xiànzài zuì déyì de shì tā de pàng sūnzi, chéngtiān bào zài shǒu shàng.	
Der dicke Enkelsohn ist jetzt der ganze Stolz von Herrn Hong. Er trägt das Kind den ganzen Tag auf dem Arm.	

3. Familie – 59

Enkelin	sūnnǚ
Enkel + weiblich	孙女
田大娘，您有孙子孙女了吗？-- 没有！我儿子说不要孩子。	
Tián Dàniáng, nín yǒu sūnzi sūnnǚ le ma? -- Méi yǒu! Wǒ érzi shuō bú yào háizi.	
Frau Tian, haben Sie schon Enkelsöhne oder Enkeltöchter? – Nein, keine! Mein Sohn sagt, er will keine Kinder.	

3. Familie – 60

Generation	dài
–	代
荷花生下孩子后，她爷爷办酒庆祝四代同堂。	
Héhuā shēng xià háizi hòu, tā yéye bàn jiǔ qìngzhù sìdài-tóngtáng.	
Nachdem Hehua das Baby geboren hatte, hat ihr Opa ein Bankett arrangiert, um zu feiern, dass nun vier Generationen unter einem Dach leben.	

3. Familie – 61

Verwandte(r)	qīnqi
blutsver-wandt + verwandt	亲戚
你们王家大不大？-- 很大，有的<u>亲戚</u>我根本不认识！	
Nǐmen Wáng jiā dà bu dà? -- Hěn dà, yǒude qīnqi wǒ gēnběn bú rènshi!	
Ist eure Familie, die Wangs, sehr groß? – Ja, sehr groß. Manche meiner Verwandten kenne ich gar nicht!	

3. Familie – 62

Onkel (väterlicherseits)	shūshu
Onkel + Onkel	叔叔
我的<u>叔叔</u>只比我大两岁。我们俩小时候动不动就打架。	
Wǒ de shūshu zhǐ bǐ wǒ dà liǎng suì. Wǒmen liǎ xiǎo shíhou dòngbudòng jiù dǎ jià.	
Mein Onkel (jüngerer Bruder des Vaters) ist nur zwei Jahre älter als ich. Als wir noch klein waren, haben wir uns häufig geprügelt.	

3. Familie – 63

Tante (mütterlicherseits)	āyí
(Vorsil-be) + Tante	阿姨
<u>阿姨</u>，你怎么把长辫子剪掉了？-- 现在流行短发呀。	
Āyí, nǐ zěnme bǎ cháng biànzi jiǎn diào le? -- Xiànzài liúxíng duǎn fà ya.	
Tante, warum hast du deine langen Zöpfe abgeschnitten? – Jetzt sind doch kurze Haare modern.	

3. Familie – 64

Geburtenregelung	jìhuà shēngyù
rechnen + planen + gebären + pflegen	计划生育
听说印度不搞<u>计划生育</u>。-- 那印度人口快比中国多了。	
Tīngshuō Yìndù bù gǎo jìhuà shēngyù. -- Nà Yìndù rénkǒu kuài bǐ Zhōngguó duō le.	
Man sagt, dass in Indien keine Geburtenregelung gemacht wird. – Dann werden in Indien bald mehr Menschen leben als in China.	

3. Familie – 65

Einzelkind	dúshēng zǐnǚ
einzig + gebären + Sohn + Tochter	独生子女
海石，你是<u>独生子女</u>。你小时候常常觉得寂寞吗？-- 哪里！	
Hǎishí, nǐ shì dúshēng zǐnǚ. Nǐ xiǎo shíhou chángcháng juéde jìmò ma? -- Nǎlǐ!	
Haishi, du bist ja ein Einzelkind. Hast du dich in deiner Kindheit oft einsam gefühlt? – Ach wo!	

3. Familie – 66

Hausfrau	jiātíng fùnǚ
Familie + Hof + Frau + Frau	家庭妇女
中国<u>家庭妇女</u>比较少。妇女们一般都有工作。	
Zhōngguó jiātíng fùnǚ bǐjiào shǎo. Fùnǚmen yìbān dōu yǒu gōngzuò.	
In China gibt es wenige Hausfrauen. Die meisten Frauen haben einen Beruf.	

3. Familie – 67

Haushälterin	bǎomǔ
schützen + Kinderfrau	保姆
怎么样能找到一个可靠的保姆？-- 你可以去保姆介绍所。	
Zěnmeyàng néng zhǎo dào yí gè kěkào de bǎomǔ? -- Nǐ kěyǐ qù bǎomǔ jièshàosuǒ.	
Wie kann man eine zuverlässige Haushälterin bekommen? – Du kannst zur Agentur für Haushälterinnen gehen.	

4. Beziehung – 68

Beziehung	guānxi
betreffen + verbinden	关系
我想进出版社工作。你在出版界有关系吗？	
Wǒ xiǎng jìn chūbǎnshè gōngzuò. Nǐ zài chūbǎnjiè yǒu guānxi ma?	
Ich möchte in einem Verlag arbeiten. Hast du Beziehungen zur Verlagsbranche?	

4. Beziehung – 69

Kollege	tóngshì
gemeinsam + Tätigkeit	同事
小郑，你的同事们真热情！-- 那当然！我们关系很好。	
Xiǎo Zhèng, nǐ de tóngshìmen zhēn rèqíng! -- Nà dāngrán! Wǒmen guānxi hěn hǎo.	
Xiao Zheng, deine Kollegen sind sehr herzlich! – Ja, klar! Wir kommen gut miteinander aus.	

4. Beziehung – 70

Kommilitone	tóngxué
gemeinsam + lernen	同学
四年的大学生活结束了。告别的时候有的同学哭了起来。	
Sì nián de dàxué shēnghuó jiéshù le. Gàobié de shíhou yǒude tóngxué kū le qǐlai.	
Die vier Jahre des Zusammenlebens an der Universität sind zu Ende. Beim Abschied haben einige Kommilitonen zu weinen angefangen.	

4. Beziehung – 71

Freund	péngyou
Freund + Freund	朋友
酒肉朋友靠不住，患难之交才是真朋友。	
Jiǔ ròu péngyou kào bu zhù, huànnàn zhī jiāo cái shì zhēn péngyou.	
Auf Fest- und Saufkumpane ist kein Verlass. Wahre Freunde zeigen sich in der Not.	

4. Beziehung – 72

Freundin	nǚpéngyou
weiblich + Freund + Freund	女朋友
以前中国大学里不许谈恋爱，但很多学生都有女朋友。	
Yǐqián Zhōngguó dàxué lǐ bù xǔ tán liàn'ài, dàn hěn duō xuésheng dōu yǒu nǚpéngyou.	
Während der Studienzeit durfte man früher keine Liebesbeziehung eingehen, doch viele Studenten hatten eine Freundin.	

4. Beziehung – 73

Geliebte(r)	qíngrén
Gefühl + Mensch	情人

情人眼里出西施。结婚以前他觉得她样样都好。

Qíngrén yǎn lǐ chū Xīshī. Jié hūn yǐqián tā juéde tā yàngyàng dōu hǎo.

In den Augen des Geliebten ist jede Frau eine Schönheit wie Xishi (= Liebe macht blind). Vor der Heirat fand er alles an ihr wunderbar.

4. Beziehung – 74

Bekannte(r)	shúrén
bekannt + Mensch	熟人

我有个熟人是开出租车的。我请他明天来接您。

Wǒ yǒu gè shúrén shì kāi chūzūchē de. Wǒ qǐng tā míngtiān lái jiē nín.

Ein Bekannter von mir ist Taxifahrer. Ich werde ihn bitten, Sie morgen abzuholen.

4. Beziehung – 75

Nachbar	línjū
benach- bart + leben	邻居

远亲不如近邻。我邻居刘太太对我们的帮助可多了！

Yuǎn qīn bù rú jìn lín. Wǒ línjū Liú Tàitai duì wǒmen de bāngzhù kě duō le!

Entfernte Verwandte sind nicht so wichtig wie nahe Nachbarn. Meine Nachbarin Frau Liu hat uns wirklich viel geholfen!

4. Beziehung – 76

Zimmergenosse	tóngwū
gemein- sam + Zimmer	同屋

我同屋每夜都打呼噜！ -- 那你得换一个房间。

Wǒ tóngwū měi yè dōu dǎ hūlū! -- Nà nǐ děi huàn yí gè fángjiān.

Mein Zimmergenosse schnarcht jede Nacht! – Du solltest ein anderes Zimmer nehmen.

4. Beziehung – 77

Homosexuelle(r)	tóngxìngliànzhě
gleich + Sexus + lieben + Mensch	同性恋者

小辛，在中国同性恋者可以结婚吗？ -- 不可以。

Xiǎo Xīn, zài Zhōngguó tóngxìngliànzhě kěyǐ jié hūn ma? -- Bù kěyǐ.

Xiao Xin, dürfen Homosexuelle in China heiraten? – Nein, nicht erlaubt.

4. Beziehung – 78

Gast	kèrén
Gast + Mensch	客人

你今天是主人，你得先动筷子，不然客人们不会开始吃。

Nǐ jīntiān shì zhǔrén, nǐ děi xiān dòng kuàizi, bùrán kèrénmen bú huì kāishǐ chī.

Du bist heute Gastgeber, daher musst du als erster die Essstäbchen in die Hand nehmen, sonst fängt keiner der Gäste zu essen an.

4. Beziehung – 79

Vertreter	dàibiǎo
ersetzen + äußern	代表

两个村各选了三位代表去乡政府谈水的问题。

Liǎng gè cūn gè xuǎn le sān wèi dàibiǎo qù xiāng zhèngfǔ tán shuǐ de wèntí.

Beide Dörfer haben je drei Vertreter ausgewählt, die zum Gemeinderat gingen, um über das Wasserproblem zu sprechen.

4. Beziehung – 80

Kontakt, Verbindung	liánxì
vereinigen + verbinden	联系

你中学里的同学们如今还有联系吗？-- 有，还有联系。

Nǐ zhōngxué lǐ de tóngxuémen rújīn hái yǒu liánxì ma? -- Yǒu, hái yǒu liánxì.

Haben die Schulkameraden von deiner Mittelschule heute noch Kontakt zueinander? – Ja, es bestehen noch Kontakte.

4. Beziehung – 81

Herr	xiānsheng
zuerst + Mensch	先生

黄先生，您夫人的身体近来好些了吗？-- 谢谢，好多了！

Huáng Xiānsheng, nín fūren de shēntǐ jìnlái hǎo xiē le ma? -- Xièxie, hǎo duō le!

Herr Huang, geht es Ihrer Gattin in der letzten Zeit etwas besser? – Danke sehr, schon viel besser!

4. Beziehung – 82

Frau, Dame	nǚshì
weiblich + geachtete Person	女士

吴女士，好久没看见您了。-- 是啊，我现在在珠海特区。

Wú Nǚshì, hǎo jiǔ méi kàn jiàn nín le. -- Shì a, wǒ xiànzài zài Zhūhǎi tèqū.

Frau Wu, ich habe Sie lange nicht mehr gesehen. – Ja, stimmt. Ich wohne jetzt in der Sonderwirtschaftszone Zhuhai.

4. Beziehung – 83

Fräulein	xiǎojie
klein + ältere Schwester	小姐

在中国的饭馆和旅馆里，女服务员被称为“小姐”。

Zài Zhōngguó de fànguǎn hé lǚguǎn lǐ, nǚ fúwùyuán bèi chēng wéi „xiǎojie“.

In den chinesischen Restaurants und Hotels werden weibliche Bedienstete (= Kellnerinnen und Zimmermädchen) als „Fräulein“ angesprochen.

4. Beziehung – 84

Genosse	tóngzhì
gemeinsam + Ziel	同志

“同志”这个称呼前几十年很普遍，现在已经过时了。

„Tóngzhì“ zhège chēnghu qián jǐ shí nián hěn pǔbiàn, xiànzài yǐjing guòshí le.

„Genosse“, diese Anrede war in den letzten Jahrzehnten sehr verbreitet, jetzt ist sie bereits veraltet.

4. Beziehung – 85

Meister	shīfu
Lehrer + Meister	师傅
在中国，人们常用“师傅”这个词来招呼陌生的男人。	
Zài Zhōngguó, rénmen cháng yòng „shīfu“ zhège cí lái zhāohu mòshēng de nánrén.	
In China spricht man mit dem Wort „Meister“ häufig einen fremden Mann an.	

5. Feste – 86

Feiertag, Fest	jiérì
Fest + Tag	节日
每到节日，桂冬财都要做一桌子菜请岳父岳母来吃饭。	
Měi dào jiérì, Guì Dōngcái dōu yào zuò yì zhuōzi cài qǐng yuèfù yuèmǔ lái chī fàn.	
An jedem Feiertag bereitet Gui Dongcai sehr viele Gerichte vor und lädt seine Schwiegereltern zum Essen ein.	

5. Feste – 87

Frühlingsfest	Chūnjié
Frühling + Fest	春节
春节期间，中国的孩子们能从长辈那儿得到“压岁钱”。	
Chūnjié qījiān, Zhōngguó de háizimen néng cóng zhǎngbèi nàr dé dào „yāsuìqián“.	
In der Zeit des Frühlingsfests können chinesische Kinder von den älteren Generationen „sicherstellen-Jahr-Geld (= Geldgeschenk zum Neujahr)“ bekommen.	

5. Feste – 88

(westliches) Neujahr	Yuándàn
anfänglich + Tagesanbruch	元旦
中国阴历的新年叫“春节”，而阳历的新年叫“元旦”。	
Zhōngguó yīnlì de xīnnián jiào „Chūnjié“, ér yánglì de xīnnián jiào „Yuándàn“.	
In China heißt das Neujahrsfest im Mondkalender „Frühlingsfest“, während das (westliche) Neujahr im Sonnenkalender „der erste Tag“ heißt.	

5. Feste – 89

Nationalfeiertag	Guóqìngjié
Land + feiern + Fest	国庆节
安妮，你看到过北京国庆节的游行吗？ -- 还没有看到过。	
Ānní, nǐ kàn dào guo Běijīng Guóqìngjié de yóuxíng ma? -- Hái méiyǒu kàn dào guo.	
Anne, hast du mal den Umzug am Nationalfeiertag in Beijing gesehen? – Nein, noch nicht.	

5. Feste – 90

Mondfest	Zhōngqiūjié
Mitte + Herbst + Fest	中秋节
中秋节吃月饼、元宵节吃汤圆、端午节吃粽子。	
Zhōngqiūjié chī yuèbǐng, Yuánxiāojié chī tāngyuán, Duānwǔjié chī zòngzi.	
Zum Mondfest werden Mondkuchen gegessen, zum Laternenfest Reismehlklöße mit süßer Füllung und zum Drachenbootfest die in Schilfblätter eingewickelten Reisklöße.	

5. Feste – 91

Weihnachten	Shèngdànjié
heilig + gebären + Fest	圣诞节

琳达，你圣诞节回欧洲吗？-- 不，我想去澳大利亚一周。

Líndá, nǐ Shèngdànjié huí Ōuzhōu ma? -- Bù, wǒ xiǎng qù Àodàlìyà yì zhōu.

Linda, fliegst du über Weihnachten nach Europa? – Nein, ich habe vor, für eine Woche nach Australien zu reisen.

5. Feste – 92

Sitte, Brauch	fēngsú
Wind + Brauch	风俗

按照当地的风俗，每年正月都举办一次灯会。

Ànzhào dāngdì de fēngsú, měi nián zhēngyuè dōu jǔbàn yí cì dēnghuì.

Nach örtlichem Brauch wird jedes Jahr im ersten Monat des Mondkalenders eine Laternenausstellung veranstaltet.

5. Feste – 93

Geburtstag	shēngri
gebären + Tag	生日

为什么中国人过生日爱吃面条？-- 它表示长寿！

Wèishénme Zhōngguórén guò shēngri ài chī miàntiáo? -- Tā biǎoshì cháng shòu.

Warum essen Chinesen am Geburtstag gern Nudeln? – Sie sind ein Symbol für ein langes Leben!

5. Feste – 94

Geschenk	lǐwù
Ritual + Gegenstand	礼物

你收到些什么生日礼物？-- 一条围巾、一盆花和很多书。

Nǐ shōu dào xiē shénme shēngri lǐwù? -- Yì tiáo wéijīn, yì pén huā hé hěn duō shū.

Was hast du zum Geburtstag für Geschenke bekommen? – Einen Schal, eine Topfpflanze und viele Bücher.

5. Feste – 95

Hochzeitsfeier	hūnlǐ
heiraten + Zeremonie	婚礼

托马斯，我想请你参加我们的婚礼。你十月一号有空儿吗？

Tuōmǎsī, wǒ xiǎng qǐng nǐ cānjiā wǒmen de hūnlǐ. Nǐ shíyuè yī hào yǒu kòngr ma?

Thomas, ich möchte dich zu unserer Hochzeitsfeier einladen. Hast du am 1. Oktober Zeit?

5. Feste – 96

Braut	xīnniáng
neu + Mutter	新娘

喜筵上，新娘和新郎给客人们倒酒敬烟，忙个不停。

Xǐyán shàng, xīnniáng hé xīnláng gěi kèrénmen dào jiǔ jìng yān, máng gè bù tíng.

Beim Hochzeitsmahl sind Braut und Bräutigam dauernd damit beschäftigt, den Gästen Alkohol einzuschenken und Zigaretten anzubieten.

6. Denken und Fühlen – 97

Gefühl	gǎnjué
spüren + sich fühlen	感觉

学了两个月汉语，你有什么感觉？-- 我觉得汉语很难。

Xué le liǎng gè yuè Hànyǔ, nǐ yǒu shénme gǎnjué? -- Wǒ juéde Hànyǔ hěn nán.

Welches Gefühl hast du nun nach zwei Monaten Chinesischlernen? – Ich finde Chinesisch sehr schwer.

6. Denken und Fühlen – 98

Liebe	àiqíng
lieben + Gefühl	爱情

白冰，你说世界上有没有持久的爱情？-- 当然是有的！

Bái Bīng, nǐ shuō shìjiè shàng yǒu mei yǒu chíjiǔ de àiqíng? -- Dāngrán shì yǒu de!

Bai Bing, was meinst du, gibt es auf der Welt die ewige Liebe? – Ja, natürlich gibt es die!

6. Denken und Fühlen – 99

Glück	xìngfú
Segen + Glück	幸福

什么叫"幸福"？-- 我想，每个人都有他自己的理解。

Shénme jiào „xìngfú“? -- Wǒ xiǎng, měi gè rén dōu yǒu tā zìjǐ de lǐjiě.

Was heißt „Glück“? – Ich denke, jeder Mensch hat seine eigene Vorstellung davon.

6. Denken und Fühlen – 100

Traum	mèngxiǎng
Traum + Gedanke	梦想

我的梦想是开一个大旅馆，招待四方来客。

Wǒ de mèngxiǎng shì kāi yí gè dà lǚguǎn, zhāodài sìfāng-láikè.

Mein Traum ist es, ein großes Hotel zu betreiben und Gäste aus vier Himmelsrichtungen (= Gäste von überall her) zu empfangen.

6. Denken und Fühlen – 101

Wunsch	yuànwàng
wün- schen + erwarten	愿望

明天是三八妇女节，你有什么愿望吗？-- 一束郁金香！

Míngtiān shì sān bā Fùnǚjié, nǐ yǒu shénme yuànwàng ma? -- Yí shù yùjīnxiāng!

Morgen ist der 8. März, der Tag der Frau. Hast du vielleicht einen Wunsch? – Ja, einen Strauß Tulpen!

6. Denken und Fühlen – 102

Interesse	xìngqù
Lust + Interesse	兴趣

我的男朋友兴趣很广泛。-- 这很合你的心意吧？

Wǒ de nánpéngyou xìngqù hěn guǎngfàn. -- Zhè hěn hé nǐ de xīnyì ba?

Mein Freund hat viele verschiedene Interessen. – Und das gefällt dir sehr, oder?

6. Denken und Fühlen – 103

Hobby	àihào
lieben + gern haben	爱好

你除了喜欢书法，还有别的爱好吗？-- 还爱刻印章与柔道。

Nǐ chúle xǐhuan shūfǎ, hái yǒu biéde àihào ma? -- Hái ài kè yìnzhāng yǔ róudào.

Hast du außer Kalligrafie noch andere Hobbys? – Ja, Siegelschnitzen und Judo.

6. Denken und Fühlen – 104

Niveau	shuǐpíng
Wasser + Pegel	水平

从这幅画可以看出他艺术水平很高。-- 他进过美院吗？

Cóng zhè fú huà kěyǐ kàn chū tā yìshù shuǐpíng hěn gāo. -- Tā jìn guo měiyuàn ma?

An diesem Gemälde kann man sein hohes künstlerisches Niveau erkennen. – Hat er eine Kunstakademie besucht?

6. Denken und Fühlen – 105

Begabung, Genie	tiāncái
Himmel + Talent	天才

马克懂拉丁语、希腊语等十来种外语。-- 真是语言天才！

Mǎkè dǒng Lādīngyǔ, Xīlàyǔ děng shí lái zhǒng wàiyǔ. -- Zhēn shì yǔyán tiāncái!

Mark beherrscht etwa zehn Fremdsprachen, z.B. Latein, Griechisch. – Er ist ja ein Sprachgenie!

6. Denken und Fühlen – 106

Fähigkeit	nénglì
können + Kraft	能力

她有能力完成这个设计吗？-- 你别小看她，她可能干哪！

Tā yǒu nénglì wánchéng zhège shèjì ma? -- Nǐ bié xiǎo kàn tā, tā kě nénggàn na!

Hat sie denn die Fähigkeiten, diesen Entwurf auszuführen? – Du darfst sie nicht unterschätzen. Sie ist sehr tüchtig!

6. Denken und Fühlen – 107

Erfahrung	jīngyàn
erleben + kontrol- lieren	经验

以他多年的导演经验，他认定这个演员很有发展前途。

Yǐ tā duō nián de dǎoyǎn jīngyàn, tā rèndìng zhè gè yǎnyuán hěn yǒu fāzhǎn qiántú.

Dank seiner jahrelangen Erfahrung als Regisseur hat er festgestellt, dass dieser Schauspieler eine große Zukunft vor sich hat.

6. Denken und Fühlen – 108

Meinung, Ansicht	kànfǎ
sehen + Weise	看法

关于买房这件事，家里人的看法很不相同。

Guānyú mǎi fáng zhè jiàn shì, jiālǐrén de kànfǎ hěn bù xiāngtóng.

Über den Kauf einer Wohnung sind die Familienmitglieder ganz unterschiedlicher Meinung.

6. Denken und Fühlen – 109

Einfluss	yǐngxiǎng
Schatten + Echo	影响

你觉得你青少年时期谁对你的影响最大？-- 我奶奶。

Nǐ juéde nǐ qīngshàonián shíqī shuí duì nǐ de yǐngxiǎng zuì dà? -- Wǒ nǎinai.

Wer hat deiner Meinung nach in deiner Kindheit und Jugend den größten Einfluss auf dich gehabt? – Meine Oma.

6. Denken und Fühlen – 110

Eindruck	yìnxiàng
drucken + Bild	印象

为什么主任对清兰印象不好？-- 清兰上班常打瞌睡。

Wèishénme zhǔrèn duì Qīnglán yìnxiàng bù hǎo? -- Qīnglán shàng bān cháng dǎ kēshuì.

Warum hat der Chef einen schlechten Eindruck von Qinglan? – Weil Qinglan bei der Arbeit oft gedöst hat.

6. Denken und Fühlen – 111

Zuversicht	xìnxīn
glauben + Herz	信心

对于明天的比赛你们有信心吗？-- 有，我们一定会赢！

Duìyú míngtiān de bǐsài nǐmen yǒu xìnxīn ma? -- Yǒu, wǒmen yídìng huì yíng!

Habt ihr Zuversicht, was den Wettkampf morgen betrifft? – Ja, wir werden bestimmt gewinnen!

6. Denken und Fühlen – 112

Anforderung	yāoqiú
wollen + verlangen	要求

我爸批评我考了个七十五分。-- 你爸对你的要求很高啊！

Wǒ bà pīpíng wǒ kǎo le gè qīshí-wǔ fēn. -- Nǐ bà duì nǐ de yāoqiú hěn gāo a!

Mein Vater hat mir vorgeworfen, dass ich bei der Prüfung nur 75 Punkte bekommen habe. – Die von deinem Vater an dich gestellten Anforderungen sind aber sehr hoch!

6. Denken und Fühlen – 113

Idee	zhǔyi
eintreten für ... + Absicht	主意

同学们，五一劳动节上哪儿去玩，你们有主意吗？

Tóngxuémen, wǔ yī Láodòngjié shàng nǎr qù wán, nǐmen yǒu zhǔyi ma?

Liebe Kommilitonen! Habt ihr eine Idee, wohin wir am 1. Mai, dem Tag der Arbeit, einen Ausflug machen sollten?

6. Denken und Fühlen – 114

Angelegenheit, Sache	shìqing
Sache + Lage	事情

无事不登三宝殿。我有件重要事情得来麻烦您一下。

Wú shì bù dēng sān bǎo diàn. Wǒ yǒu jiàn zhòngyào shìqing děi lái máfan nín yíxià.

Ohne Anliegen geht man nicht in den Tempel (= nicht grundlos jemanden aufsuchen). Ich muss Sie mal stören, weil ich Sie in einer wichtigen Angelegenheit sprechen möchte.

6. Denken und Fühlen – 115

Ursache, Grund	yuányīn
Ursprung + Grund	原因
是什么原因使他突然辞职了？ -- 可能找到更好的工作了。	
Shì shénme yuányīn shǐ tā tūrán cí zhí le? -- Kěnéng zhǎo dào gèng hǎo de gōngzuò le.	
Welcher Grund hat ihn veranlasst, so plötzlich zu kündigen? – Er hat vielleicht eine bessere Arbeit gefunden.	

6. Denken und Fühlen – 116

Zweck, Ziel	mùdì
Auge + Ziel	目的
阿本苦练提琴的目的是想成为一名出色的音乐家。	
Āběn kǔ liàn tíqín de mùdì shì xiǎng chéngwéi yì míng chūsè de yīnyuèjiā.	
Abens Ziel bei seinem intensiven Geigenüben ist es, ein hervorragender Musiker zu werden.	

6. Denken und Fühlen – 117

Bedingung	tiáojiàn
Para-graph + Doku-ment	条件
战争期间条件虽然很差，但大学里的教学没有停止过。	
Zhànzhēng qījiān tiáojiàn suīrán hěn chà, dàn dàxué lǐ de jiàoxué méiyǒu tíngzhǐ guo.	
Während des Krieges waren die Lebensbedingungen zwar sehr schlecht, doch wurde die Lehre an der Universität nie eingestellt.	

6. Denken und Fühlen – 118

Ergebnis	jiéguǒ
tragen + Frucht	结果
选举的结果还没有出来。他们还在数选票呢！	
Xuǎnjǔ de jiéguǒ hái méiyǒu chū lái. Tāmen hái zài shǔ xuǎnpiào ne!	
Das Wahlergebnis steht noch nicht fest. Man ist noch bei der Stimmenauszählung.	

6. Denken und Fühlen – 119

Problem, Frage	wèntí
fragen + Thema	问题
中国人总是说“没有问题”。-- 因为他们是乐天派。	
Zhōngguórén zǒngshì shuō „Méi yǒu wèntí“. -- Yīnwèi tāmen shì lètiānpài.	
Chinesen sagen immer „Kein Problem“. – Weil sie Optimisten sind.	

6. Denken und Fühlen – 120

Missverständnis	wùhuì
falsch + verstehen	误会
小应和小史之间可能有一点误会。你跟他们谈谈吧！	
Xiǎo Yīng hé Xiǎo Shǐ zhījiān kěnéng yǒu yìdiǎn wùhuì. Nǐ gēn tāmen tántan ba!	
Zwischen Xiao Ying und Xiao Shi gab es möglicherweise ein kleines Missverständnis. Du solltest mal mit ihnen reden!	

7. Himmel – 121

Himmel	tiānkōng
Himmel + leer	天空

夜晚晴朗的天空中最美丽的是无数闪亮的星星。

Yèwǎn qínglǎng de tiānkōng zhōng zuì měilì de shì wúshù shǎnliàng de xīngxing.

Das Schönste am klaren Nachthimmel sind die unzähligen funkelnden Sterne.

7. Himmel – 122

Weltall	yǔzhòu
Weltraum + Ewigkeit	宇宙

在无边无际的宇宙中，别的什么地方也会有生命吗？

Zài wúbiān-wújì de yǔzhòu zhōng, biéde shénme dìfang yě huì yǒu shēngmìng ma?

Könnte es im grenzenlos großen Weltraum an irgendwelchen Orten auch noch Leben geben?

7. Himmel – 123

Stern	xīngxing
Stern + Stern	星星

我们所看到的银河系的星星离我们有很多光年呢！

Wǒmen suǒ kàn dào de yínhéxì de xīngxing lí wǒmen yǒu hěn duō guāngnián ne!

Die Sterne des Milchstraßensystems, die wir hier sehen, sind viele Lichtjahre von uns entfernt!

7. Himmel – 124

Sonne	tàiyáng
höchst + Sonne	太阳

你们曾把毛泽东比作太阳。-- “泽东” 是 “照亮东方” ！

Nǐmen céng bǎ Máo Zédōng bǐ zuò tàiyáng. -- „Zédōng“ shì „zhào liàng dōngfāng“!

Ihr habt damals Mao Zedong mit der Sonne verglichen. – (Sein Vorname) „Zedong“ heißt auch: „den Osten beleuchten“!

7. Himmel – 125

Mars	huǒxīng
Feuer + Stern	火星

火星是太阳系里的一颗行星。-- 它的表面有没有水？

Huǒxīng shì tàiyángxì lǐ de yì kē xíngxīng. -- Tā de biǎomiàn yǒu mei yǒu shuǐ?

Der Mars ist ein Planet unseres Sonnensystems. – Gibt es auf seiner Oberfläche Wasser?

7. Himmel – 126

Erdkugel	dìqiú
Boden + Kugel	地球

你看到过卫星上拍的地球照片吗？-- 看到过一些。

Nǐ kàn dào guo wèixīng shàng pāi de dìqiú zhàopiàn ma? -- Kàn dào guo yìxiē.

Hast du die Fotos unserer Erde gesehen, die man vom Satelliten aus gemacht hatte? – Ja, ich habe einige gesehen.

7. Himmel – 127

Mond	yuèliang
Mond + hell	月亮

今晚的月亮又大又圆。-- 汉语里叫“满月”，对吗？

Jīn wǎn de yuèliang yòu dà yòu yuán. -- Hànyǔ lǐ jiào “mǎnyuè”, duì ma?

Der Mond heute Abend ist groß und rund. – Auf Chinesisch heißt er „mǎnyuè“ (= Vollmond), stimmt’s?

7. Himmel – 128

Trabant, Satellit	wèixīng
schützen + Stern	卫星

人造卫星今天在气象报告、通讯等方面都不可缺少。

Rénzào wèixīng jīntiān zài qìxiàng bàogào, tōngxùn děng fāngmiàn dōu bù kě quēshǎo.

Satelliten sind heutzutage für Wetterberichte, Nachrichtenübertragungen usw. unentbehrlich.

7. Himmel – 129

Astronaut	yǔhángyuán
Weltraum + fahren + Mitglied	宇航员

宇航员在失重状态下也能活动和工作。

Yǔhángyuán zài shīzhòng zhuàngtài xià yě néng huódòng hé gōngzuò.

Astronauten können sich auch im schwerelosen Zustand bewegen und arbeiten.

7. Himmel – 130

Außerirdische(r)	wàixīngrén
außen + Stern + Mensch	外星人

老李说，有一些不明飞行物是外星人驾驶的。我不相信。

Lǎo Lǐ shuō, yǒu yìxiē bùmíng fēixíngwù shì wàixīngrén jiàshǐ de. Wǒ bù xiāngxìn.

Lao Li behauptet, dass manche unbekannten Flugobjekte von Außerirdischen gelenkt wären. Aber ich glaube das nicht.

8. Wetter – 131

Wetter	tiānqì
Himmel + Luft	天气

天气好的时候，人的心情也特别愉快。-- 是这样。

Tiānqì hǎo de shíhou, rén de xīnqíng yě tèbié yúkuài. -- Shì zhèyàng.

Bei schönem Wetter hat man auch eine besonders heitere Stimmung. – So ist es.

8. Wetter – 132

Sonnentag	qíngtiān
klar + Himmel	晴天

我和朋友们约好了星期六去远足。希望到时有个大晴天。

Wǒ hé péngyoumen yuē hǎo le xīngqīliù qù yuǎnzú. Xīwàng dào shí yǒu gè dà qíngtiān.

Ich habe mich mit meinen Freunden für Samstag zum Wandern verabredet. Ich hoffe, an dem Tag ist ein schöner Sonnentag.

8. Wetter – 133

trübes Wetter	yīntiān
bedeckt + Himmel	阴天

阴天的时候，我腿上的关节有时候很痛。

Yīntiān de shíhou, wǒ tuǐ shàng de guānjié yǒushíhou hěn tòng.

Bei trübem Wetter tun mir manchmal die Gelenke in den Beinen sehr weh.

8. Wetter – 134

Temperatur	wēndù
(lau)warm + Grad	温度

长江边“火炉”城市不少，夏天最高温度常是 40 度。

Chángjiāng biān “huǒlú” chéngshì bù shǎo, xiàtiān zuì gāo wēndù cháng shì sìshí dù.

Am Yangtse liegen viele “Ofen”-Städte. Im Sommer ist die Höchsttemperatur oft 40 Grad.

8. Wetter – 135

Grad	dù
–	度

我觉得好冷！ -- 现在大概有零下十度吧。

Wǒ juéde hǎo lěng! -- Xiànzài dàgài yǒu líng xià shí dù ba?

Mir ist sehr kalt! – Jetzt hat es wohl minus 10 Grad.

8. Wetter – 136

Feuchtigkeit	shīdù
feucht + Grad	湿度

中国南方空气的湿度很大，所以夏天很难受。

Zhōngguó nánfāng kōngqì de shīdù hěn dà, suǒyǐ xiàtiān hěn nánshòu.

In Südchina ist die Luftfeuchtigkeit sehr hoch, darum ist der Sommer sehr schwer zu ertragen.

8. Wetter – 137

Wolke	yún
–	云

下午多云转少云；西北风，三到四级。

Xiàwǔ duō yún zhuǎn shǎo yún; xīběi fēng, sān dào sì jí.

Am Nachmittag gibt es Wolkenauflockerungen; Nordwestwind, Stärke 3-4.

8. Wetter – 138

Wind	fēng
–	风

无风不起浪。

Wú fēng bù qǐ làng.

Ohne Wind keine Wellen (= Von nichts kommt nichts).

8. Wetter – 139

Regen	yǔ
–	雨
六月份长江三角洲一带是雨季，天天下大雨。	
Liùyuèfèn Chángjiāng sānjiǎozhōu yídài shì yǔjì, tiāntiān xià dà yǔ.	
Im Juni ist im Yangtse-Delta Regenzeit. Jeden Tag fällt heftiger Regen.	

8. Wetter – 140

Schnee	xuě
–	雪
各人自扫门前雪。	
Gè rén zì sǎo mén qián xuě.	
Jeder kehrt Schnee nur vor seiner eigenen Tür (= Jeder denkt nur an sich selbst).	

8. Wetter – 141

Eis	bīng
–	冰
湖面上结冰了。孩子们在冰上玩儿。	
Húmiàn shàng jié bīng le. Háizimen zài bīng shàng wánr.	
Der See ist zugefroren. Die Kinder spielen auf dem Eis.	

8. Wetter – 142

Nebel	wù
–	雾
今天雾很浓。你开车不要太快，小心点儿！	
Jīntiān wù hěn nóng. Nǐ kāi chē bú yào tài kuài, xiǎoxīn diǎnr!	
Heute herrscht dichter Nebel. Fahr nicht zu schnell und sei vorsichtig!	

8. Wetter – 143

Hagel	bīngbáo
Eis + Hagel	冰雹
冰雹有时候比乒乓球还大，会伤人，会毁坏许多东西。	
Bīngbáo yǒushíhou bǐ pīngpāngqiú hái dà, huì shāng rén, huì huǐhuài xǔduō dōngxi.	
Hagelkörner sind manchmal größer als Tischtennisbälle. Sie können Menschen verletzen und viele Sachen beschädigen.	

8. Wetter – 144

Donner	léi
–	雷
雷声大，雨点小。	
Lēi shēng dà, yǔ diǎn xiǎo.	
Heftiger Donner, aber wenig Regen (= Viel Lärm um nichts).	

8. Wetter – 145

Blitz	shǎndiàn
auf-blitzen + Strom	闪电
一道闪电打在树上。树差点儿烧了起来。	
Yí dào shǎndiàn dǎ zài shù shàng. Shù chàdiǎnr shāo le qǐlai.	
Ein Blitz hat in einen Baum eingeschlagen, so dass er beinahe zu brennen anfing.	

8. Wetter – 146

Gewitter	léizhènyǔ
Donner + kurze Weile + Regen	雷阵雨
乌云满天，看来要下雷阵雨了。-- 快把衣服收进来！	
Wū yún mǎn tiān, kàn lái yào xià léizhènyǔ le. -- Kuài bǎ yīfu shōu jìnlai!	
Dunkle Wolken bedecken den Himmel. Es scheint bald ein Gewitter zu kommen. – Holen wir schnell die Wäsche herein!	

8. Wetter – 147

Regenbogen	cǎihóng
bunt + Regen-bogen	彩虹
雨停了，空中又是蓝天白云，还出现了一道彩虹。	
Yǔ tíng le, kōng zhōng yòu shì lán tiān bái yún, hái chūxiàn le yí dào cǎihóng.	
Der Regen hat aufgehört. Der Himmel ist wieder blau mit weißen Wolken. Es ist sogar noch ein Regenbogen erschienen.	

8. Wetter – 148

Regenschirm	yǔsǎn
Regen + Schirm	雨伞
我记性不好，老丢雨伞。所以今天一口气买了三把伞。	
Wǒ jìxing bù hǎo, lǎo diū yǔsǎn. Suǒyǐ jīntiān yìkǒuqì mǎi le sān bǎ sǎn.	
Mein Gedächtnis ist schlecht. Ich verliere oft meinen Regenschirm. Daher habe ich heute drei Schirme auf einmal gekauft.	

8. Wetter – 149

Wetterbericht	tiānqì yùbào
Himmel + Luft + vorher + mitteilen	天气预报
天气预报怎么说？-- 明天会出太阳。	
Tiānqì yùbào zěnme shuō? -- Míngtiān huì chū tàiyáng.	
Was sagt der Wetterbericht? – Morgen kommt wieder die Sonne raus.	

9. Umwelt – 150

Umwelt	huánjìng
Kreis + Gegend	环境
现在人人都在讲环境保护了。-- 可是核电站还在造！	
Xiànzài rénrén dōu zài jiǎng huánjìng bǎohù le. -- Kěshì hédiànzhàn hái zài zào!	
Alle reden jetzt vom Umweltschutz. – Aber Kernkraftwerke werden weiter gebaut!	

9. Umwelt – 151

Natur	zìrán
selbst + so	自然
很多国家都有大面积的<u>自然</u>保护区，中国也有。	
Hěn duō guójiā dōu yǒu dà miànjī de zìrán bǎohù qū, Zhōngguó yě yǒu.	
In vielen Ländern gibt es großflächige Naturschutzgebiete. Auch in China gibt es einige.	

9. Umwelt – 152

Berg	shān
–	山
<u>这山望着那山高</u>。	
Zhè shān wàng zhe nà shān gāo.	
<u>Der andere Berg erscheint immer etwas höher</u> (= Auf des Nachbars Feld wächst scheinbar immer das bessere Korn).	

9. Umwelt – 153

Tal	shāngǔ
Berg + Tal	山谷
<u>山谷</u>里已经开满了鲜花，可山峰上还有厚厚的积雪。	
Shāngǔ lǐ yǐjing kāi mǎn le xiān huā, kě shānfēng shàng hái yǒu hòuhòu de jīxuě.	
Im Tal blühen schon überall bunte Blumen, aber auf den Berggipfeln liegt noch eine dicke Schneeschicht.	

9. Umwelt – 154

Becken	péndì
Becken + Boden	盆地
四川省周围全是高山，中间是个大<u>盆地</u>。	
Sìchuānshěng zhōuwéi quán shì gāo shān, zhōngjiān shì gè dà péndì.	
Die Provinz Sichuan ist rundherum von hohen Bergen umgeben, in deren Mitte liegt ein großes Becken.	

9. Umwelt – 155

Hochebene	gāoyuán
hoch + Ebene	高原
中国北方有一大片黄土<u>高原</u>。土层有五十多米厚。	
Zhōngguó běifāng yǒu yí dà piàn huángtǔ gāoyuán. Tǔcéng yǒu wǔshí duō mǐ hòu.	
Im Norden Chinas erstreckt sich eine große Löß-Hochebene. Die Lößschicht beträgt mehr als 50 Meter.	

9. Umwelt – 156

Ebene	píngyuán
flach + Ebene	平原
中国大多数人口集中在东部的<u>平原</u>上。	
Zhōngguó dàduōshù rénkǒu jízhōng zài dōngbù de píngyuán shàng.	
Der Großteil der chinesischen Bevölkerung ist hauptsächlich auf den großen Ebenen im Osten angesiedelt.	

9. Umwelt – 157

Steppe	cǎoyuán
Gras + Ebene	草原

蒙古草原上的游牧民喜欢住在蒙古包里。

Měnggǔ cǎoyuán shàng de yóumùmín xǐhuan zhù zài měnggǔbāo lǐ.

Die Nomaden in der mongolischen Steppe leben gern in ihren Jurten.

9. Umwelt – 158

Wüste	shāmò
Sand + Wüste	沙漠

商队在沙漠里走了好几天才来到一个绿洲。

Shāngduì zài shāmò lǐ zǒu le hǎojǐ tiān cái lái dào yí gè lǜzhōu.

Erst nachdem die Karawane mehrere Tage durch die Wüste gezogen war, erreichte sie eine Oase.

9. Umwelt – 159

Wasser	shuǐ
–	水

远水解不了近渴。

Yuǎn shuǐ jiě bu liǎo jìn kě.

Fernes Wasser kann brennenden Durst nicht löschen (= langwierige Maßnahmen lösen dringende Probleme nicht).

9. Umwelt – 160

Ozean	yáng
–	洋

美洲的东面是大西洋，美洲的西面是太平洋。

Měizhōu de dōngmiàn shì Dàxīyáng, Měizhōu de xīmiàn shì Tàipíngyáng.

Östlich von Amerika erstreckt sich der Atlantische Ozean und westlich von Amerika der Pazifik.

9. Umwelt – 161

Meer	hǎi
–	海

要是海上风平浪静，坐船旅行是很舒服的。

Yàoshì hǎi shàng fēngpíng-làngjìng, zuò chuán lǚxíng shì hěn shūfu de.

Wenn das Meer windstill und ruhig ist, dann ist eine Schiffsreise sehr angenehm.

9. Umwelt – 162

See (der)	hú
–	湖

学生们、老师们都来自五湖四海，有着不同的口音。

Xuéshengmen, lǎoshīmen dōu lái zì wǔhú-sìhǎi, yǒu zhe bùtóng de kǒuyīn.

Die Studenten und die Lehrer kommen von fünf Seen und vier Meeren (= von überall her) und haben verschiedene Akzente.

9. Umwelt – 163

Stausee	shuǐkù
Wasser + Lager-Haus	水库
三峡水库又长又深，建成后能蓄很多水。	
Sānxiá Shuǐkù yòu cháng yòu shēn, jiàn chéng hòu néng xù hěn duō shuǐ.	
Der Drei-Schluchten-Stausee ist sehr lang und tief. Nach seiner Fertigstellung kann er sehr viel Wasser speichern.	

9. Umwelt – 164

Teich, Weiher	chítáng
Teich + Tümpel	池塘
浙江省的农村有许许多多养鱼的池塘。	
Zhèjiāng Shěng de nóngcūn yǒu xǔxǔduōduō yǎng yú de chítáng.	
In der Provinz Zhejiang gibt es auf dem Land zahlreiche Teiche mit Fischzucht.	

9. Umwelt – 165

Fluss	hé
–	河
中国最大的河是长江，全长有6300 多公里。	
Zhōngguó zuì dà de hé shì Chángjiāng, quán cháng yǒu liù qiān sān bǎi duō gōnglǐ.	
Der größte Fluss Chinas ist der Yangtse mit einer Gesamtlänge von mehr als 6300 km.	

9. Umwelt – 166

Kanal	yùnhé
Trans-port + Fluss	运河
大运河从北京通到杭州，它有一千八百公里长。	
Dà Yùnhé cóng Běijīng tōng dào Hángzhōu, tā yǒu yì qiān bā bǎi gōnglǐ cháng.	
Der Große Kanal führt von Beijing bis nach Hangzhou und ist 1800 km lang.	

9. Umwelt – 167

Quellwasser	quánshuǐ
Quelle + Wasser	泉水
杭州虎跑泉的泉水泡龙井茶，是非常有名的。	
Hángzhōu Hǔpáoquán de quánshuǐ pào Lóngjǐngchá, shì fēicháng yǒumíng de.	
Sehr berühmt ist der Longjing-Tee, wenn er mit Wasser aus der Hupao-Quelle in Hangzhou aufgebrüht ist.	

9. Umwelt – 168

Brunnen	jǐng
–	井
井水不犯河水。你别管我的事！	
Jǐng shuǐ bú fàn hé shuǐ. Nǐ bié guǎn wǒ de shì!	
Brunnenwasser stört nicht Flusswasser (= Man kommt einander nicht ins Gehege). Misch dich nicht in meine Angelegenheiten ein!	

9. Umwelt – 169

Wasserfall	pùbù
Wasser-fall + Tuch	瀑布
世界上最大、最壮观的瀑布在哪儿？	
Shìjiè shàng zuì dà, zuì zhuàngguān de pùbù zài nǎr?	
Wo befindet sich der größte und imposanteste Wasserfall der Welt?	

9. Umwelt – 170

Ufer, Küste	àn
–	岸
河岸边有不少人在休息。他们晒太阳、聊天、野餐。	
Hé'àn biān yǒu bù shǎo rén zài xiūxi. Tāmen shài tàiyáng, liáo tiān, yěcān.	
Viele Leute erholen sich am Ufer des Flusses. Sie sonnen sich, unterhalten sich und machen Picknick.	

9. Umwelt – 171

Insel	dǎo
–	岛
我们去海南岛度假，好吗？ -- 好啊！带上游泳衣！	
Wǒmen qù Hǎinándǎo dù jià, hǎo ma? -- Hǎo a! Dài shàng yóuyǒngyī!	
Wollen wir unseren Urlaub auf der Insel Hainan machen? – Schön! Nehmen wir den Badeanzug mit!	

9. Umwelt – 172

Deich, Damm	dībà
Deich + Schutz-damm	堤坝
堤坝可不能决口！ -- 当然，它得挡住洪水！	
Dībà kě bù néng juékǒu! -- Dāngrán, tā děi dǎng zhù hóngshuǐ!	
Der Deich darf nicht brechen! – Unbedingt, er muss der Flut standhalten!	

9. Umwelt – 173

Luft	kōngqì
leer + Luft	空气
城外的空气比城里的好。我们周末常去郊外走走。	
Chéng wài de kōngqì bǐ chéng lǐ de hǎo. Wǒmen zhōumò cháng qù jiāowài zǒuzou.	
Die Luft außerhalb der Stadt ist besser als in der Stadt. Wir machen oft am Wochenende einen Spaziergang in die Vororte.	

9. Umwelt – 174

Sauerstoff	yǎngqì
Sauer-stoff + Gas	氧气
病房里有个氧气瓶。一个病人正在输氧。	
Bìngfáng lǐ yǒu gè yǎngqìpíng. Yí gè bìngrén zhèngzài shū yǎng.	
Im Krankenzimmer steht eine Sauerstoffflasche. Einem Kranken wird gerade Sauerstoff verabreicht.	

9. Umwelt – 175

Ozon	chòuyǎng
übelriechend + Sauerstoff	臭氧

臭氧层能保护我们。但是现在那儿出现了空洞。

Chòuyǎngcéng néng bǎohù wǒmen. Dànshì xiànzài nàr chūxiàn le kōngdòng.

Die Ozonschicht dient unserem Schutz, aber jetzt sind dort große Löcher entstanden.

9. Umwelt – 176

Licht, Strahl	guāngxiàn
Licht + Faden	光线

傍晚这屋子里的光线太弱，没法看书，得开灯。

Bàngwǎn zhè wūzi lǐ de guāngxiàn tài ruò, méi fǎ kàn shū, děi kāi dēng.

In der Abenddämmerung ist das Licht im Zimmer zu schwach zum Lesen. Man muss das Licht anmachen.

9. Umwelt – 177

Lärm, Geräusch	zàoyīn
Lärm + Stimme	噪音

噪音也是一种环境污染，时间长了，实在受不了。

Zàoyīn yě shì yì zhǒng huánjìng wūrǎn, shíjiān cháng le, shízài shòu bu liǎo.

Lärm ist auch eine Art Umweltverschmutzung. Nach einiger Zeit kann man ihn wirklich nicht mehr aushalten.

9. Umwelt – 178

Bodenerosion	shuǐtǔ liúshī
Wasser + Boden + fließen + verlieren	水土流失

黄河流域水土流失很严重，所以河水是土黄色的。

Huánghé liúyù shuǐtǔ liúshī hěn yánzhòng, suǒyǐ héshuǐ shì tǔhuáng sè de.

Die Bodenerosion im Gebiet des Gelben Flusses ist katastrophal. Deswegen ist das Flusswasser lehmgelb.

9. Umwelt – 179

Abgas	fèiqì
unbrauchbar + Gas	废气

城里工厂太多！-- 是啊，它们的废气严重恶化城市的空气。

Chéng lǐ gōngchǎng tài duō! -- Shì a, tāmen de fèiqì yánzhòng èhuà chéngshì de kōngqì.

In der Stadt gibt es zu viele Fabriken! – Ja, ihre Abgase verschlechtern die Luft im Stadtgebiet beträchtlich.

9. Umwelt – 180

Abwasser	fèishuǐ
unbrauchbar + Wasser	废水

废水净化后才能排入江河，所以要有净化设备。

Fèishuǐ jìnghuà hòu cái néng pái rù jiānghé, suǒyǐ yào yǒu jìnghuà shèbèi.

Man darf das Abwasser erst nach der Säuberung in die Flüsse einleiten; deswegen müssen Kläranlagen gebaut werden.

9. Umwelt – 181

Müll, Abfall	lājī
(un-trennbar)	垃圾

不要乱扔垃圾，要把它们扔进垃圾箱里！

Bú yào luàn rēng lājī, yào bǎ tāmen rēng jìn lājīxiāng lǐ!

Werfen Sie Ihre Abfälle nicht einfach irgendwo hin, sondern in die Mülltonne!

9. Umwelt – 182 vgl nán 难

Katastrophe	zāinàn
Katastrophe + Unglück	灾难

干旱和洪水都会给农民带来灾难。

Gānhàn hé hóngshuǐ dōu huì gěi nóngmín dài lái zāinàn.

Dürre wie Hochwasser können für die Bauern eine Katastrophe bedeuten.

9. Umwelt – 183

Erdbeben	dìzhèn
Erde + beben	地震

地球上有许多地方常发生地震，比如在墨西哥和日本。

Dìqiú shàng yǒu xǔduō dìfang cháng fāshēng dìzhèn, bǐrú zài Mòxīgē hé Rìběn.

In vielen Gegenden der Erde ereignen sich häufig Erdbeben, z.B. in Mexiko und Japan.

9. Umwelt – 184

Vulkan	huǒshān
Feuer + Berg	火山

这座火山很多年没有喷发了。火山口成了一个湖。

Zhè zuò huǒshān hěn duō nián méiyǒu pēnfā le. Huǒshānkǒu chéng le yí gè hú.

Dieser Vulkan ist schon seit vielen Jahren nicht mehr aktiv. Der Krater ist zum See geworden.

9. Umwelt – 185

Sturm	fēngbào
Wind + ungestüm	风暴

大风暴会刮倒房子、卷走屋顶、破坏很多东西。

Dà fēngbào huì guā dǎo fángzi, juǎn zǒu wūdǐng, pòhuài hěn duō dōngxi.

Ein starker Sturm kann Häuser umblasen, Dächer wegreißen und vieles zerstören.

9. Umwelt – 186

Taifun	táifēng
Orkan + Wind	台风

中国东南沿海地区八月份常刮台风。

Zhōngguó dōngnán yán hǎi dìqū bāyuèfèn cháng guā táifēng.

Das Küstengebiet Südostchinas wird im August häufig von Taifunen heimgesucht.

9. Umwelt – 187

Überschwemmung	shuǐzāi
Wasser + Katas- trophe	水灾
南方常闹水灾，而北方太干，所以要搞“南水北调”。	
Nánfāng cháng nào shuǐzāi, ér běifāng tài gān, suǒyǐ yào gǎo „nán shuǐ běi diào“.	
In Südchina gibt es oft Überschwemmungen, während es in Nordchina zu trocken ist. Daher führt man jetzt (das Projekt) „Südliches Wasser nach Norden“ durch.	

9. Umwelt – 188

Großbrand	huǒzāi
Feuer + Katas- trophe	火灾
一场火灾把整条街的木头房子都烧掉了。	
Yì chǎng huǒzāi bǎ zhěng tiáo jiē de mùtou fángzi dōu shāo diào le.	
Ein Großbrand hat alle Holzhäuser der ganzen Straße in Flammen aufgehen lassen.	

9. Umwelt – 189

Feuer	huǒ
–	火
纸包不住火。这件事大家不久都会知道的。	
Zhǐ bāo bu zhù huǒ. Zhè jiàn shì dàjiā bùjiǔ dōu huì zhīdào de.	
Feuer kann man nicht in Papier einwickeln (= Früher oder später kommt alles ans Licht). Von dieser Angelegenheit werden bald alle erfahren haben.	

9. Umwelt – 190

Qualm, Rauch	yān
–	烟
烟囱冒着浓浓的黑烟，城市上空灰蒙蒙的。	
Yāncōng mào zhe nóngnóng de hēi yān, chéngshì shàngkōng huīmēngmēng de.	
Aus den Schornsteinen steigt dichter schwarzer Rauch. Über der Stadt ist es dunstig.	

9. Umwelt – 191

Gefahr	wēixiǎn
Gefahr + Risiko	危险
救火队员不顾危险跑进屋里去救人。	
Jiùhuǒduìyuán bú gù wēixiǎn pǎo jìn wū lǐ qù jiù rén.	
Die Feuerwehrleute rennen, ohne auf die Gefahr zu achten, ins Haus, um die Menschen zu retten.	

10. Tiere – 192

Tier	dòngwù
sich be- wegen + Ding	动物
老孙是动物学家，喜欢研究昆虫，特别是蚂蚁。	
Lǎo Sūn shì dòngwùxuéjiā, xǐhuan yánjiū kūnchóng, tèbié shì mǎyǐ.	
Lao Sun ist Fachmann der Tierkunde und erforscht gerne Insekten, insbesondere Ameisen.	

10. Tiere – 193

Spezies	zhǒnglèi
Art + Gattung	种类

微生物很微小，却是生物中一个重要的种类。

Wēishēngwù hěn wēixiǎo, què shì shēngwù zhōng yí gè zhòngyào de zhǒnglèi.

Die Mikroorganismen sind zwar ganz winzig, aber sie machen eine bedeutende Spezies unter den Lebewesen aus.

10. Tiere – 194

Hund	gǒu
–	狗

从前女人的生活是：嫁鸡随鸡，嫁狗随狗。

Cóngqián nǚrén de shēnghuó shì: Jià jī suí jī, jià gǒu suí gǒu.

Das Leben der Frau war früher so: Hast du einen Hahn geheiratet, folge dem Hahn; hast du einen Hund geheiratet, dann folge dem Hund (= sich dem Schicksal fügen).

10. Tiere – 195

Katze	māo
–	猫

不管白猫黑猫，能抓老鼠就是好猫。

Bù guǎn bái māo hēi māo, néng zhuā lǎoshǔ jiù shì hǎo māo.

Egal, ob die Katze schwarz oder weiß ist, Hauptsache sie fängt Mäuse.

10. Tiere – 196

Huhn	jī
–	鸡

母鸡的羽毛不如公鸡的漂亮。--不过母鸡能下蛋！

Mǔjī de yǔmáo bù rú gōngjī de piàoliang. -- Búguò mǔjī néng xià dàn!

Die Federn der Henne sind nicht so schön wie die des Hahns. – Aber die Henne kann Eier legen!

10. Tiere – 197

Kaninchen, Hase	tùzi
–	兔子

兔子尾巴长不了。现在已经是三月底，冷天气不会太久了。

Tùzi wěiba cháng bu liǎo. Xiànzài yǐjing shì sānyuè dǐ, lěng tiānqì bú huì tài jiǔ le.

Der Schwanz eines Hasen ist nicht lang (= Die Tage sind gezählt). Es ist jetzt schon Ende März. Das kalte Wetter bleibt nicht mehr lang.

10. Tiere – 198

Rind	niú
–	牛

在中国，奶牛还比较少。常见的是水牛和黄牛。

Zài Zhōngguó, nǎiniú hái bǐjiào shǎo. Cháng jiàn de shì shuǐniú hé huángniú.

In China gibt es noch relativ wenig Kühe. Wasserbüffel und (chinesische) braune Hausrinder sieht man oft.

10. Tiere – 199

Schaf	miányáng
weich + Oberbegriff für Schaf- und Ziegenartige	绵羊
在中国，山羊与绵羊都叫“羊”。	
Zài Zhōngguó, shānyáng yǔ miányáng dōu jiào „yáng“.	
In China heißen sowohl Ziege als auch Schaf „yang“.	

10. Tiere – 200

Schwein	zhū
–	猪
猪是最重要的家畜之一。很多中国农家都养着一头。	
Zhū shì zuì zhòngyào de jiāchù zhī yī. Hěn duō Zhōngguó nóngjiā dōu yǎng zhe yì tóu.	
Das Schwein ist eines der wichtigsten Haustiere. Viele chinesische Bauernfamilien mästen ein Schwein.	

10. Tiere – 201

Pferd	mǎ
–	马
不三不四，非驴非马。你画的是什么呀？	
Bù sān bú sì, fēi lǘ fēi mǎ. Nǐ huà de shì shénme ya?	
Weder drei noch vier, weder Esel noch Pferd (= weder Fisch noch Fleisch). Was soll denn das sein, was du da gemalt hast?	

10. Tiere – 202

Kamel	luòtuo
eine Art Schimmel + Kamel	骆驼
骆驼一次喝足了水，就可以有好几天不喝水。	
Luòtuo yí cì hē zú le shuǐ, jiù kěyǐ yǒu hǎojǐ tiān bù hē shuǐ.	
Wenn ein Kamel einmal sehr viel Wasser getrunken hat, dann kann es mehrere Tage lang ohne Wasser auskommen.	

10. Tiere – 203

wildes Tier	yěshòu
wild + Tier	野兽
河马、熊、豹子、狐狸、狼等等都是野兽。	
Hémǎ, xióng, bàozi, húli, láng děngděng dōu shì yěshòu.	
Das Flusspferd, der Bär, der Leopard, der Fuchs, der Wolf usw. sind alles wilde Tiere.	

10. Tiere – 204

Panda	xióngmāo
Bär + Katze	熊猫
在自然界生活的熊猫只在中国有，主要在四川省。	
Zài zìránjiè shēnghuó de xióngmāo zhǐ zài Zhōngguó yǒu, zhǔyào zài Sìchuānshěng.	
In der freien Natur lebende Pandabären gibt es nur in China, vor allem in der Provinz Sichuan.	

10. Tiere – 205

Löwe	shīzi
–	狮子
狮子虽然被称为“兽王”，但是据说它怕大象。	
Shīzi suīrán bèi chēng wéi „shòuwáng“, dànshì jù shuō tā pà dàxiàng.	
Obwohl der Löwe „König der Tiere“ genannt wird, habe er, wie man behauptet, Angst vor dem Elefanten.	

10. Tiere – 206

Tiger	lǎohǔ
(Vorsilbe) + Tiger	老虎
坐山观虎斗。	
Zuò shān guān hǔ dòu.	
Auf dem Berg sitzend schaut man ruhig dem Kampf der Tiger zu (= der lachende Dritte sein).	

10. Tiere – 207

Affe	hóuzi
–	猴子
山中无老虎，猴子称大王。	
Shān zhōng wú lǎohǔ, hóuzi chēng dàwáng.	
Wenn es im Gebirge keine Tiger gibt, hat sich der Affe zum König ernannt (= Unter den Blinden ist der Einäugige König).	

10. Tiere – 208

Drache (Fabeltier)	lóng
–	龙
龙象征着强大。中国人认为自己是龙的传人。	
Lóng xiàngzhēng zhe qiángdà. Zhōngguórén rènwéi zìjǐ shì lóng de chuánrén.	
Der Drache symbolisiert Stärke. Chinesen betrachten sich als Abkömmlinge des Drachen.	

10. Tiere – 209

Schlange	shé
–	蛇
文章最后一段的解释很多余，好像是“画蛇添足”。	
Wénzhāng zuìhòu yí duàn de jiěshì hěn duōyú, hǎoxiàng shì „huàshé-tiānzú“.	
Die Erklärung im letzten Absatz des Artikels ist überflüssig, das ist wie „beim Malen einer Schlange Füße hinzufügen (= zuviel des Guten tun)“.	

10. Tiere – 210

Maus	lǎoshǔ
(Vorsilbe) + Maus	老鼠
这道考题我恰好会做，真的是“瞎猫碰上死老鼠”！	
Zhè dào kǎotí wǒ qiàhǎo huì zuò, zhēnde shì “xiā māo pèng shàng sǐ lǎoshǔ”!	
Die Prüfungsaufgabe konnte ich zufällig lösen. Das war echt wie „auch eine blinde Katze findet mal eine tote Maus (= Auch ein blindes Huhn findet mal ein Korn)“.	

10. Tiere – 211

Vogel	niǎo
–	鸟

鸟都有翅膀。老鹰的翅膀张开来有一米多宽。

Niǎo dōu yǒu chìbǎng. Lǎoyīng de chìbǎng zhāng kāilai yǒu yì mǐ duō kuān.

Alle Vögel haben Flügel. Der Adler hat eine Flügelspannweite von mehr als einem Meter.

10. Tiere – 212

Taube	gēzi
–	鸽子

中国也有信鸽比赛。鸽子能从很远的地方飞回家来。

Zhōngguó yě yǒu xìngē bǐsài. Gēzi néng cóng hěn yuǎn de dìfang fēi huí jiā lai.

Auch in China gibt es Wettkämpfe mit Brieftauben. Die Tauben können aus großer Ferne heimfliegen.

10. Tiere – 213

Spatz, Sperling	máquè
pocken-narbig + Vögel-chen	麻雀

麻雀虽小，五脏俱全。

Máquè suī xiǎo, wǔzàng jù quán.

Auch wenn der Spatz klein ist, so hat er doch alle lebenswichtigen Organe (= Klein, aber komplett).

10. Tiere – 214

Zugvogel	hòuniǎo
Zeit + Vogel	候鸟

大雁、天鹅和燕子都是候鸟。它们秋天飞到南方去过冬。

Dàyàn, tiān'é hé yànzi dōu shì hòuniǎo. Tāmen qiūtiān fēi dào nánfāng qù guò dōng.

Die Wildgans, der Schwan und die Schwalbe sind alles Zugvögel. Sie fliegen im Herbst zum Überwintern nach Süden.

10. Tiere – 215

Nest	wō
–	窝

金窝银窝不如自家草窝。自己的房子最舒服！

Jīn wō yín wō bù rú zì jiā cǎo wō. Zìjǐ de fángzi zuì shūfu!

Ein Nest aus Gold oder Silber ist doch nicht so gut wie das eigene Strohnest (= Einem jeden Vogel gefällt sein Nest). Zu Hause ist es doch am schönsten!

10. Tiere – 216

Käfig	lóngzi
–	笼子

现代的动物园内，许多动物不再被关在笼子里。

Xiàndài de dòngwùyuán nèi, xǔduō dòngwù bú zài bèi guān zài lóngzi lǐ.

In einem modernen Tierpark sind viele Tiere nicht mehr im Käfig eingesperrt.

10. Tiere – 217

Zoo — dòngwùyuán

sich bewegen + Ding + Garten

动物园

动物园里能看到奇特的动物，所以大家很喜欢到那儿去。

Dòngwùyuán lǐ néng kàn dào qítè de dòngwù, suǒyǐ dàjiā hěn xǐhuan dào nàr qù.

Im Zoo kann man seltene Tiere sehen, deswegen gehen alle sehr gern dorthin.

10. Tiere – 218

Delphin — hǎitún

Meer + Ferkel

海豚

鲨鱼的确是鱼。海豚和鲸鱼不是鱼，而是水中的哺乳动物。

Shāyú díquè shì yú. Hǎitún hé jīngyú bú shì yú, ér shì shuǐ zhōng de bǔrǔ dòngwù.

Der Haifisch ist in der Tat ein Fisch. Der Delphin und der Walfisch sind beides keine Fische, sondern im Wasser lebende Säugetiere.

10. Tiere – 219

Krokodil — èyú

Krokodil + Fisch

鳄鱼

现在鳄鱼也被人工饲养。它们的皮可以制革。

Xiànzài èyú yě bèi réngōng sìyǎng. Tāmen de pí kěyǐ zhì gé.

Heutzutage werden Krokodile auch gezüchtet. Ihre Haut kann zu Leder verarbeitet werden.

10. Tiere – 220

Jäger — lièrén

jagen + Mensch

猎人

如果分不清狼与狗的区别，那他就不是一个好猎人。

Rúguǒ fēn bu qīng láng yǔ gǒu de qūbié, nà tā jiù bú shì yí gè hǎo lièrén.

Wenn er die Unterschiede zwischen Wolf und Hund nicht kennt, dann ist er doch kein guter Jäger.

10. Tiere – 221

Biene — mìfēng

Honig + Biene

蜜蜂

蜜蜂过群居生活。一群蜜蜂有一个蜂房。

Mìfēng guò qúnjū shēnghuó. Yì qún mìfēng yǒu yí gè fēngfáng.

Bienen leben in Gemeinschaften. Ein Bienenschwarm hat seinen eigenen Bienenstock.

10. Tiere – 222

Schmetterling — húdié

(untrennbar) + Schmetterling

蝴蝶

蝴蝶的品种很多。有些人喜欢收集它们，做成标本。

Húdié de pǐnzhǒng hěn duō. Yǒuxiē rén xǐhuan shōují tāmen, zuò chéng biāoběn.

Es gibt sehr viele Arten von Schmetterlingen. Manche Leute sammeln sie gern und präparieren sie.

10. Tiere – 223

Mücke, Moskito	wénzi
–	蚊子
蚊子、苍蝇和蟑螂飞来飞去、爬来爬去。非常讨厌。	
Wénzi, cángying hé zhānglláng fēi lái fēi qù, pá lái pá qù. Fēicháng tǎoyàn.	
Mücken, Fliegen und Kakerlaken fliegen hin und her oder kriechen überall herum. Scheußlich.	

11. Pflanzen – 224

Pflanze	zhíwù
pflanzen + Ding	植物
世界上有三十多万种植物。有的已经很稀少了。	
Shìjiè shàng yǒu sānshí duō wàn zhǒng zhíwù. Yǒude yǐjing hěn xīshǎo le.	
Es gibt auf der Erde über 300 000 Arten von Pflanzen. Einige davon sind schon sehr selten geworden.	

11. Pflanzen – 225

Wald, Forst	sēnlín
dichter Wald + Forst	森林
这一带全是森林。森林的北边有一大块沼泽地。	
Zhè yídài quán shì sēnlín. Sēnlín de běibiān yǒu yí dà kuài zhǎozédì.	
In dieser Gegend sind überall Wälder und nördlich von den Wäldern ist ein großes Sumpfgebiet.	

11. Pflanzen – 226

Regenwald	yǔlín
Regen + Forst	雨林
热带雨林被破坏得很厉害，树砍掉得太多了。	
Rèdài yǔlín bèi pòhuài de hěn lìhai, shù kǎn diào de tài duō le.	
Der tropische Regenwald ist stark zerstört worden. Zu viele Bäume sind gefällt worden.	

11. Pflanzen – 227

Wäldchen, Hain	shùlín
Baum + Forst	树林
这片树林里有松鼠吗？ -- 当然有。还有猫头鹰呢！	
Zhè piàn shùlín lǐ yǒu sōngshǔ ma? -- Dāngrán yǒu. Hái yǒu māotóuyīng ne!	
Gibt es Eichhörnchen in diesem Wald? – Ja, klar. Es gibt sogar Eulen!	

11. Pflanzen – 228

Baum	shù
–	树
校园里绿树成荫、鸟语花香，学习环境极好。	
Xiàoyuán lǐ lǜ shù chéng yīn, niǎoyǔ-huāxiāng, xuéxí huánjìng jí hǎo.	
Auf dem Campus der Universität werfen grüne Bäume kühle Schatten. Es zwitschern Vögel, es duften die Blumen. Die Atmosphäre ist fürs Studium phantastisch.	

11. Pflanzen – 229

Baumstamm	shùgàn
Baum + Stamm	树干

粗的树干我们送进木材加工厂去锯成木板。

Cū de shùgàn wǒmen sòng jìn mùcái jiāgōngchǎng qù jù chéng mùbǎn.

Die dicken Baumstämme bringen wir in das Sägewerk, um daraus Bretter zu sägen.

11. Pflanzen – 230

Zweig, Ast	shùzhī
Baum + Zweig	树枝

松鼠灵活地从一个树枝跳到另一个树枝，寻找食物。

Sōngshǔ línghuó de cóng yí gè shùzhī tiào dào lìng yí gè shùzhī, xúnzhǎo shíwù.

Ein Eichhörnchen springt flink von einem Zweig zum anderen, um sich etwas zum Essen zu suchen.

11. Pflanzen – 231

Baumrinde	shùpí
Baum + Haut	树皮

有的旅游者每到一处就在树皮上刻“到此一游”。

Yǒude lǚyóuzhě měi dào yí chù jiù zài shùpí shàng kè „Dàocǐ-yìyóu“.

Manche Touristen ritzen überall, wo sie hinkommen, in die Baumrinde „Ich war mal hier“.

11. Pflanzen – 232

Weide	liǔshù
Weide + Baum	柳树

柳树、杨树、枫树、桑树等在中国都比较常见。

Liǔshù, yángshù, fēngshù , sāngshù děng zài Zhōngguó dōu bǐjiào cháng jiàn.

In China sind die Weide, die Pappel, der Ahorn und der Maulbeerbaum oft zu sehen.

11. Pflanzen – 233

Kiefer	sōngshù
Kiefer + Baum	松树

松树和柏树都是常绿树。它们也是针叶树。

Sōngshù hé bǎishù dōu shì chánglǜshù. Tāmen yě shì zhēnyèshù.

Die Kiefer und die Zypresse sind immergrüne Bäume. Sie sind auch Nadelbäume.

11. Pflanzen – 234

Palme	zōnglǘshù
Palme + (untrennbar) + Baum	棕榈树

我们躺在棕榈树下，听海浪拍打着岸边的岩石。

Wǒmen tǎng zài zōnglǘshù xià, tīng hǎilàng pāidǎ zhe àn biān de yánshí.

Wir lagen unter einer Palme und hörten die Meereswellen gegen die Felsen am Ufer schlagen.

11. Pflanzen – 235

Obstbaum	guǒshù
Obst + Baum	果树
果树的栽培是很不容易的，要常浇水、施肥、治虫等。	
Guǒshù de zāipéi shì hěn bù róngyì de, yào cháng jiāo shuǐ, shī féi, zhì chóng děng.	
Die Obstbaumzucht ist gar nicht leicht. Man muss dauernd bewässern, düngen, Schädlinge bekämpfen usw.	

11. Pflanzen – 236

Bambus	zhúzi
–	竹子
他胸有成竹，不慌不忙地向我们谈他的建议。	
Tā xiōngyǒu-chéngzhú, bùhuāng-bùmáng de xiàng wǒmen tán tā de jiànyì.	
Er trägt schon ein Bild vom zu malenden Bambus in der Brust (= hat ein klares Konzept im Kopf) und erzählt uns ruhig und gelassen seinen Vorschlag.	

11. Pflanzen – 237

Blume	huā
–	花
很多人家的阳台上摆着花盆。鲜花正盛开着。	
Hěn duō rénjiā de yángtái shàng bǎi zhe huāpén. Xiān huā zhèng shèng kāi zhe.	
Auf dem Balkon vieler Familien stehen Topfpflanzen, deren Blumen sich gerade zu voller Pracht entfalten.	

11. Pflanzen – 238

Chrysantheme	júhuā
Chrysantheme + Blume	菊花
中国的画家们很喜欢画菊花、兰花、荷花和牡丹花。	
Zhōngguó de huàjiāmen hěn xǐhuan huà júhuā, lánhuā, héhuā hé mǔdānhuā.	
Die chinesischen Maler malen sehr gern Chrysanthemen, Orchideen, Lotosblumen und Pfingstrosen.	

11. Pflanzen – 239

Rose	méiguìhuā
Rose + Rarität + Blume	玫瑰花
母亲过四十五岁生日那天，我送给她一大束玫瑰花。	
Mǔqīn guò sìshí-wǔ suì shēngri nà tiān, wǒ sòng gěi tā yí dà shù méiguìhuā.	
Am 45. Geburtstag meiner Mutter habe ich ihr einen großen Strauß Rosen geschenkt.	

11. Pflanzen – 240

Kaktus	xiānrénzhǎng
Unsterbliche(r) + Mensch + Handfläche	仙人掌
仙人掌不需要很多水。不过浇水时要小心它的刺。	
Xiānrénzhǎng bù xūyào hěn duō shuǐ. Búguò jiāo shuǐ shí yào xiǎoxīn tā de cì.	
Der Kaktus braucht nicht viel Wasser, aber beim Gießen muss man auf die Stacheln aufpassen.	

11. Pflanzen – 241

Gras	cǎo
–	草
春夏秋三季，牛可以吃到新鲜的草，而冬天只有干草。	
Chūn xià qiū sān jì, niú kěyǐ chī dào xīnxiān de cǎo, ér dōngtiān zhǐ yǒu gān cǎo.	
Im Frühling, Sommer und Herbst können die Kühe frisches Gras fressen, aber im Winter gibt es nur Heu.	

11. Pflanzen – 242

Wurzel	gēn
–	根
在黄山，很多松树的根都深深地长在岩石缝里。	
Zài Huángshān, hěn duō sōngshù de gēn dōu shēnshēn de zhǎng zài yánshí fèng lǐ.	
Im Huangshan-Gebirge sind die Wurzeln vieler Kiefern in die tiefen Felsspalten hineingewachsen.	

11. Pflanzen – 243

Blatt (Baum)	yèzi
–	叶子
秋天叶子会改变颜色。它们变得五彩缤纷，十分好看。	
Qiūtiān yèzi huì gǎibiàn yánsè. Tāmen biàn de wǔcǎi-bīnfēn, shífēn hǎokàn.	
Im Herbst verfärben sich die Blätter. Sie leuchten dann in allen möglichen Farben. Das ist ein wunderschöner Anblick.	

11. Pflanzen – 244

Keim, Spross	yá
–	芽
天气暖和，种子播下去不久就开始发芽了。	
Tiānqì nuǎnhuo, zhǒngzi bō xiàqu bùjiǔ jiù kāishǐ fā yá le.	
Das Wetter war warm. Die Keime begannen kurz nach dem Säen aufzugehen.	

11. Pflanzen – 245

Garten	huāyuán
Blume + Garten	花园
苏州的园林艺术特别美。很多花园都有假山和盆景。	
Sūzhōu de yuánlín yìshù tèbié měi. Hěn duō huāyuán dōu yǒu jiǎshān hé pénjǐng.	
Die Gartenkunst in Suzhou ist besonders schön. In vielen Gärten gibt es künstliche Felsen und Bonsais.	

11. Pflanzen – 246

Park	gōngyuán
öffentlich + Garten	公园
植物园往往是一个秀丽而清静的大公园。	
Zhíwùyuán wǎngwǎng shì yí gè xiùlì ér qīngjìng de dà gōngyuán.	
Der botanische Garten ist meistens ein großer hübscher und ruhiger Park.	

12. Welt – 247

Welt	shìjiè
Welt + Bereich	世界

今天世界上还有人学习世界语吗？

Jīntiān shìjiè shàng hái yǒu rén xuéxí shìjièyǔ ma?

Gibt es heute noch jemanden auf der Welt, der Esperanto lernt?

12. Welt – 248

Nordpol	běijí
Nord + Pol	北极

北极圈以北，冬天几乎见不到太阳。

Běijíquān yǐběi, dōngtiān jīhū jiàn bu dào tàiyáng.

Nördlich des Polarkreises kann man im Winter die Sonne fast nicht sehen.

12. Welt – 249

Südpol	nánjí
Süd + Pol	南极

南极虽然冰天雪地，却冻不坏可爱的企鹅。

Nánjí suīrán bīngtiān-xuědì, què dòng bu huài kě'ài de qǐ'é.

Der Südpol ist zwar voller Eis und Schnee, aber die niedlichen Pinguine überleben auch im Frost.

12. Welt – 250

Äquator	chìdào
rot + Linie	赤道

赤道把地球分为北半球和南半球。

Chìdào bǎ dìqiú fēn wéi běibànqiú hé nánbànqiú.

Der Äquator teilt die Erde in eine nördliche und eine südliche Halbkugel.

12. Welt – 251

Ferner Osten	Yuǎndōng
fern + Osten	远东

从前对很多欧洲人来说，远东很神秘。

Cóngqián duì hěn duō Ōuzhōurén láishuō, Yuǎndōng hěn shénmì.

Früher war der Ferne Osten für viele Europäer sehr geheimnisvoll.

12. Welt – 252

Mittlerer Osten	Zhōngdōng
Mitte + Osten	中东

中东的局势有时候相当紧张，常发生战争。

Zhōngdōng de júshì yǒushíhou xiāngdāng jǐnzhāng, cháng fāshēng zhànzhēng.

Die Situation im Mittleren Osten ist zeitweise sehr angespannt. Es entsteht häufig Krieg.

12. Welt – 253

Westen, Okzident	xīfāng
West + Gebiet	西方
东<u>西方</u>的文化交流是很重要的。	
Dōngxīfāng de wénhuà jiāoliú shì hěn zhòngyào de.	
Der Kulturaustausch zwischen Ost und West ist sehr wichtig.	

12. Welt – 254

UNO	Liánhéguó
vereinigen + vereinen + Staat	联合国
<u>联合国</u>现在有一百八十多个会员国，总部在纽约。	
Liánhéguó xiànzài yǒu yìbǎi bāshí duō gè huìyuánguó, zǒngbù zài Niǔyuē.	
Die UNO hat jetzt mehr als 180 Mitgliedsländer. Ihr Hauptsitz befindet sich in New York.	

12. Welt – 255

Europa	Ōuzhōu
(phon.) + Kontinent	欧洲
<u>欧洲</u>有三十多个大大小小的国家，比如波兰和瑞士。	
Ōuzhōu yǒu sānshí duō gè dàdà xiǎoxiǎo de guójiā, bǐrú Bōlán hé Ruìshì.	
In Europa gibt es über 30 große wie auch kleine Länder, z.B. Polen und die Schweiz.	

12. Welt – 256

EU	Ōuméng
(phon.) + Bündnis	欧盟
<u>欧盟</u>国家在经济和政治方面都有紧密的关系。	
Ōuméng guójiā zài jīngjì hé zhèngzhì fāngmiàn dōu yǒu jǐnmì de guānxi.	
Die Länder innerhalb der EU haben auf wirtschaftlichem wie politischem Gebiet enge Beziehungen.	

12. Welt – 257

Deutschland	Déguó
(phon.) + Land	德国
<u>德国</u>的工业和经济都很发达，教育水平也很高。	
Déguó de gōngyè hé jīngjì dōu hěn fādá, jiàoyù shuǐpíng yě hěn gāo.	
Die Industrie und die Wirtschaft Deutschlands sind hoch entwickelt, ebenso das Bildungsniveau.	

12. Welt – 258

England	Yīngguó
(phon.) + Land	英国
<u>英国</u>在十九世纪末的时候有过很多殖民地。	
Yīngguó zài shíjiǔ shìjì mò de shíhou yǒu guo hěn duō zhímíndì.	
England hatte Ende des 19. Jahrhunderts sehr viele Kolonien.	

12. Welt – 259

Frankreich	Fǎguó
(phon.) + Land	法国

法国首都巴黎是世界上最重要的文化城市之一。

Fǎguó shǒudū Bālí shì shìjiè shàng zuì zhòngyào de wénhuà chéngshì zhīyī.

Paris, die Hauptstadt Frankreichs, ist eine der bedeutendsten Kulturstädte der Welt.

12. Welt – 260

Russland	Éguó
(phon.) + Land	俄国

俄国地跨欧亚两洲，自然资源十分丰富。

Éguó dì kuà Ōu Yà liǎng zhōu, zìrán zīyuán shífēn fēngfù.

Russland erstreckt sich von Europa bis Asien und ist sehr reich an Naturressourcen.

12. Welt – 261

Italien	Yìdàlì
(phon.) + (phon.) + (phon.)	意大利

意大利的国土像一只靴子，伸进地中海。

Yìdàlì de guótǔ xiàng yì zhī xuēzi, shēn jìn Dìzhōnghǎi.

Das italienische Festland ähnelt einem Stiefel, der sich ins Mittelmeer hinein erstreckt.

12. Welt – 262

Asien	Yàzhōu
(phon.) + Konti-nent	亚洲

亚洲人大都是黑头发、深色的眼睛、个子比较小。

Yàzhōurén dàdōu shì hēi tóufa, shēn sè de yǎnjing, gèzi bǐjiào xiǎo.

Asiaten haben überwiegend schwarze Haare und dunkle Augen und sind in Bezug auf den Körperbau relativ klein.

12. Welt – 263

China	Zhōngguó
Mitte + Land	中国

改革开放以来，中国的经济发展得非常快。

Gǎigé kāifàng yǐlái, Zhōngguó de jīngjì fāzhǎn de fēicháng kuài.

Seit der Reform und Öffnung entwickelt sich die Wirtschaft Chinas rasant.

12. Welt – 264

Japan	Rìběn
Sonne + Ursprung	日本

日本是一个岛国。它的电子产品是世界闻名的。

Rìběn shì yí gè dǎoguó. Tā de diànzǐ chǎnpǐn shì shìjiè wénmíng de.

Japan ist ein Inselstaat. Seine elektronischen Produkte sind weltberühmt.

12. Welt – 265

Indien	Yìndù
(phon.) + (phon.)	印度

印度也是一个很古老的国家。目前贫富差别很大。

Yìndù yě shì yí gè hěn gǔlǎo de guójiā. Mùqián pín fù chābié hěn dà.

Indien ist auch ein sehr altes Land. Es gibt zur Zeit einen sehr großen Unterschied zwischen arm und reich.

12. Welt – 266

Amerika	Měizhōu
(phon.) + Konti-nent	美洲

加拿大在北美洲，智利和巴西在南美洲。

Jiānádà zài Běiměizhōu, Zhìlì hé Bāxī zài Nánměizhōu.

Kanada liegt in Nord-, Chile und Brasilien in Südamerika.

12. Welt – 267

USA	Měiguó
(phon.) + Land	美国

美国现在居民的祖先主要来自欧洲。

Měiguó xiànzài jūmín de zǔxiān zhǔyào lái zì Ōuzhōu.

Die Vorfahren der jetzigen Einwohner der USA stammen hauptsächlich aus Europa.

12. Welt – 268

Afrika	Fēizhōu
(phon.) + Konti-nent	非洲

非洲大部分地区非常干旱，但是也有一些地区有雨林。

Fēizhōu dàbùfen dìqū fēicháng gānhàn, dànshì yě yǒu yìxiē dìqū yǒu yǔlín.

In den meisten Gebieten Afrikas ist es ganz trocken. Aber es gibt auch Regionen mit Regenwald.

12. Welt – 269

Arabien	Ālābó
(phon.) + (phon.) + (phon.)	阿拉伯

阿拉伯人大都信伊斯兰教，女人们都围着头巾。

Ālābórén dàdōu xìn Yīsīlánjiào, nǚrénmen dōu wéi zhe tóujīn.

Araber sind zum größten Teil Mohammedaner und die Frauen tragen alle ein Kopftuch.

12. Welt – 270

Ägypten	Āijí
(phon.) + (phon.)	埃及

古埃及文明对欧洲文化很有影响吗？

Gǔ Āijí wénmíng duì Ōuzhōu wénhuà hěn yǒu yǐngxiǎng ma?

Hat die altägyptische Zivilisation einen starken Einfluss auf die europäische Kultur ausgeübt?

13. Sprache – 271

Sprache	yǔyán
Sprache + Worte	语言

钱先生是研究语言学的。他很了解亚洲东部的语言。

Qián Xiānsheng shì yánjiū yǔyánxué de. Tā hěn liǎojiě Yàzhōu dōngbù de yǔyán.

Herr Qian forscht auf dem Gebiet der Linguistik. Er kennt die ostasiatischen Sprachen sehr gut.

13. Sprache – 272

Fremdsprache	wàiyǔ
außen + Sprache	外语

你会几门外语？ -- 我会英语、西班牙语和阿拉伯语。

Nǐ huì jǐ mén wàiyǔ? -- Wǒ huì Yīngyǔ, Xībānyáyǔ hé Ālābóyǔ.

Wie viele Fremdsprachen kannst du? – Ich kann Englisch, Spanisch und Arabisch.

13. Sprache – 273

Chinesisch	Hànyǔ
chinesisch + Sprache	汉语

现在有越来越多的西方人要学习汉语。

Xiànzài yǒu yuèláiyuè duō de xīfāngrén yào xuéxí Hànyǔ.

Jetzt wollen immer mehr Leute aus dem Westen Chinesisch lernen.

13. Sprache – 274

Chinesisch	Zhōngwén
chinesisch + Schrift	中文

在欧洲的大城市里能买到中文的报纸和杂志。

Zài Ōuzhōu de dà chéngshì lǐ néng mǎi dào zhōngwén de bàozhǐ hé zázhì.

In den europäischen Großstädten kann man chinesische Zeitungen und Zeitschriften kaufen.

13. Sprache – 275

Englisch	Yīngyǔ
(phon.) + Sprache	英语

英语已成了世界语言，所以中国的学生们也学英语。

Yīngyǔ yǐ chéng le shìjiè yǔyán, suǒyǐ Zhōngguó de xuéshengmen yě xué Yīngyǔ.

Englisch ist Weltsprache geworden. Chinesische Schüler und Studenten lernen deshalb auch Englisch.

13. Sprache – 276

Deutsch	Déyǔ
(phon.) + Sprache	德语

有人说，学好德语至少要花三十年时间。

Yǒurén shuō, xué hǎo Déyǔ zhìshǎo yào huā sānshí nián shíjiān.

Jemand hat einmal gesagt, um gut Deutsch zu sprechen, braucht man mindestens 30 Jahre.

13. Sprache – 277

Aussprache	fāyīn
erzeugen + Laut	发音
汉语的发音比较难，特别是它的四声。	
Hànyǔ de fāyīn bǐjiào nán, tèbié shì tā de sì shēng.	
Die Aussprache des Chinesischen ist ziemlich schwer, insbesondere seine vier Töne.	

13. Sprache – 278

Dialekt	fāngyán
Gebiet + Worte	方言
中国那么大，方言当然很多，比如上海话、广东话等。	
Zhōngguó nàme dà, fāngyán dāngrán hěnduō, bǐrú Shànghǎihuà, Guǎngdōnghuà děng.	
China ist so groß, dass es selbstverständlich viele Dialekte gibt, wie z.B. den Shanghaier Dialekt oder das Kantonesische.	

13. Sprache – 279

Audiokassette	cídài
Magnet + Band	磁带
经常听磁带对学习外语很有帮助。	
Jīngcháng tīng cídài duì xuéxí wàiyǔ hěn yǒu bāngzhù.	
Es ist beim Fremdsprachenlernen eine große Hilfe, wenn man oft Tonbandkassetten hört.	

13. Sprache – 280

Wort (Wörter)	cí
–	词
这些词我学过很多遍，可总是记不住。真可气！	
Zhèxiē cí wǒ xué guo hěn duō biàn, kě zǒngshì jì bu zhù. Zhēn kěqì!	
Diese Wörter habe ich mehrmals gelernt, aber ich kann sie mir nicht merken. Wirklich ärgerlich!	

13. Sprache – 281

Wörterbuch	cídiǎn
Wörter + Standard-werk	词典
您能不能给我推荐一本初学者用的汉德词典？	
Nín néng bu néng gěi wǒ tuījiàn yì běn chūxuézhě yòng de Hàn Dé cídiǎn?	
Können Sie mir ein chinesisch-deutsches Wörterbuch für Anfänger empfehlen?	

13. Sprache – 282

Satz	jùzi
–	句子
三句话不离本行。他最喜欢谈他的兽医工作。	
Sān jù huà bù lí běnháng. Tā zuì xǐhuan tán tā de shòuyī gōngzuò.	
Nach nur drei Sätzen ist er in seiner Rede schon bei seinem Beruf angekommen. Am liebsten redet er über seine Arbeit als Tierarzt.	

13. Sprache – 283

Wort (Worte)	huà
–	话
我听不懂你的话，请再说一遍，说得慢一点！	
Wǒ tīng bu dǒng nǐ de huà, qǐng zài shuō yí biàn, shuō de màn yìdiǎn!	
Ich konnte dich nicht verstehen. Bitte wiederhole die Sätze noch einmal und sprich etwas langsamer!	

13. Sprache – 284

Text (Lehrbuch)	kèwén
Unterricht + Artikel	课文
这篇关于中国人姓名的课文虽然比较难，但是很有趣。	
Zhè piān guānyú Zhōngguórén xìngmíng de kèwén suīrán bǐjiào nán, dànshì hěn yǒuqù.	
Dieser Text über chinesische Familien- und Vornamen ist zwar recht schwer, aber sehr interessant.	

13. Sprache – 285

Grammatik	yǔfǎ
Sprache + Gesetz	语法
要学好一门外语，语法还是很重要的。	
Yào xué hǎo yì mén wàiyǔ, yǔfǎ hái shì hěn zhòngyào de.	
Um eine Fremdsprache zu beherrschen ist die Grammatik auch sehr wichtig.	

13. Sprache – 286

Übung	liànxí
trainieren + üben	练习
上课时，我们常常两、三个人一组做会话练习。	
Shàng kè shí, wǒmen chángcháng liǎng, sān gè rén yì zǔ zuò huìhuà liànxí.	
Im Unterricht machen wir oft in kleinen Gruppen aus 2 oder 3 Personen Konversationsübungen.	

13. Sprache – 287

Schrift	wénzì
Schrift + Schriftzeichen	文字
汉字是世界上最古老的文字之一，有六千年左右的历史了。	
Hànzì shì shìjiè shàng zuì gǔlǎo de wénzì zhīyī, yǒu liù qiān nián zuǒyòu de lìshǐ le.	
Die chinesischen Schriftzeichen gehören zu den ältesten Schriften der Welt und haben schon eine Geschichte von etwa 6000 Jahren.	

13. Sprache – 288

chin. Schriftzeichen	hànzì
chinesisch + Schriftzeichen	汉字
汉字由笔画组成，如点、横、竖、撇等。	
Hànzì yóu bǐhuà zǔ chéng, rú diǎn, héng, shù, piě děng.	
Ein chinesisches Schriftzeichen setzt sich aus Strichen zusammen wie Punkt, horizontaler Strich, vertikaler Strich, nach links unten verlaufender Strich usw.	

13. Sprache – 289

Aufsatz	zuòwén
machen + Artikel	作文
我正在改学生们的<u>作文</u>，他们都写得不错。	
Wǒ zhèngzài gǎi xuéshengmen de zuòwén, tāmen dōu xiě de búcuò.	
Ich korrigiere gerade Aufsätze von meinen Studenten. Sie haben alle ziemlich gut geschrieben.	

14. Religion – 292

Religion	zōngjiào
Sekte + Lehre	宗教
我觉得<u>宗教</u>是人的一种重要的心理需要。	
Wǒ juéde zōngjiào shì rén de yì zhǒng zhòngyào de xīnlǐ xūyào.	
Ich denke, dass die Religion eines der wichtigen psychischen Bedürfnisse des Menschen ist.	

13. Sprache – 290

Hörverständnis	tīnglì
hören + Kraft	听力
我的汉语<u>听力</u>还不够好，还得多多练习。	
Wǒ de Hànyǔ tīnglì hái bú gòu hǎo, hái děi duōduō liànxí.	
Mein chinesisches Hörverständnis ist noch nicht gut genug. Ich muss noch viel üben.	

14. Religion – 293

Buddhismus	Fójiào
Buddha + Lehre	佛教
<u>佛教</u>是从印度传到我国、再从我国传到日本去的。	
Fójiào shì cóng Yìndù chuán dào wǒ guó, zài cóng wǒ guó chuán dào Rìběn qù de.	
Der Buddhismus wurde von Indien aus in unserem Land und dann von unserem Land aus in Japan verbreitet.	

13. Sprache – 291

Dolmetscher	fānyì
umwenden + übersetzen	翻译
她很友好，很热情，是我们旅游团的导游和<u>翻译</u>。	
Tā hěn yǒuhǎo, hěn rèqíng, shì wǒmen lǚyóutuán de dǎoyóu hé fānyì.	
Sie ist nett und herzlich. Sie ist die Reiseführerin und Dolmetscherin unserer Reisegruppe.	

14. Religion – 294

Buddha	fó
–	佛
大殿中间竖着一座精美的<u>佛</u>像，两旁是十八个罗汉。	
Dà diàn zhōngjiān shù zhe yí zuò jīngměi de fóxiàng, liǎng páng shì shíbā gè luóhàn.	
In der Mitte der großen Halle steht eine kunstvoll geformte Buddhafigur; an beiden Seiten sind 18 Arhats.	

14. Religion – 295

Tempel	miào
–	庙
他的财产还在这儿，他肯定会回来。跑了和尚跑不了庙！	
Tā de cáichăn hái zài zhèr, tā kĕndìng huì huí lái. Păo le héshang păo bu liăo miào!	
Sein Besitz ist noch hier. Er wird sicher noch zurückkommen. Der Mönch ist weggelaufen, aber der Tempel kann nicht weglaufen (= Man kann nicht weit entfliehen).	

14. Religion – 296

buddhis. Mönch	héshang
Friede + beachten	和尚
江莉花工作得不起劲，像是“做一天和尚撞一天钟”。	
Jiāng Lìhuā gōngzuò de bù qĭjìn, xiàng shì „Zuò yì tiān héshang zhuàng yì tiān zhōng“.	
Jiang Lihua arbeitet ohne großen Elan, etwa wie „Solange jemand Mönch ist, läutet er bloß die Glocke (= in den Tag hineinleben)“.	

14. Religion – 297

Taoismus	Dàojiào
Weg + Lehre	道教
道教是在中国土地上产生的宗教。	
Dàojiào shì zài Zhōngguó tŭdì sháng chăn-shēng de zōngjiào.	
Der Taoismus ist eine Religion, die auf chinesischem Boden entstanden ist.	

14. Religion – 298

Moschee	qīngzhēnsì
rein + wahr + Kloster	清真寺
在西安有一座古老的、很漂亮的清真寺。你应该去看看。	
Zài Xī’ān yŏu yí zuò gŭlăo de, hĕn piàoliang de qīngzhēnsì. Nĭ yīnggāi qù kànkan.	
In Xi’an steht eine uralte, sehr schöne Moschee. Die solltest du dir mal anschauen.	

14. Religion – 299

Christentum	Jīdūjiào
(phon.) + (phon.) + Lehre	基督教
基督教主要分布在欧洲、美洲和大洋洲。	
Jīdūjiào zhŭyào fēnbù zài Ōuzhōu, Mĕizhōu hé Dàyángzhōu.	
Das Christentum ist hauptsächlich in Europa, Amerika und Ozeanien verbreitet.	

14. Religion – 300

Gott	Shàngdì
oben + höchstes Wesen	上帝
感谢上帝！这次车祸里没有死人，也没有伤人。	
Gănxiè Shàngdì! Zhè cì chēhuò lĭ méiyŏu sĭ rén, yĕ méiyŏu shāng rén.	
Gott sei Dank! Bei diesem Verkehrsunfall ist niemand gestorben oder verletzt worden.	

14. Religion – 301

Kirche	jiàotáng
Religion + Halle	教堂
在中国的大城市里也有基督教的教堂。	
Zài Zhōngguó de dà chéngshì lǐ yě yǒu Jīdūjiào de jiàotáng.	
Es gibt auch christliche Kirchen in chinesischen Großstädten.	

14. Religion – 302

Glaubensfreiheit	xìnyǎng zìyóu
glauben+ verehren + selbst + veranlassen	信仰自由
今天，“信仰自由”在许多国家里还是一个大问题。	
Jīntiān, „xìnyǎng zìyóu“ zài xǔduō guójiā lǐ hái shì yí gè dà wèntí.	
Die Glaubensfreiheit ist heute in vielen Ländern immer noch ein großes Problem.	

14. Religion – 303

Gottheit, Götter	shén
–	神
神不知，鬼不觉，他忽然在深圳发了财。	
Shén bù zhī, guǐ bù jué, tā hūrán zài Shēnzhèn fā le cái.	
Die Götter wissen es nicht, die Gespenster merken es nicht (= still und heimlich). Er ist in Shenzhen plötzlich reich geworden.	

14. Religion – 304

Geist, Teufel	guǐ
–	鬼
有钱能使鬼推磨。	
Yǒu qián néng shǐ guǐ tuī mò.	
Geld kann sogar Teufel veranlassen, einen Mühlstein zu treiben (= Geld macht alles).	

14. Religion – 305

Räucherstäbchen	xiāng
–	香
寺院里香火很旺，很多人在那里烧香拜佛。	
Sìyuàn lǐ xiānghuǒ hěn wàng, hěn duō rén zài nàli shāo xiāng bài fó.	
Im Kloster wird viel Räucherwerk geopfert. Viele Leute verbrennen dort Weihrauchstäbchen und beten zu Buddha.	

14. Religion – 306

Kerze	làzhú
Wachs + Kerze	蜡烛
香客们点蜡烛、磕头，求菩萨保佑他们。	
Xiāngkèmen diǎn làzhú, kē tóu, qiú púsà bǎoyòu tāmen.	
Die Pilger zünden Kerzen an, machen Kotau und flehen um Buddhas Gnade.	

15. Raum – 307

Ort, Stelle	dìfang
Boden + Gebiet	地方
这个鬼地方！见不到人影，看不到牛羊，什么也没有！	
Zhège guǐ dìfang! Jiàn bu dào rényǐng, kàn bu dào niú yáng, shénme yě méi yǒu!	
Dieser gottverlassene Ort! Man kann weder Menschen noch Kühe oder Schafe sehen. Hier gibt es gar nichts!	

15. Raum – 308

Süden	nánmiàn
Süd + Seite	南面
我们村子的南面最近办起了一家造纸厂和一家砖瓦厂。	
Wǒmen cūnzi de nánmiàn zuìjìn bàn qǐ le yì jiā zàozhǐchǎng hé yì jiā zhuānwǎchǎng.	
Im Süden unseres Dorfes sind vor kurzem eine Papierfabrik und eine Ziegelei errichtet worden.	

15. Raum – 309

Norden	běibiān
Nord + Seite	北边
天气已经暖和了，不过大楼北边的雪还没化完。	
Tiānqì yǐjing nuǎnhuo le, búguò dàlóu běibiān de xuě hái méi huà wán.	
Es ist schon warm geworden, aber der Schnee auf der nördlichen Seite des Gebäudes ist noch nicht ganz geschmolzen.	

15. Raum – 310

Osten	dōngmiàn
Ost + Seite	东面
这座山的东面和西面都有路从山脚通到山顶。	
Zhè zuò shān de dōngmiàn hé xīmiàn dōu yǒu lù cóng shānjiǎo tōng dào shāndǐng.	
Auf der östlichen wie westlichen Seite des Berges führt je ein Weg vom Fuß des Berges bis auf den Gipfel.	

15. Raum – 311

oben	shàngbiān
oben + Seite	上边
电脑在那张大桌子上边，插座在它下边。	
Diànnǎo zài nà zhāng dà zhuōzi shàngbiān, chāzuò zài tā xiàbiān.	
Der Computer steht auf dem großen Tisch und die Steckdose ist darunter.	

15. Raum – 312

vorn	qiánbiān
vorn + Seite	前边
前边有一个地铁站，16 路汽车站就在它后边。	
Qiánbiān yǒu yí gè dìtiězhàn, shíliù lù qìchēzhàn jiù zài tā hòubiān.	
Da vorne ist eine U-Bahnstation. Die Bushaltestelle der Linie 16 ist direkt dahinter.	

15. Raum – 313

links	zuǒbiān
links + Seite	左边

在飞机上，我左边坐着一个胖女人，右边是个小老头。

Zài fēijī shàng, wǒ zuǒbiān zuò zhe yí gè pàng nǚrén, yòubiān shì gè xiǎo lǎotou.

Im Flugzeug saß links von mir eine dicke Frau und rechts von mir ein kleiner alter Mann.

15. Raum – 314

Mitte	zhōngjiān
Mitte + inmitten	中间

花园四个角落里都种着牡丹，花园中间有个小亭子。

Huāyuán sì gè jiǎoluò lǐ dōu zhòng zhe mǔdān, huāyuán zhōngjiān yǒu gè xiǎo tíngzi.

In den vier Ecken des Gartens hat man Pfingstrosen gepflanzt. In der Mitte des Gartens steht ein kleiner Pavillon.

15. Raum – 315

innen	lǐmiàn
innen + Seite	里面

男生在教室里面下棋，女生在外面跳绳。

Nán shēng zài jiàoshì lǐmiàn xià qí, nǚ shēng zài wàimiàn tiào shéng.

Die Schüler spielen im Klassenzimmer Schach und die Schülerinnen sind draußen beim Seilspringen.

15. Raum – 316

gegenüber	duìmiàn
entgegengesetzt + Seite	对面

我经常在校门口对面的饮食店里吃饺子。

Wǒ jīngcháng zài xiào ménkǒu duìmiàn de yǐnshídiàn lǐ chī jiǎozi.

Ich esse oft in dem Lokal gegenüber dem Haupteingang der Universität Jiaozi.

15. Raum – 317

nebenan	pángbiān
daneben + Seite	旁边

病床旁边的小台子上有个电话机，是给病人用的。

Bìngchuáng pángbiān de xiǎo táizi shàng yǒu gè diànhuàjī, shì gěi bìngrén yòng de.

Auf dem Tischchen neben dem Krankenbett steht ein Telefonapparat, der dem Patienten zur Verfügung steht.

15. Raum – 318

Nähe	fùjìn
nebenan + nahe	附近

这儿附近没有公共厕所，但是您可以去那边那个旅馆解手。

Zhèr fùjìn méi yǒu gōnggòng cèsuǒ, dànshì nín kěyǐ qù nàbiān nàge lǚguǎn jiěshǒu.

Hier in der Nähe gibt es kein WC, aber Sie können in dem Hotel da drüben auf die Toilette gehen.

15. Raum – 319

ringsum — zhōuwéi

Umkreis + rundum

周围

吵架的那两个人周围站着很多看热闹的人。

Chǎojià de nà liǎng gè rén zhōuwéi zhàn zhe hěn duō kàn rènao de rén.

Um die beiden Streitenden herum stehen viele Schaulustige.

16. Zeit – 320

Zeit, Zeitpunkt — shíhou

Zeit + Saison

时候

我出生的时候我爸爸正在出差，不在家。

Wǒ chūshēng de shíhou wǒ bàba zhèngzài chū chāi, bú zài jiā.

Als ich geboren wurde, war mein Vater gerade auf Dienstreise. Er war also nicht zu Hause.

16. Zeit – 321

Zeit, Zeitraum — shíjiān

Zeit + Zeit-raum

时间

你咳嗽、喉咙痛已经多长时间了？吃过药吗？

Nǐ késou, hóulóng tòng yǐjing duō cháng shíjiān le? Chī guo yào ma?

Wie lange hast du schon den Husten und die Halsschmerzen? Hast du Medizin dagegen genommen?

16. Zeit – 322

vorher — yǐqián

davon + vorn

以前

我去中国工作以前学过三个月汉语。-- 三个月够吗？

Wǒ qù Zhōngguó gōngzuò yǐqián xué guo sān gè yuè Hànyǔ. -- Sān gè yuè gòu ma?

Bevor ich in China arbeitete, hatte ich drei Monate Chinesisch gelernt. – Reicht es, nur drei Monate zu lernen?

16. Zeit – 323

nachher — yǐhòu

davon + hinterher

以后

一个星期以后他写来一封短信，说他找到了住房。

Yí gè xīngqī yǐhòu tā xiě lái yì fēng duǎn xìn, shuō tā zhǎo dào le zhùfáng.

Eine Woche später schrieb er uns einen kurzen Brief und berichtete darin, dass er eine Wohnung gefunden habe.

16. Zeit – 324

Altertum — gǔdài

Altertum + Periode

古代

这个图书馆有很多关于中国古代史的资料。

Zhège túshūguǎn yǒu hěn duō guānyú Zhōngguó gǔdàishǐ de zīliào.

Diese Bibliothek hat sehr viel Literatur über die Geschichte des chinesischen Altertums.

16. Zeit – 325

früher	cóngqián
von + früher	从前

爷爷很喜欢讲从前农村里过节的种种情况。

Yéye hěn xǐhuan jiǎng cóngqián nóngcūn lǐ guò jié de zhǒngzhǒng qíngkuàng.

Opa erzählt gern allerlei Sachen darüber, wie man früher auf dem Lande die Feste feierte.

16. Zeit – 326

in letzter Zeit	zuìjìn
am meisten + nahe	最近

蒋文业最近老咳嗽，是不是他的气管炎又发了？

Jiǎng Wényè zuìjìn lǎo késou, shì bu shì tā de qìguǎnyán yòu fā le?

Jiang Wenye hustet in letzter Zeit viel. Leidet er vielleicht wieder unter seiner Bronchitis?

16. Zeit – 327

gerade, eben	gāngcái
vor kurzem + eben	刚才

香红刚才问我比萨饼怎么做，可是我也不知道。

Xiānghóng gāngcái wèn wǒ bǐsàbǐng zěnme zuò, kěshì wǒ yě bù zhīdào.

Xianghong fragte mich eben, wie man eine Pizza macht, aber ich weiß es auch nicht.

16. Zeit – 328

jetzt	xiànzài
jetzt + gerade	现在

过去这儿是花鸟市场，现在成了菜场。

Guòqù zhèr shì huā niǎo shìchǎng, xiànzài chéng le càichǎng.

In der Vergangenheit war hier ein Blumen- und Vogelmarkt. Jetzt ist daraus ein Gemüsemarkt geworden.

16. Zeit – 329

zur Zeit	mùqián
Auge + vorn	目前

这两个国家之间的关系目前比较正常，不那么紧张。

Zhè liǎng gè guójiā zhījiān de guānxi mùqián bǐjiào zhèngcháng, bú nàme jǐnzhāng.

Die Beziehung zwischen den beiden Ländern ist zur Zeit normal und nicht so angespannt.

16. Zeit – 330

Zukunft	jiānglái
werden (Futur) + kommen	将来

老包的孙女说将来想当园丁，因为她喜欢植物。

Lǎo Bāo de sūnnǚ shuō jiānglái xiǎng dāng yuándīng, yīnwèi tā xǐhuan zhíwù.

Lao Baos Enkelin meint, dass sie später Gärtnerin werden möchte, weil sie sich sehr für Pflanzen interessiert.

16. Zeit – 331

bald	bùjiǔ
nicht + lange	不久
新的核电站估计不久就可以完工了。-- 什么时候开始发电？	
Xīn de hédiànzhàn gūjì bùjiǔ jiù kěyǐ wán gōng le. -- Shénme shíhou kāishǐ fā diàn?	
Das neue Kernkraftwerk ist wahrscheinlich schon bald fertig gebaut. – Wann wird es mit der Stromerzeugung beginnen?	

16. Zeit – 332

gleichzeitig	tóngshí
gleich + Zeit	同时
他说他可以在钓鱼的同时还画点儿画。	
Tā shuō tā kěyǐ zài diào yú de tóngshí hái huà diǎnr huà.	
Er sagt, dass er beim Angeln gleichzeitig noch ein wenig malen kann.	

16. Zeit – 333

anfangs	zuìchū
am meisten + früh	最初
最初她住在郊区，后来搬到市区去了。-- 她现在情况好吗？	
Zuìchū tā zhù zài jiāoqū, hòulái bān dào shìqū qù le. -- Tā xiànzài qíngkuàng hǎo ma?	
Anfangs wohnte sie am Stadtrand. Später ist sie in ein Viertel in der Innenstadt umgezogen. – Geht es ihr gut?	

16. Zeit – 334

zuletzt	zuìhòu
am meisten + später	最后
我跟他谈了很久，他最后还是不同意我的意见。	
Wǒ gēn tā tán le hěn jiǔ, tā zuìhòu háishì bù tóngyì wǒ de yìjiàn.	
Ich habe lange mit ihm geredet. Am Ende hat er meiner Meinung immer noch nicht zugestimmt.	

16. Zeit – 335

vor Christi Geburt	gōngyuán qián
öffentlich + Anfang + davor	公元前
公元前 221 年秦始皇建立了一个统一的中国。	
Gōngyuán qián èr-èr-yī nián Qínshǐhuáng jiànlì le yí gè tǒngyī de Zhōngguó.	
Im Jahr 221 v. Chr. gründete der erste Qin-Kaiser ein geeintes Chinesisches Reich.	

16. Zeit – 336

Jahrhundert	shìjì
Ära + Zeitalter	世纪
二十世纪五十年代，中国的社会秩序特别好。	
Èrshí shìjì wǔshí niándài, Zhōngguó de shèhuì zhìxù tèbié hǎo.	
In den fünfziger Jahren des 20. Jahrhunderts war die öffentliche Ordnung in China besonders gut.	

16. Zeit – 337

Jahr	nián
–	年
她在越南生活过许多年，很了解这个国家。	
Tā zài Yuènán shēnghuó guo xǔduō nián, hěn liǎojiě zhège guójiā.	
Sie hat lange Jahre in Vietnam gelebt. Daher kennt sie das Land sehr gut.	

16. Zeit – 338

dieses Jahr	jīnnián
heute + Jahr	今年
希望今年夏天不像去年那么热。-- 是啊，去年太热了！	
Xīwàng jīnnián xiàtiān bú xiàng qùnián nàme rè. -- Shì a, qùnián tài rè le!	
Hoffentlich wird der Sommer in diesem Jahr nicht so heiß wie der im letzten Jahr. – Ja, im letzten Sommer war es furchtbar heiß!	

16. Zeit – 339

nächstes Jahr	míngnián
morgen + Jahr	明年
我打算明年在一家钟表厂实习四个月。	
Wǒ dǎsuàn míngnián zài yì jiā zhōngbiǎochǎng shíxí sì gè yuè.	
Ich habe vor, im nächsten Jahr in einer Uhrenfabrik ein viermonatiges Praktikum zu machen.	

16. Zeit – 340

Frühling	chūntiān
Frühling + Tag	春天
谢谢陈大夫妙手回春，医好了我太太的病！	
Xièxie Chén Dàifu miàoshǒu-huíchūn, yī hǎo le wǒ tàitai de bìng.	
Ich bedanke mich bei Doktor Chen für seine geschickte Hand, die den Frühling zurückholt (= wunderbare Heilkunst). Er hat die Krankheit meiner Frau geheilt.	

16. Zeit – 341

Sommer	xiàtiān
Sommer + Tag	夏天
我认为夏天旅游应该去一次吐鲁番，那是中国最热的地方！	
Wǒ rènwéi xiàtiān lǚyóu yīnggāi qù yí cì Tǔlǔfān, nà shì Zhōngguó zuì rè de dìfang!	
Ich meine, wenn man im Sommer reist, soll man mal nach Turfan gehen, weil es dort in China am heißesten ist!	

16. Zeit – 342

Herbst	qiūtiān
Herbst + Tag	秋天
一日不见，如隔三秋。我非常想念你们。	
Yí rì bú jiàn, rú gé sān qiū. Wǒ fēicháng xiǎngniàn nǐmen.	
Ein Tag der Trennung scheint so lange wie drei Herbste (= drei Jahre). Ich vermisse euch sehr.	

16. Zeit – 343

Winter	dōngtiān
Winter + Tag	冬天

有的动物冬天要冬眠，基本上不吃不喝，在窝里睡觉。

Yǒude dòngwù dōngtiān yào dōngmián, jīběnshàng bù chī bù hē, zài wō lǐ shuìjiào.

Manche Tiere halten im Winter Winterschlaf. Sie fressen und trinken grundsätzlich nichts und schlafen in ihrem Bau.

16. Zeit – 344

Monat	yuè
–	月

一年有十二个月。它们叫一月、二月、三月、四月等等。

Yì nián yǒu shí'èr gè yuè. Tāmen jiào yīyuè, èryuè, sānyuè, sìyuè děngděng.

Ein Jahr hat 12 Monate. Sie heißen Januar, Februar, März, April usw.

16. Zeit – 345

dieser Monat	zhège yuè
dieses + Stück + Monat	这个月

下个月的销售额最好比这个月更高一些。

Xià gè yuè de xiāoshòu'é zuì hǎo bǐ zhège yuè gèng gāo yìxiē.

Der Umsatz im nächsten Monat wird hoffentlich noch etwas höher als in diesem Monat.

16. Zeit – 346

Woche	xīngqī
Stern + Periode	星期

你们暑假放几个星期? -- 放七个星期。

Nǐmen shǔjià fàng jǐ gè xīngqī? -- Fàng qī gè xīngqī.

Wie viele Wochen Sommerferien habt ihr? – Sieben Wochen.

16. Zeit – 347

letzte Woche	shàng gè xīngqī
oben + Stück + Stern + Periode	上个星期

上个星期我才出过差，这个星期又得去一趟天津。

Shàng gè xīngqī wǒ cái chū guo chāi, zhège xīngqī yòu děi qù yí tàng Tiānjīn.

Letzte Woche war ich gerade erst auf einer Dienstreise, und diese Woche muss ich wieder mal nach Tianjin fahren.

16. Zeit – 348

Wochenende	zhōumò
Woche + Ende	周末

这个周末我打算回我父母家。-- 祝你周末快乐！

Zhège zhōumò wǒ dǎsuàn huí wǒ fùmǔ jiā.-- Zhù nǐ zhōumò kuàilè!

Dieses Wochenende plane ich, zu meinen Eltern zurückzufahren. – Schönes Wochenende!

16. Zeit – 349

Sonntag	xīngqītiān
Stern + Periode + Tag	星期天

很多博物馆星期一关门，星期二到星期天都开门。

Hěn duō bówùguǎn xīngqīyī guān mén, xīngqī'èr dào xīngqītiān dōu kāi mén.

Viele Museen haben montags geschlossen, aber Dienstag bis Sonntag geöffnet.

16. Zeit – 350

Datum	rìqī
Tag + Frist	日期

江虎和贝琳结婚的日期定下来了吗？-- 还没定哪。

Jiānghǔ hé Bèilín jié hūn de rìqī dìng xiàlai le ma? -- Hái méi dìng na.

Haben Jianghu und Beilin schon ihren Hochzeitstag festgelegt? – Nein, noch nicht.

16. Zeit – 351

Tag; Himmel	tiān
–	天

离春节只有四天了，家家都忙着买东西。

Lí Chūnjié zhǐ yǒu sì tiān le, jiājiā dōu máng zhe mǎi dōngxi.

Es sind nur noch vier Tage bis zum Frühlingsfest. Jede Familie ist sehr mit Einkaufen beschäftigt.

16. Zeit – 352

gestern	zuótiān
gestern + Tag	昨天

昨天和前天夜里都下了霜，草地上都是白白的。

Zuótiān hé qiántiān yè lǐ dōu xià le shuāng, cǎodì shàng dōu shì báibái de.

Gestern und vorgestern nacht hat es Frost gegeben. Durch den Reif waren die Wiesen weiß.

16. Zeit – 353

heute	jīntiān
heute + Tag	今天

我们今天晚上七点在剧场门口见！-- 好，不见不散！

Wǒmen jīntiān wǎnshang qī diǎn zài jùchǎng ménkǒu jiàn! -- Hǎo, bújiàn-búsàn!

Wir sehen uns heute Abend um 7 Uhr vor dem Theater! – In Ordnung, keiner geht, ohne den anderen gesehen zu haben!

16. Zeit – 354

morgen	míngtiān
morgen + Tag	明天

你后天回国，我们明天一起吃顿告别饭，好吗？

Nǐ hòutiān huí guó, wǒmen míngtián yìqǐ chī dùn gàobié fàn, hǎo ma?

Du gehst übermorgen zurück. Dann treffen wir uns morgen zum Abschied zu einem gemeinsamen Essen, ist das o.k.?

16. Zeit – 355

tagsüber	báitiān
hell + Tag	白天

这几天天气很奇怪：夜里下大雨，白天出大太阳。

Zhè jǐ tiān tiānqì hěn qíguài: yè lǐ xià dà yǔ, báitiān chū dà tàiyáng.

In den letzten Tagen war das Wetter seltsam: In der Nacht regnete es stark, aber am Tag schien herrlich die Sonne.

16. Zeit – 356

Morgen	zǎoshang
Morgen + Bereich	早上

早上脑子特别清醒，所以我喜欢早上念外语。

Zǎoshang nǎozi tèbié qīngxǐng, suǒyǐ wǒ xǐhuan zǎoshang niàn wàiyǔ.

Morgens ist mein Kopf besonders klar, daher lerne ich gern morgens eine Fremdsprache.

16. Zeit – 357

Vormittag	shàngwǔ
oben + Mittag	上午

我们每天上午有两节汉语课，下午没课。

Wǒmen měi tiān shàngwǔ yǒu liǎng jié Hànyǔ kè, xiàwǔ méi kè.

Wir haben jeden Vormittag zwei Stunden Chinesisch, aber nachmittags keinen Unterricht.

16. Zeit – 358

Mittag	zhōngwǔ
Mitte + Mittag	中午

中午我们在留学生食堂吃饭，那里的饭菜挺不错。

Zhōngwǔ wǒmen zài liúxuéshēng shítáng chī fàn, nàli de fàncài tǐng búcuò.

Mittags essen wir in der Mensa für ausländische Studenten. Das Essen dort ist gut.

16. Zeit – 359

Abend	wǎnshang
Abend + Bereich	晚上

我晚上不是看书就是看电视，或者去看朋友。

Wǒ wǎnshang búshì kàn shū jiùshì kàn diànshì, huòzhě qù kàn péngyou.

Wenn ich abends nicht lese, dann sehe ich fern oder besuche Freunde.

16. Zeit – 360

Nacht	yè
–	夜

夜长梦多。

Yècháng-mèngduō.

Die Nacht ist lang, die Träume sind viel (= langer Aufschub, ungewisser Ausgang).

16. Zeit – 361

Stunde	xiǎoshí
klein + Zeit	小时

这部电影听说很长。-- 不错，要三个多小时！

Zhè bù diànyǐng tīngshuō hěn cháng. -- Búcuò, yào sān gè duō xiǎoshí!

Ich habe gehört, dass dieser Film sehr lang ist. – Richtig, er dauert länger als drei Stunden!

16. Zeit – 362

Uhr (Zeit)	diǎn
(Punkt)	点

自从有了孩子，我每天六点起床，再也不能睡懒觉了！

Zìcóng yǒu le háizi, wǒ méi tiān liù diǎn qǐ chuáng, zài yě bù néng shuì lǎn jiào le!

Seit das Baby da ist, stehe ich täglich um 6 Uhr auf. Ich kann nicht mehr lange schlafen!

16. Zeit – 363

Minute	fēn
(teilen)	分

才九点半？-- 墙上的钟慢了！现在是九点四十五分。

Cái jiǔ diǎn bàn? -- Qiáng shàng de zhōng màn le! Xiànzài shì jiǔ diǎn sìshí-wǔ fēn.

Ist es erst halb zehn? – Die Uhr an der Wand geht nach! Jetzt ist es 9:45 Uhr.

16. Zeit – 364

Armbanduhr	shǒubiǎo
Hand + Arm-banduhr	手表

我的手表又停了。对不起，现在几点？

Wǒ de shǒubiǎo yòu tíng le. Duìbuqǐ, xiànzài jǐ diǎn?

Meine Uhr ist wieder stehen geblieben. Entschuldigung, wie spät ist es jetzt?

16. Zeit – 365

Wecker	nàozhōng
lärmen + Uhr	闹钟

我旅行的时候总带着一个闹钟。-- 那你明早叫我！

Wǒ lǚxíng de shíhou zǒng dài zhe yí gè nàozhōng. -- Nà nǐ míng zǎo jiào wǒ!

Auf Reisen nehme ich immer einen Wecker mit. – Dann weck mich morgen früh auf!

16. Zeit – 366

Monatskalender	yuèlì
Monat + Kalen-der	月历

我要买一本月历，上面最好阳历和阴历都有。

Wǒ yào mǎi yì běn yuèlì, shàngmiàn zuì hǎo yánglì hé yīnlì dōu yǒu.

Ich hätte gerne einen Monatskalender, am besten Sonnen- und Mondkalender zugleich.

17. Staat – 367

Land, Staat	guójiā
Land + Familie	国家
无论大国还是小国，每个<u>国家</u>都有自己的主权。	
Wúlùn dà guó háishì xiǎo guó, měi gè guójiā dōu yǒu zìjǐ de zhǔquán.	
Ungeachtet, ob ein Staat groß oder klein ist, besitzt jeder seine eigene Souveränität.	

17. Staat – 368

Fläche	miànjī
Fläche + Multipli-kations-produkt	面积
你知道吗，泰国和缅甸，哪个国家的<u>面积</u>大？	
Nǐ zhīdào ma, Tàiguó hé Miǎndiàn, nǎ gè guójiā de miànjī dà?	
Weißt du, welches Land größer ist, Thailand oder Myanmar?	

17. Staat – 369

Bevölkerung	rénkǒu
Mensch + Mund	人口
中国的<u>人口</u>差不多占世界总<u>人口</u>的五分之一。	
Zhōngguó de rénkǒu chàbuduō zhàn shìjiè zǒng rénkǒu de wǔ fēn zhīyī.	
Die chinesische Bevölkerung macht fast ein Fünftel der Weltbevölkerung aus.	

17. Staat – 370

Hauptstadt	shǒudū
Haupt + Metro-pole	首都
新加坡的<u>首都</u>叫什么？-- 谁都知道，也叫新加坡！	
Xīnjiāpō de shǒudū jiào shénme? -- Shuí dōu zhīdào, yě jiào Xīnjiāpō!	
Wie heißt die Hauptstadt von Singapur? – Jeder weiß, sie heißt ebenfalls Singapur!	

17. Staat – 371

Vaterland	zǔguó
Ahn + Land	祖国
“<u>祖国</u>”这个词对于中国人来说是个神圣的词。	
„Zǔguó“ zhège cí duìyú Zhōngguórén láishuō shì gè shénshèng de cí.	
Das Wort „Vaterland“ ist für Chinesen ein heiliges Wort.	

17. Staat – 372

Ausland	wàiguó
draußen + Land	外国
你去<u>外国</u>旅游的话，对什么特别感兴趣？-- 对那儿的人。	
Nǐ qù wàiguó lǚyóu dehuà, duì shénme tèbié gǎn xìngqù? -- Duì nàr de rén.	
Wofür interessierst du dich besonders, wenn du ins Ausland reist? – Für die Menschen dort.	

17. Staat – 373

Republik	gònghéguó
gemein-sam + Harmonie + Land	共和国

中华人民共和国是 1949 年 10 月 1 日成立的。

Zhōnghuá Rénmín Gònghéguó shì yī-jiǔ-sì-jiǔ nián shíyuè yī rì chénglì de.

Die Volksrepublik China wurde am 1. Oktober 1949 gegründet.

17. Staat – 374

Regierung	zhèngfǔ
Politik + Residenz	政府

你知道我们市政府最近在忙什么？-- 在忙绿化，对吗？

Nǐ zhīdào wǒmen shìzhèngfǔ zuìjìn zài máng shénme? -- Zài máng lǜhuà, duì ma?

Weißt du, womit sich unsere Stadtregierung gerade beschäftigt? – Die Stadt mit Grünanlagen auszustatten, stimmt's?

17. Staat – 375

Vorsitzende(r)	zhǔxí
Haupt + Sitz	主席

中国的国家领导人叫"总统"吗？-- 不，叫"主席"。

Zhōngguó de guójiā lǐngdǎorén jiào „zǒngtǒng" ma? -- Bù, jiào „zhǔxí".

Heißt der Staatschef Chinas „Präsident"? – Nein, er heißt „Vorsitzender".

17. Staat – 376

Premier, Kanzler	zǒnglǐ
generell + verwal-ten	总理

中国国务院总理的任期是多少年？-- 是五年。

Zhōngguó Guówùyuàn zǒnglǐ de rènqī shì duōshao nián? -- Shì wǔ nián.

Wie viel Jahre dauert die Amtszeit des Premiers des Chinesischen Staatsrats? – Fünf Jahre.

17. Staat – 377

Minister	bùzhǎng
Ministe-rium + Chef	部长

两国外交部长在会谈中讨论了边界和移民的问题。

Liǎng guó wàijiāo bùzhǎng zài huìtán zhōng tǎolùn le biānjiè hé yímín de wèntí.

Die Außenminister der beiden Länder haben in ihrem Gespräch Probleme der Staatsgrenzen sowie der Umsiedlung besprochen.

17. Staat – 378

Botschaft (Amt)	dàshǐguǎn
groß + Gesand-te(r) + Halle	大使馆

德国大使馆今天晚上举行招待会。你去吗？-- 我不去。

Déguó Dàshǐguǎn jīntiān wǎnshang jǔxíng zhāodàihuì. Nǐ qù ma? -- Wǒ bú qù.

Die deutsche Botschaft veranstaltet heute Abend einen Empfang. Gehst du hin? – Nein, ich gehe nicht hin.

17. Staat – 379

Provinz	shěng
–	省

湖南省的省会是长沙。湖北省的呢？ -- 是武汉。

Húnánshěng de shěnghuì shì Chángshā. Húběishěng de ne? -- Shì Wǔhàn.

Die Hauptstadt der Provinz Hunan ist Changsha. Und die von Hubei? – Wuhan.

17. Staat – 380

Beamte(r), Funktionär	guān
–	官

他是清官。他说：当官不为民做主，不如回家卖红薯。

Tā shì qīng guān. Tā shuō: dāng guān bú wèi mín zuò zhǔ, bù rú huí jiā mài hóngshǔ.

Er war ein unbestechlicher Beamter. Er sagte: Wenn man als Beamter nicht für das Volk eintreten kann, soll man lieber zu Hause Süßkartoffeln verkaufen.

17. Staat – 381

Politik	zhèngzhì
Politik + regieren	政治

我想成为外交官。-- 那你得学习政治学和国际关系。

Wǒ xiǎng chéngwéi wàijiāoguān. -- Nà nǐ děi xuéxí zhèngzhìxué hé guójì guānxi.

Ich möchte gerne Diplomat werden. – Dann musst du Politologie und internationale Beziehungen studieren.

17. Staat – 382

Partei	dǎng
–	党

在中国执政的党是共产党。其余的叫“民主党派”。

Zài Zhōngguó zhí zhèng de dǎng shì Gòngchǎndǎng. Qíyú de jiào „mínzhǔ dǎngpài“.

Regierungspartei in China ist die Kommunistische Partei. Alle anderen Parteien werden „demokratische Parteien“ genannt.

17. Staat – 383

(Partei-)Sekretär	shūji
schreiben + notieren	书记

共产党各级领导人都叫“书记”。-- 对，他们的权很大。

Gòngchǎndǎng gè jí lǐngdǎorén dōu jiào „shūji“. -- Duì, tāmen de quán hěn dà.

Die Kommunistische Partei wird auf allen Ebenen von sogenannten „Sekretären“ geführt. – Richtig, deren Macht ist sehr groß.

17. Staat – 384

Demokratie	mínzhǔ
Volk + Herr sein	民主

小石，你说什么是“民主”？ -- 比如我妈不能强迫我结婚！

Xiǎo Shí, nǐ shuō shénme shì „mínzhǔ“? -- Bǐrú wǒ mā bù néng qiángpò wǒ jié hūn!

Xiao Shi, sag mal, was bedeutet für dich das Wort „Demokratie“? – Zum Beispiel, dass mich meine Mutter nicht zum Heiraten zwingen darf!

17. Staat – 385

Gesetz, Recht	fǎlǜ
Recht + Gesetz	法律
中国制定了许多<u>法律</u>。-- 希望法官们能依法办案。	
Zhōngguó zhìdìng le xǔduō fǎlǜ. -- Xīwàng fǎguānmen néng yī fǎ bàn àn.	
In China sind viele Gesetze erlassen worden. – Ich hoffe, dass die Richter ihre Rechtsfälle nach den Gesetzen behandeln können.	

17. Staat – 386

Rechtsanwalt	lǜshī
Gesetz + Meister	律师
你知道<u>律师</u>现在在中国非常吃香。-- 那我们学法学吧！	
Nǐ zhīdào lǜshī xiànzài zài Zhōngguó fēicháng chīxiāng. -- Nà wǒmen xué fǎxué ba!	
Wie du weißt, sind Anwälte jetzt in China sehr gefragt. – Dann lass uns Jura studieren!	

18. Industrie – 387

Industrie	gōngyè
Arbeit + Branche	工业
中国的轻<u>工业</u>比较发达。可是重<u>工业</u>还不太行。	
Zhōngguó de qīnggōngyè bǐjiào fādá. Kěshì zhònggōngyè hái bú tài xíng.	
Die chinesische Leichtindustrie ist gut entwickelt, aber die Schwerindustrie noch nicht.	

18. Industrie – 388

Fabrik	gōngchǎng
Arbeit + Fabrik	工厂
私营企业很活跃。-- 国营<u>工厂</u>应该向它们学习。	
Sīyíng qǐyè hěn huóyuè. -- Guóyíng gōngchǎng yīnggāi xiàng tāmen xuéxí.	
Die Privatunternehmen sind sehr aktiv. – Die staatlichen Fabriken sollten von ihnen lernen.	

18. Industrie – 389

Werkstatt	chējiān
Maschine + Raum	车间
您在哪个<u>车间</u>工作？-- 在装配<u>车间</u>。	
Nǐn zài nǎge chējiān gōngzuò? -- Zài zhuāngpèi chējiān.	
In welcher Werkstatt arbeiten Sie? – In der Montagehalle.	

18. Industrie – 390

Lager, Speicher	cāngkù
Speicher + Lagerhaus	仓库
你看，<u>仓库</u>里放着大量的成品，卖不出去。	
Nǐ kàn, cāngkù lǐ fàng zhe dà liàng de chéngpǐn, mài bu chūqu.	
Schau mal: Im Lager stapeln sich große Mengen von Fertigprodukten, die keine Kunden finden.	

18. Industrie – 391

Maschine jīqì

Maschine + Apparat

机器

那两台新机器怎么样？-- 都很省电，很不错。

Nà liǎng tái xīn jīqì zěnmeyàng? -- Dōu hěn shěng diàn, hěn búcuò.

Wie sind die zwei neuen Maschinen? – Sie sind beide sehr stromsparend. Nicht schlecht!

18. Industrie – 392

Wasserkraftwerk shuǐdiànzhàn

Wasser + Strom + Station

水电站

我主张多建水电站。-- 对！它比热电厂环保。

Wǒ zhǔzhāng duō jiàn shuǐdiànzhàn. -- Duì! Tā bǐ rèdiànchǎng huánbǎo.

Ich bin für mehr Wasserkraftwerke. – Jawohl! Wasserkraftwerke sind umweltfreundlicher als Heizkraftwerke.

18. Industrie – 393

Baustelle gōngdì

Arbeit + Platz

工地

这个工地上的建筑工人大多是哪儿人？-- 大多是安徽人。

Zhège gōngdì shàng de jiànzhù gōngrén dàduō shì nǎr rén? -- Dàduō shì Ānhuīrén.

Woher kommt die Mehrzahl der Bauarbeiter auf dieser Baustelle? – Die meisten aus Anhui.

18. Industrie – 394

Technik jìshù

Handfertigkeit + Können

技术

为了学习外省的先进技术，得派人去趟上海。-- 派我去吧！

Wèile xuéxí wài shěng de xiānjìn jìshù, děi pài rén qù tàng Shànghǎi. -- Pài wǒ qù ba!

Wir müssen jemanden nach Shanghai schicken, um moderne Technologien außerhalb der Provinz kennen zu lernen. – Schicken Sie bitte mich hin!

18. Industrie – 395

Produktion shēngchǎn

gebären + herstellen

生产

近十年来生产提高了不少。-- 同时工资也加了很多。

Jìn shí nián lái shēngchǎn tígāo le bù shǎo. -- Tóngshí gōngzī yě jiā le hěn duō.

In den letzten zehn Jahren hat sich die Produktion deutlich erhöht. – Und gleichzeitig ist der Arbeitslohn ebenfalls stark angestiegen.

18. Industrie – 396

Produkt chǎnpǐn

herstellen + Erzeugnis

产品

他们的产品是很受欢迎的。-- 所以我们也想订一些。

Tāmen de chǎnpǐn shì hěn shòu huānyíng de. -- Suǒyǐ wǒmen yě xiǎng dìng yìxiē.

Ihre Produkte sind sehr beliebt. – Deswegen wollen wir auch einige bestellen.

18. Industrie – 397

Qualität	zhìliàng
Qualität + Kapazität	质量
您如果对我们产品的质量不满意，可以退货。	
Nín rúguǒ duì wǒmen chǎnpǐn de zhìliàng bù mǎnyì, kěyǐ tuì huò.	
Wenn Sie mit der Qualität unserer Produkte nicht zufrieden sind, können Sie die Waren zurückgeben.	

18. Industrie – 398

Selbstkosten	chéngběn
vollenden + Selbstkosten	成本
成本应该尽可能地低。-- 是啊，还要尽可能减少次品。	
Chéngběn yīnggāi jìn kěnéng de dī. -- Shì a, hái yào jìn kěnéng jiǎnshǎo cìpǐn.	
Die Selbstkosten sollten möglichst gering bleiben. – Ja, außerdem müssen wir die Produkte zweiter Wahl so weit wie möglich reduzieren.	

18. Industrie – 399

Profit, Gewinn	lìrùn
Vorteil + Gewinn	利润
今年产品卖得快。-- 今年利润一定比去年高得多。	
Jīnnián chǎnpǐn mài de kuài. -- Jīnnián lìrùn yídìng bǐ qùnián gāo de duō.	
Dieses Jahr verkaufen sich unsere Waren gut. – Dann fällt der Gewinn dieses Jahres bestimmt viel höher als der letztjährige aus.	

18. Industrie – 400

Verlust	kuīsǔn
mangeln + schaden	亏损
要是再亏损下去，我们厂就要倒闭了。	
Yàoshì zài kuīsǔn xiàqu, wǒmen chǎng jiù yào dǎobì le.	
Wenn wir weiter Verluste machen, wird unsere Fabrik schon bald in Konkurs gehen.	

18. Industrie – 401

Fabrikdirektor	chǎngzhǎng
Fabrik + Chef	厂长
厂长下午跟外商谈合资企业的计划。-- 你参加吗？	
Chǎngzhǎng xiàwǔ gēn wài shāng tán hézī qǐyè de jìhuà. -- Nǐ cānjiā ma?	
Der Fabrikdirektor bespricht am Nachmittag den Plan für ein Joint-Venture mit ausländischen Unternehmern. – Nimmst du daran teil?	

18. Industrie – 402

Ingenieur	gōngchéngshī
Arbeit + Verfahren + Meister	工程师
我叫程叶，是纺织厂的工程师。-- 认识您很高兴！	
Wǒ jiào Chéng Yè, shì fǎngzhīchǎng de gōngchéngshī. -- Rènshi nín hěn gāoxìng!	
Ich heiße Cheng Ye und bin Ingenieur in der Textilfabrik. – Es freut mich, Sie kennen zu lernen!	

18. Industrie – 403

Techniker	jìshùyuán
Handfertigkeit + Können + Mitglied	技术员

车床坏了！-- 别着急。我去找技术员来修。

Chēchuáng huài le! -- Bié zháo jí. Wǒ qù zhǎo jìshùyuán lái xiū.

Die Drehbank ist kaputt gegangen! – Keine Sorge. Ich hole einen Techniker zur Reparatur.

18. Industrie – 404

Handwerker	gōngjiàng
Arbeit + Handwerker	工匠

我们沙发厂的工匠们你认识吗？-- 我只认识木匠李师傅。

Wǒmen shāfāchǎng de gōngjiàngmen nǐ rènshi ma? -- Wǒ zhǐ rènshi mùjiàng Lǐ Shīfu.

Kennst du die Handwerker unserer Sofafabrik? – Ich kenne nur den Schreiner, Meister Li.

18. Industrie – 405

Arbeiter	gōngrén
Arbeit + Mensch	工人

我舅舅在化工厂当工人。-- 化工厂气味难闻吧？

Wǒ jiùjiu zài huàgōngchǎng dāng gōngrén. -- Huàgōngchǎng qìwèi nánwén ba?

Mein Onkel (mütterlicherseits) arbeitet in einer Chemiefabrik als Arbeiter. – Stinkt es in einer Chemiefabrik nicht sehr stark?

19. Landwirtschaft – 406

Landwirtschaft	nóngyè
Ackerbau + Branche	农业

中国的农业很好，十三亿人的吃喝基本上能自给自足。

Zhōngguó de nóngyè hěn hǎo, shísān yì rén de chīhē jīběnshàng néng zìjǐ-zìzú.

Chinas Landwirtschaft arbeitet sehr gut. Der Eigenbedarf an Nahrungsmitteln für 1,3 Mrd. Menschen kann zum größten Teil aus eigener Produktion gedeckt werden.

19. Landwirtschaft – 407

ländliche Gegend	nóngcūn
Ackerbau + Dorf	农村

现在的农村怎么样？-- 公路四通八达，电话装进了家门。

Xiànzài de nóngcūn zěnmeyàng? -- Gōnglù sìtōng-bādá, diànhuà zhuāng jìn le jiā mén.

Wie ist es heutzutage auf dem Land? – Die Landstraßen führen in vier Richtungen und zu acht Zielen (= überallhin). Und die Häuser wurden an das Telefonnetz angebunden.

19. Landwirtschaft – 408

Dorf	cūnzi
–	村子

这个村子里有四百多人，他们都姓应。-- 是个大家族吗？

Zhège cūnzi lǐ yǒu sìbǎi duō rén, tāmen dōu xìng Yīng. -- Shì gè dà jiāzú ma?

In diesem Dorf leben mehr als 400 Menschen. Sie alle heißen Ying. – Gehören sie alle zu einer großen Familie?

19. Landwirtschaft – 409

Acker, Feld	nóngtián
Acker-bau + Feld	农田
公路两旁的农田里油菜正在开花。-- 一定很漂亮！	
Gōnglù liǎng páng de nóngtián lǐ yóucài zhèngzài kāi huā. -- Yídìng hěn piàoliang!	
Der Raps blüht gerade auf den Feldern beiderseits der Landstraße. – Das sieht bestimmt sehr schön aus!	

19. Landwirtschaft – 410

landwirtsch. Gerät	nóngjù
Acker-bau + Gerät	农具
从前普遍使用的农具是什么？-- 是锄头、铲子等。	
Cóngqián pǔbiàn shǐyòng de nóngjù shì shénme? -- Shì chútou, chǎnzi děng.	
Was waren früher die üblichen landwirtschaftlichen Geräte? – Hacke, Schaufel usw.	

19. Landwirtschaft – 411

Traktor	tuōlājī
schleppen + ziehen + Ma-schine	拖拉机
今天在田野上、公路上，到处可以看见拖拉机。	
Jīntiān zài tiányě shàng, gōnglù shàng, dàochù kěyǐ kàn jiàn tuōlājī.	
Heute kann man überall, auf dem Feld wie auf der Landstraße, Traktoren sehen.	

19. Landwirtschaft – 412

Saat, Samen	zhǒngzi
–	种子
这次播下的种子是经过化学处理的。-- 老鼠不会吃了吧？	
Zhè cì bō xià de zhǒngzi shì jīngguò huàxué chùlǐ de. -- Lǎoshǔ bú huì chī le ba?	
Das diesmal ausgesäte Saatgut wurde chemisch behandelt. – Wird es dann nicht mehr von den Ratten gefressen?	

19. Landwirtschaft – 413

Dünger	féiliào
fett + Stoff	肥料
天然肥料不够用，怎么办呢？-- 农民们只好去买化肥。	
Tiānrán féiliào bú gòu yòng, zěnme bàn ne? -- Nóngmínmen zhǐhǎo qù mǎi huàféi.	
Es gibt zu wenig natürlichen Dünger. Was kann man da machen? – Den Bauern bleibt nichts anderes übrig, als Kunstdünger zu kaufen.	

19. Landwirtschaft – 414

Pestizid	nóngyào
Acker-bau + Medizin	农药
农药危害我们的健康。-- 对，农药用得越少越好。	
Nóngyào wēihài wǒmen de jiànkāng. -- Duì, nóngyào yòng de yuè shǎo yuè hǎo.	
Pestizide gefährden unsere Gesundheit. – Ja, richtig. Je weniger Pestizide man verwendet, desto besser ist es.	

19. Landwirtschaft – 415

Ernte	shōuchéng
bekom- men + Erfolg	收成

今年收成不错。-- 大米和麦子的产量都很高吗？

Jīnnián shōuchéng búcuò. -- Dàmǐ hé màizi de chǎnliàng dōu hěn gāo ma?

Dieses Jahr haben wir eine gute Ernte. – Sind sowohl Reis- wie Weizenertrag sehr hoch?

19. Landwirtschaft – 416

Bauer	nóngmín
Acker- bau + Volk	农民

他们像是当地的农民。-- 好，我们向他们问路吧！

Tāmen xiàng shì dāngdì de nóngmín. -- Hǎo, wǒmen xiàng tāmen wèn lù ba!

Sie scheinen hiesige Bauern zu sein. – Gut. Fragen wir sie nach dem Weg!

20. Wirtschaft – 417

Wirtschaft	jīngjì
verwal- ten + unter- stützen	经济

“经济”这个词汉语里的意思是什么？-- 是“经世济民“。

„Jīngjì“ zhège cí Hànyǔ lǐ de yìsi shì shénme? -- Shì „jīng shì jì mín“.

Wie leitet sich im Chinesischen die Bedeutung des Wortes „jīngjì“ (Wirtschaft) her? – Es bedeutet: „die Gesellschaft verwalten und das Volk unterstützen“.

20. Wirtschaft – 418

Handel	màoyì
Handel + aus- tauschen	贸易

中国现在和许多国家都进行贸易。-- 对，它不再闭关自守。

Zhōngguó xiànzài hé xǔduō guójiā dōu jìnxíng màoyì. -- Duì, tā bú zài bìguān-zìshǒu.

China treibt jetzt Handel mit vielen Ländern. – Ja. Es kapselt sich nicht mehr von der Außenwelt ab.

20. Wirtschaft – 419

Export	chūkǒu
aus- gehen + Mund	出口

这批货物是出口到新西兰的。-- 你们有出口许可证吗？

Zhè pī huòwù shì chūkǒu dào Xīnxīlán de. -- Nǐmen yǒu chūkǒu xǔkězhèng ma?

Diese Waren werden nach Neuseeland exportiert. – Habt ihr eine Exportlizenz dafür?

20. Wirtschaft – 420

Import	jìnkǒu
ein- gehen + Mund	进口

你们得限制这类车辆的进口量！-- 为什么不能多进点？

Nǐmen děi xiànzhì zhè lèi chēliàng de jìnkǒuliàng! -- Wèishénme bù néng duō jìn diǎn?

Ihr müsst den Import von solchen Fahrzeugen begrenzen! – Warum sollen wir denn nicht viel importieren?

20. Wirtschaft – 421

Verhandlung	tánpàn
reden + ent-scheiden	谈判

在谈判中我发现对方对我国的外贸情况很了解。

Zài tánpàn zhōng wǒ fāxiàn duìfāng duì wǒ guó de wàimào qíngkuàng hěn liǎojiě.

Bei den Verhandlungen habe ich festgestellt, dass die andere Seite den Außenhandel unseres Landes sehr genau kennt.

20. Wirtschaft – 422

Vertrag	hétong
vereini-gen + ge-meinsam	合同

那个合同已经签字了吗？ -- 是的。双方都做了一些让步。

Nàge hétong yǐjing qiān zì le ma? -- Shì de. Shuāngfāng dōu zuò le yìxiē ràngbù.

Ist der Vertrag unterzeichnet worden? – Ja. Beide Seiten haben einige Konzessionen gemacht.

20. Wirtschaft – 423

Projekt	xiàngmù
Glied + einzelner Punkt	项目

我们基金会在中国有几项扶贫项目。 -- 是些什么项目？

Wǒmen jījīnhuì zài Zhōngguó yǒu jǐ xiàng fú pín xiàngmù.-- Shì xiē shénme xiàngmù?

Unsere Stiftung führt in China einige Projekte zur Armutsbekämpfung durch. – Was für Projekte sind das?

20. Wirtschaft – 424

Konferenz, Sitzung	huìyì
sich treffen + durch-sprechen	会议

这次会议讨论了明年的预算。 -- 明年情况怎么样？

Zhè cì huìyì tǎolùn le míngnián de yùsuàn. -- Míngnián qíngkuàng zěnmeyàng?

Auf der Sitzung wurde über das Budget des nächsten Jahres diskutiert. – Wie ist die Lage im nächsten Jahr?

20. Wirtschaft – 425

Steuer (die)	shuì
–	税

税交得越少越好。 -- 不过国家没有税收也不行啊。

Shuì jiāo de yuè shǎo yuè hǎo. -- Búguò guójiā méi yǒu shuìshōu yě bù xíng a.

Je weniger Steuern zu zahlen sind, desto besser ist es (für die Bürger). – Aber es geht auch nicht, wenn der Staat überhaupt keine Steuern einzieht.

20. Wirtschaft – 426

Aktie	gǔpiào
Anteil + Karte	股票

股票行情变化太快了。 -- 是啊，买股票是有风险的。

Gǔpiào hángqíng biànhuà tài kuài le. -- Shì a, mǎi gǔpiào shì yǒu fēngxiǎn de.

Die Preise der Aktien ändern sich zu schnell. – Ja, Aktien zu kaufen ist riskant.

20. Wirtschaft – 427

Krise	wēijī
gefährlich + Angelpunkt	危机

这儿经常发生经济危机吗？-- 十年左右来一次吧。

Zhèr jīngcháng fāshēng jīngjì wēijī ma? -- Shí nián zuǒyòu lái yí cì ba.

Kommt es hier oft zu einer wirtschaftlichen Krise? – Etwa alle zehn Jahre einmal.

20. Wirtschaft – 428

Werbung, Anzeige	guǎnggào
weit und breit + mitteilen	广告

电视里、报纸上，广告太多了！-- 你觉得广告多不好吗？

Diànshì lǐ, bàozhǐ shàng, guǎnggào tài duō le! -- Nǐ juéde guǎnggào duō bù hǎo ma?

Es gibt im Fernsehen und in der Zeitung zu viel Werbung! – Findest du viel Werbung nicht gut?

20. Wirtschaft – 429

Marke	páizi
–	牌子

你的西服是什么牌子的？-- “博斯”，这是名牌。

Nǐ de xīfú shì shénme páizi de? -- „Bósī“, zhè shì míng pái.

Von welcher Marke ist dein Anzug? – Von „Boss“, einer berühmten Marke.

20. Wirtschaft – 430

Firma	gōngsī
allgemein + bewirtschaften	公司

咨询公司为我们在中国找到了一家丝织厂。

Zīxún gōngsī wèi wǒmen zài Zhōngguó zhǎo dào le yì jiā sīzhīchǎng.

Die Beratungsfirma hat für uns in China eine Seidentextilfabrik gefunden.

20. Wirtschaft – 431

kleiner Privatbetrieb	gètǐhù
einzeln + Körper + Haushalt	个体户

丁丽英一家是卖陶瓷的个体户。-- 他们卖什么陶瓷产品？

Dīng Lìyīng yì jiā shì mài táocí de gètǐhù. -- Tāmen mài shénme táocí chǎnpǐn?

Die Familie von Ding Liying betreibt ein kleines privates Keramikgeschäft. – Welche Keramikwaren verkaufen sie?

20. Wirtschaft – 432

Manager	jīnglǐ
verwalten + ordnen	经理

经理说这批货最好用纸板箱包装。-- 那好吧。

Jīnglǐ shuō zhè pī huò zuì hǎo yòng zhǐbǎnxiāng bāozhuāng. -- Nà hǎo ba.

Der Manager sagt, dass diese Waren am besten in Kartons verpackt werden sollen. – Na gut.

20. Wirtschaft – 433

Geschäftsinhaber(in)	lǎobǎn
(Vorsil-be) + Tafel	老板

这酒吧的生意做得挺红火啊！-- 那老板可是位女强人。

Zhè jiǔbā de shēngyi zuò de tǐng hónghuo a! -- Nà lǎobǎn kě shì wèi nǚ qiáng rén.

Diese Bar macht einen gewaltigen Umsatz! – Die Inhaberin ist halt eine ganz tüchtige Frau.

20. Wirtschaft – 434

Kaufmann	shāngrén
Handel + Mensch	商人

老武很了解市场情况。-- 是啊，他当过很多年商人。

Lǎo Wǔ hěn liǎojiě shìchǎng qíngkuàng. -- Shì a, tā dāng guo hěn duō nián shāngrén.

Lao Wu kennt die Marktsituation sehr gut. – Klar, er war ja lange Jahre Kaufmann.

20. Wirtschaft – 435

Angestellte(r)	zhíyuán
Beruf + Mitglied	职员

你英语不错，去外资企业当职员，怎么样？-- 有多少工资？

Nǐ Yīngyǔ búcuò, qù wàizī qǐyè dāng zhíyuán, zěnmeyàng? -- Yǒu duōshao gōngzī?

Dein Englisch ist nicht schlecht. Du könntest in einem ausländischen Unternehmen als Angestellter arbeiten. Wie wär's? – Wie hoch ist das Monatsgehalt?

21. Gesellschaft – 436

Gesellschaft	shèhuì
Verein + Treffen	社会

中国社会里老人们的地位怎么样？-- 比较高。

Zhōngguó shèhuì lǐ lǎorénmen de dìwèi zěnmeyàng? -- Bǐjiào gāo.

Welche Stellung haben alte Menschen in der chinesischen Gesellschaft? – Eine relativ hoch angesehene.

21. Gesellschaft – 437

Sozialismus	shèhuìzhǔyì
Verein + Treffen + Haupt + Gerech-tigkeit	社会主义

我在报上常看到："要建设有中国特色的社会主义！"

Wǒ zài bào shàng cháng kàn dào: „Yào jiànshè yǒu Zhōngguó tèsè de shèhuìzhǔyì"!

Ich habe oft in den Zeitungen gelesen: „Lasst uns den Sozialismus mit Chinas eigener Prägung aufbauen!"

21. Gesellschaft – 438

Kommunismus	gòngchǎnzhǔyì
gemeinsam + Besitztum + Haupt + Gerech-tigkeit	共产主义

我觉得共产主义是一个很好的理想，但不知道能实现不。

Wǒ juéde gòngchǎnzhǔyì shì yí gè hěn hǎo de lǐxiǎng, dàn bù zhīdào néng shíxiàn bu.

Ich denke, dass der Kommunismus eigentlich ein phantastisches Ideal ist. Ich weiß aber nicht, ob er verwirklicht werden kann.

21. Gesellschaft – 439

Kapitalismus	zīběnzhǔyì
Kapital + Selbstkos-ten + Haupt + Gerech-tigkeit	资本主义

在当今中国经济中有没有资本主义成分？-- 我想有。

Zài dāngjīn Zhōngguó jīngjì zhōng yǒu mei yǒu zīběnzhǔyì chéngfèn? -- Wǒ xiǎng yǒu.

Gibt es kapitalistische Elemente in der heutigen chinesischen Wirtschaft? – Ich glaube schon.

21. Gesellschaft – 440

Volk	rénmín
Mensch + Volk	人民

你知道中国最重要的报纸叫什么？-- 《人民日报》。

Nǐ zhīdào Zhōngguó zuì zhòngyào de bàozhǐ jiào shénme? -- «Rénmín Rìbào».

Weißt du, wie die wichtigste chinesische Zeitung heißt? – «Volkszeitung».

21. Gesellschaft – 441

das einfache Volk	lǎobǎixìng
(Vorsil-be) + hundert + Name	老百姓

老百姓们都希望日子过得平平安安。-- 对，都不要战争。

Lǎobǎixìngmen dōu xīwàng rìzi guò de píng-píng-’ān’ān. -- Duì, dōu bú yào zhànzhēng.

Gewöhnliche Menschen wünschen sich alle ein friedliches und gesichertes Leben. – Jawohl, niemand will Kriege haben.

21. Gesellschaft – 442

Tradition	chuántǒng
weiterge-ben + komplexes System	传统

我家乡有个传统：女人结婚三天以后回娘家住一周。

Wǒ jiāxiāng yǒu gè chuántǒng, nǚrén jié hūn sān tiān yǐhòu huí niángjia zhù yì zhōu.

In meiner Heimat gibt es die Tradition, dass die Frau, drei Tage nach ihrer Hochzeit, für eine Woche in ihr Elternhaus zurückkehrt.

21. Gesellschaft – 443

Freiheit	zìyóu
selbst + ver-anlassen	自由

结了婚的人常常羡慕单身汉的自由。-- 你也羡慕吗？

Jié le hūn de rén chángcháng xiànmù dānshēn-hàn de zìyóu. -- Nǐ yě xiànmù ma?

Verheiratete Leute beneiden oft die Freiheit der Alleinstehenden. – Beneidest du sie auch?

21. Gesellschaft – 444

Gleichberechtigung	píngděng
gleiche Höhe + Rang	平等

你们国家实现“男女平等”了吗？-- 我想还没完全实现。

Nǐmen guójiā shíxiàn „nán nǚ píngděng“ le ma? -- Wǒ xiǎng hái méi wánquán shíxiàn.

Ist die „Gleichberechtigung von Mann und Frau“ in eurem Land verwirklicht worden? – Ich glaube noch nicht ganz.

21. Gesellschaft – 445

soziale Fürsorge	fúlì
Glück + Nutzen	福利

哪些国家的社会福利搞得比较好？-- 听说北欧国家不错。

Nǎxiē guójiā de shèhuì fúlì gǎo de bǐjiào hǎo? -- Tīngshuō Běi Ōu guójiā búcuò.

In welchen Ländern hat man höhere Sozialleistungen erreicht? – Ich habe gehört, dass dies in den nordeuropäischen Ländern der Fall ist.

21. Gesellschaft – 446

Rente	tuìxiūjīn
zurücktreten + ruhen + Gold	退休金

老严每月有多少退休金？-- 差不多有一千块。

Lǎo Yán měi yuè yǒu duōshao tuìxiūjīn? -- Chàbuduō yǒu yì qiān Kuài.

Wie hoch ist die monatliche Rente von Lao Yan? – Ungefähr tausend Yuan.

21. Gesellschaft – 447

Vermögen, Eigentum	cáichǎn
Reichtum + Besitztum	财产

他没有子女，他的财产谁继承了？-- 听说是他的弟弟。

Tā méi yǒu zǐnǚ, tā de cáichǎn shuí jìchéng le? -- Tīngshuō shì tā de dìdi.

Er hatte keine Kinder. Wer hat dann sein Vermögen geerbt? – Ich habe gehört, sein kleiner Bruder.

21. Gesellschaft – 448

Reform	gǎigé
verbessern + verändern	改革

实行改革开放以来，中国人的生活水平大大提高了。

Shíxíng gǎigé kāifàng yǐlái, Zhōngguórén de shēnghuó shuǐpíng dàdà tígāo le.

Seit Durchführung der Reform- und Öffnungspolitik ist der Lebensstandard der Chinesen enorm angestiegen.

21. Gesellschaft – 449

Revolution	gémìng
umwälzen + Schicksal	革命

文化大革命的时候你在哪儿？-- 我在一个农场劳动。

Wénhuà Dà Gémìng de shíhou nǐ zài nǎr? -- Wǒ zài yí gè nóngchǎng láodòng.

Wo warst du zur Zeit der Großen Kulturrevolution? – Da arbeitete ich auf einer (staatlichen) Farm.

21. Gesellschaft – 450

(Arbeits-)Einheit	dānwèi
separat + Stelle	单位

各个机关、工厂、学校、剧院等在中国都是一个“单位”。

Gè gè jīguān, gōngchǎng, xuéxiào, jùyuàn děng zài Zhōngguó dōu shì yí gè „dānwèi".

In China ist jede Behörde, jede Fabrik, jede Schule, jedes Theater usw. eine „Einheit".

21. Gesellschaft – 451

Gewerkschaft	gōnghuì
Arbeiter + Treffen	工会
工会做些什么？-- 组织郊游、看望病人、计划生育等等。	
Gōnghuì zuò xiē shénme? -- Zǔzhī jiāoyóu, kànwàng bìngrén, jìhuà shēngyù děngděng.	
Was macht die Gewerkschaft? – Sie organisiert Ausflüge, besucht kranke Leute, ist für die Geburtenregelung zuständig und so weiter.	

21. Gesellschaft – 452

Arbeitslose(r)	shīyèzhě
verlieren + Beruf + Mensch	失业者
我们为失业者们办了一些电脑班和烹调班。	
Wǒmen wèi shīyèzhěmen bàn le yìxiē diànnǎo bān hé pēngtiáo bān.	
Wir haben für die Arbeitslosen einige Computer- und Kochkurse veranstaltet.	

21. Gesellschaft – 453

öffentliche Ordnung	shèhuì zhìxù
Verein + Treffen + Ordnung + Reihenfolge	社会秩序
中国的社会秩序怎么样？-- 我觉得不错，相当安全。	
Zhōngguó de shèhuì zhìxù zěnmeyàng? -- Wǒ juéde búcuò, xiāngdāng ānquán.	
Wie steht es mit der öffentlichen Ordnung in China? – Ich finde, gut. Man fühlt sich recht sicher.	

21. Gesellschaft – 454

Polizist	jǐngchá
wachsam + genau untersuchen	警察
抓凶犯的时候，有一位警察受了伤。-- 伤得重不？	
Zhuā xiōngfàn de shíhou, yǒu yí wèi jǐngchá shòu le shāng. -- Shāng de zhòng bu?	
Bei der Verhaftung des Mörders wurde ein Polizist verletzt. – War er schwer verletzt?	

21. Gesellschaft – 455

Taschendieb	xiǎotōu
klein + stehlen	小偷
中国也有小偷、乞丐和妓女吗？-- 可惜也有。	
Zhōngguó yě yǒu xiǎotōu, qǐgài hé jìnǚ ma? -- Kěxī yě yǒu.	
Gibt es in China auch Taschendiebe, Bettler und Prostituierte? – Ja, leider.	

21. Gesellschaft – 456

Droge	dúpǐn
Gift + Erzeugnis	毒品
在中国，毒品当然是禁止的。但是仍然有一些人在吸毒。	
Zài Zhōngguó, dúpǐn dāngrán shì jìnzhǐ de. Dànshì réngrán yǒu yìxiē rén zài xī dú.	
In China sind Drogen selbstverständlich verboten. Trotzdem gibt es immer noch einige, die sie nehmen.	

21. Gesellschaft – 457

Gefängnis	jiānyù
überwachen + Gefängnis	监狱
这座<u>监狱</u>里关的都是女犯人，看守也都是女的。	
Zhè zuò jiānyù lǐ guān de dōu shì nǚ fànrén, kānshǒu yě dōu shì nǚ de.	
In diesem Gefängnis sind nur weibliche Häftlinge eingesperrt, die Aufseher sind ebenfalls Frauen.	

22. Militär – 458

Krieg	zhànzhēng
Krieg + streiten	战争
我们都坚决反对<u>战争</u>，希望世界永远和平。	
Wǒmen dōu jiānjué fǎnduì zhànzhēng, xīwàng shìjiè yǒngyuǎn hépíng.	
Wir sind alle entschieden gegen Krieg und hoffen, dass die Welt immer in Frieden leben möge.	

22. Militär – 459

Armee	jūnduì
Armee + Menschengruppe	军队
中国的<u>军队</u>叫“中国人民解放军”，简称“解放军”。	
Zhōngguó de jūnduì jiào „Zhōngguó Rénmín Jiěfàngjūn“, jiǎn chēng „Jiěfàngjūn“.	
Die chinesische Armee heißt „Chinesische Volksbefreiungsarmee“, abgekürzt „Befreiungsarmee“.	

22. Militär – 460

General	jiāngjūn
General + Armee	将军
他家里没人，<u>铁将军把着门</u>！-- 我们明天给他打电话吧！	
Tā jiā lǐ méi rén, tiě jiāngjūn bǎ zhe mén!-- Wǒmen míngtiān gěi tā dǎ diànhuà ba!	
In seiner Wohnung ist niemand da. <u>Der General aus Eisen überwacht die Tür</u> (= Die Tür ist zugeschlossen)! – Rufen wir ihn morgen an!	

22. Militär – 461

Offizier	jūnguān
Armee + Beamte(r)	军官
你的伯伯在空军当<u>军官</u>，对吗？-- 对，他培训新兵。	
Nǐ de bóbo zài kōngjūn dāng jūnguān, duì ma? -- Duì, tā péixùn xīn bīng.	
Dein Onkel (älterer Bruder des Vaters) arbeitet als Offizier bei der Luftwaffe, stimmt's? – Ja. Er bildet neue Soldaten aus.	

22. Militär – 462

Soldat	shìbīng
Krieger + Soldat	士兵
海陆空三军<u>士兵</u>的制服中你最喜欢哪一种？-- 水兵的。	
Hǎi lù kōng sān jūn shìbīng de zhìfú zhōng nǐ zuì xǐhuan nǎ yì zhǒng? -- Shuǐbīng de.	
Welche Uniform der Soldaten der drei Teilstreitkräfte Marine, Heer oder Luftwaffe gefällt dir am besten? – Die der Matrosen.	

22. Militär – 463

Held		yīngxióng
Held + mächtiger Mann	英雄	
天安门广场上有一座高大的“人民英雄纪念碑”。		
Tiān'ānmén Guǎngchǎng shàng yǒu yí zuò gāodà de „Rénmín Yīngxióng Jìniànbēi“.		
Auf dem Tian'anmen-Platz steht ein großes „Denkmal zum Gedenken an die Helden des Volkes“.		

22. Militär – 464

Feind		dírén
Feind + Mensch	敌人	
历史上常可见到：昨天的敌人成为今天的合作伙伴。		
Lìshǐ shàng cháng kě jiàn dào: Zuótiān de dírén chéngwéi jīntiān de hézuò huǒbàn.		
Die Geschichte zeigt oft, dass Feinde von gestern zu Kooperationspartnern von heute werden.		

22. Militär – 465

Waffe		wǔqì
militärisch + Gerät	武器	
从长矛到原子弹，人类发明了无数的武器。-- 真是可怕！		
Cóng chángmáo dào yuánzǐdàn, rénlèi fāmíng le wúshù de wǔqì. -- Zhēn shì kěpà!		
Vom langen Speer bis zur Atombombe hat die Menschheit unzählige Waffen erfunden. – Wirklich furchtbar!		

22. Militär – 466

Pfeil		jiàn
–	箭	
让李立去取走私的货物有两个好处，好比是一箭双雕！		
Ràng Lǐ Lì qù qǔ zǒusī de huòwù yǒu liǎng gè hǎochù, hǎobǐ shì yíjiàn-shuāngdiāo.		
Li Li zur Übernahme der Schmuggelwaren zu schicken, bringt zwei Vorteile. Man schießt mit einem Pfeil zwei Geier ab (= zwei Fliegen mit einer Klappe schlagen)!		

22. Militär – 467

Schwert		jiàn
–	剑	
早上，公园里常能看到有女人练剑或者是跳剑舞。		
Zǎoshang, gōngyuán lǐ cháng néng kàn dào yǒu nǚrén liàn jiàn huòzhě shì tiào jiànwǔ.		
Morgens kann man im Park oft Frauen mit einem Schwert trainieren oder tanzen sehen.		

22. Militär – 468

Pistole		shǒuqiāng
Hand + Gewehr	手枪	
警察用手枪，士兵用步枪，猎人用猎枪。-- 还有呢？		
Jǐngchá yòng shǒuqiāng, shìbīng yòng bùqiāng, lièrén yòng lièqiāng. -- Hái yǒu ne?		
Ein Polizist benutzt die Pistole; ein Soldat das Gewehr, und ein Jäger die Jagdflinte. – Was gibt es noch?		

22. Militär – 469

Kugel, Patrone zǐdàn

hartes Stück-chen + Geschoss

子弹

一颗子弹射进了他的腿，军医正在想办法取出来。

Yì kē zǐdàn shè jìn le tā de tuǐ, jūnyī zhèngzài xiǎng bànfǎ qǔ chūlai.

Eine Kugel ist in sein Bein eingedrungen. Der Militärarzt versucht gerade, sie herauszuholen.

22. Militär – 470

Mine (Krieg) dìléi

Boden + Donner

地雷

边境上埋过很多小地雷。所以当地的农民不敢再去那儿。

Biānjìng shàng mái guo hěn duō xiǎo dìléi. Suǒyǐ dāngdì de nóngmín bù gǎn zài qù nàr.

Im Grenzengebiet wurden viele kleine Minen verlegt. Deswegen wagten die einheimischen Bauern nicht mehr, in dieses Gebiet zu gehen.

22. Militär – 471

Fallschirm jiàngluòsǎn

senken + fallen + Schirm

降落伞

今天有伞兵的演习。-- 会有很多彩色的降落伞飘下来吧？

Jīntiān yǒu sǎnbīng de yǎnxí. -- Huì yǒu hěn duō cǎisè de jiàngluòsǎn piāo xiàlai ba?

Heute findet ein Manöver von Fallschirmjägern statt. – Werden wohl viele bunte Fallschirme herunterschweben?

22. Militär – 472

Lenkrakete dǎodàn

leiten + Geschoss

导弹

现在有了导弹，大炮和坦克还有用吗？-- 当然还有用！

Xiànzài yǒu le dǎodàn, dà pào hé tǎnkè hái yǒu yòng ma? -- Dāngrán hái yǒu yòng!

Sind heutzutage, wo es Raketen gibt, Kanonen und Panzer immer noch von Nutzen? – Ja, natürlich immer noch!

22. Militär – 473

Kriegsschiff jūnjiàn

Armee + Kampf-schiff

军舰

你小时候做过军舰模型吗？-- 没有，我只做过飞机模型。

Nǐ xiǎo shíhou zuò guo jūnjiàn móxíng ma? -- Méiyǒu, wǒ zhǐ zuò guo fēijī móxíng.

Hast du in deiner Kindheit Modellkriegsschiffe gebastelt? – Nein, ich baute nur Modellflugzeuge.

22. Militär – 474

U-Boot qiánshuǐtǐng

latent + Wasser + leichtes Boot

潜水艇

我想，乘潜水艇在海里航行大概很无聊。-- 哪里！

Wǒ xiǎng, chéng qiánshuǐtǐng zài hǎi lǐ hángxíng dàgài hěn wúliáo. -- Nǎli!

Ich denke, dass es wahrscheinlich sehr langweilig ist, mit einem U-Boot im Meer zu fahren. – Aber nein!

23. Stadtzentrum – 475

Stadt	chéngshì
Mauer + Markt	城市
昆明是座漂亮的城市。它四季气候如春，所以叫“春城”。	
Kūnmíng shì zuò piàoliang de chéngshì. Tā sì jì qìhòu rú chūn, suǒyǐ jiào „chūnchéng“.	
Kunming ist eine schöne Stadt. Man nennt sie „Frühlingsstadt“, weil das Klima dort im ganzen Jahr so mild wie im Frühling ist.	

23. Stadtzentrum – 476

Stadtzentrum	shìzhōngxīn
Stadt + Mitte + Herz	市中心
我们去市中心逛逛，好吗？-- 好的，我还想吃点小吃。	
Wǒmen qù shìzhōngxīn guàngguang, hǎo ma? -- Hǎo de, wǒ hái xiǎng chī diǎn xiǎochī.	
Wir gehen ins Stadtzentrum bummeln, einverstanden? – Ja, ich möchte auch noch eine Kleinigkeit essen.	

23. Stadtzentrum – 477

Platz	guǎngchǎng
breit + Platz	广场
天安门广场真大！-- 是啊，可以站几十万人呢！	
Tiān'ānmén Guǎngchǎng zhēn dà! -- Shì a, kěyǐ zhàn jǐ shí wàn rén ne!	
Der Tian'anmen-Platz ist wirklich groß! – Ja, darauf haben einige hunderttausend Menschen gleichzeitig Platz!	

23. Stadtzentrum – 478

Straße (in der Stadt)	jiē
–	街
你说北京哪条街特别气派？-- 我想是长安街吧。	
Nǐ shuō Běijīng nǎ tiáo jiē tèbié qìpài? -- Wǒ xiǎng shì Cháng'ānjiē ba.	
Sag mal, welche Straße ist in Beijing besonders imposant? – Ich denke, das ist die Chang'an-Straße.	

23. Stadtzentrum – 479

Fußgängerzone	bùxíngjiē
Schritt + gehen + Straße	步行街
上海著名的南京路里，有一段是步行街。那儿非常热闹！	
Shànghǎi zhùmíng de Nánjīnglù lǐ, yǒu yí duàn shì bùxíngjiē. Nàr fēicháng rènao.	
Ein Teil der bekannten Nanjing-Straße Shanghais ist Fußgängerzone. Da ist besonders viel los!	

23. Stadtzentrum – 480

Gasse	xiàngzi
–	巷子
这照片上是什么地方？-- 是我爷爷以前住过的巷子。	
Zhè zhàopiàn shàng shì shénme dìfang? -- Shì wǒ yéye yǐqián zhù guo de xiàngzi.	
Was ist das für ein Ort auf dem Foto? – Das ist die Gasse, wo mein Opa früher gewohnt hat.	

23. Stadtzentrum – 481

Bürgersteig	rénxíngdào
Mensch + gehen + Weg	人行道

节日时街上人非常多，人行道上都没法走路了！

Jiérì shí jiē shàng rén fēicháng duō, rénxíngdào shàng dōu méifǎ zǒu lù le!

Am Feiertag sind auf der Straße so viele Menschen, dass man auf dem Bürgersteig kaum mehr durchkommen kann!

23. Stadtzentrum – 482

Hotel	lǚguǎn
reisen + Halle	旅馆

到了上海，我们住什么旅馆？ -- 住和平饭店，五星级的。

Dào le Shànghǎi, wǒmen zhù shénme lǚguǎn? -- Zhù Hépíng Fàndiàn, wǔ xīng jí de.

In welchem Hotel übernachten wir in Shanghai? – Im Peace-Hotel, einem 5-Sterne-Hotel.

23. Stadtzentrum – 483

Rezeption	fúwùtái
leisten + Dienst + Tisch	服务台

请问服务台夜里有人值班吗？ -- 有，夜里有人值班。

Qǐngwèn fúwùtái yè lǐ yǒu rén zhí bān ma? -- Yǒu, yè lǐ yǒu rén zhí bān.

Entschuldigung, verfügt die Rezeption über einen Nachtdienst? – Ja, es gibt einen Nachtdienst.

23. Stadtzentrum – 484

Einzelzimmer	dānrén fángjiān
einzeln + Mensch + Haus + Zimmer	单人房间

我想订单人房间。-- 对不起，我们旅馆只有双人房间。

Wǒ xiǎng dìng dānrén fángjiān. -- Duìbuqǐ, wǒmen lǚguān zhǐ yǒu shuāngrén fángjiān.

Ich möchte ein Einzelzimmer reservieren. – Entschuldigung, aber unser Hotel hat nur Doppelzimmer.

23. Stadtzentrum – 485

Friseursalon	lǐfàdiàn
ordnen + Haar + Laden	理发店

旅馆对面的理发店好不好？ -- 很好！很干净，理得也好。

Lǚguǎn duìmiàn de lǐfàdiàn hǎo bu hǎo? -- Hěn hǎo! Hěn gānjìng, lǐ de yě hǎo.

Ist der Friseursalon gegenüber von unserem Hotel gut? – Ja, sehr gut! Er ist sauber. Man wird dort auch gut frisiert.

23. Stadtzentrum – 486

Reinigung	xǐyīdiàn
waschen + Kleidung + Laden	洗衣店

您知道哪儿有洗衣店？ -- 这条街的东头有一家。

Nín zhīdào nǎr yǒu xǐyīdiàn? -- Zhè tiáo jiē de dōngtóu yǒu yì jiā.

Wissen Sie, wo es eine Reinigung gibt? – Am östlichen Ende dieser Straße ist eine.

23. Stadtzentrum – 487

Telefonzelle	diànhuàtíng
Strom + + Worte + Pavillon	电话亭
这个公用电话坏了。附近还有别的电话亭吗？ -- 没有了。	
Zhège gōngyòng diànhuà huài le. Fùjìn hái yǒu biéde diànhuàtíng ma? -- Méi yǒu le.	
Dieses öffentliche Telefon ist defekt. Gibt es in der Nähe noch eine andere Telefonzelle? – Nein, es gibt sonst keine.	

23. Stadtzentrum – 488

Friedhof	mùdì
Grab + Boden	墓地
很多中国老的墓地里都是一排排的土丘，你看见过吗？	
Hěn duō Zhōngguó lǎo de mùdì lǐ dōu shì yì páipái de tǔ qiū, nǐ kàn jiàn guo ma?	
Auf vielen alten chinesischen Friedhöfen gibt es Erdhügelchen in vielen Reihen. Hast du solche schon mal gesehen?	

23. Stadtzentrum – 489

Bürgermeister	shìzhǎng
Stadt + Chef	市长
我要是当上这里的市长，一定多建几条地铁。	
Wǒ yàoshì dāng shàng zhèli de shìzhǎng, yídìng duō jiàn jǐ tiáo dìtiě.	
Wenn ich hier Bürgermeister wäre, würde ich unbedingt noch einige U-Bahn-Linien bauen lassen.	

24. Postamt – 490

Postamt	yóujú
Post + Amt	邮局
你去邮局吗？能不能帮我寄几封信？ -- 没问题。	
Nǐ qù yóujú ma? Néng bu néng bāng wǒ jì jǐ fēng xìn? -- Méi wèntí.	
Gehst du zum Postamt? Kannst du für mich ein paar Briefe aufgeben? – Kein Problem.	

24. Postamt – 491

Brief	xìn
–	信
你常给你父母写信吗？ -- 不，大概两、三个月写一封吧。	
Nǐ cháng gěi nǐ fùmǔ xiě xìn ma? -- Bù, dàgài liǎng, sān gè yuè xiě yì fēng ba.	
Schreibst du oft Briefe an deine Eltern? – Nein, nur einen etwa alle zwei, drei Monate.	

24. Postamt – 492

Luftpostbrief	hángkōngxìn
fahren + Luft + Brief	航空信
寄到欧洲的航空信要多少钱？ -- 20 克以下是五块。	
Jì dào Ōuzhōu de hángkōngxìn yào duōshao qián? -- Èrshí kè yǐxià shì wǔ Kuài.	
Wie viel kostet ein Luftpostbrief nach Europa? – Unter 20 Gramm fünf Yuan.	

24. Postamt – 493

Einschreibbrief	guàhàoxìn
sich an-melden + Nummer + Brief	挂号信

对不起，寄挂号信在哪个窗口？-- 在三号窗口。

Duìbuqǐ, jì guàhàoxìn zài nǎge chuāngkǒu? -- Zài sān hào chuāngkǒu.

Entschuldigung, an welchem Schalter kann man Einschreibbriefe aufgeben? – An Schalter 3.

24. Postamt – 494

Ansichtskarte	míngxìnpiàn
offen + Brief + dünne Scheibe	明信片

这些明信片都很漂亮。我各买两张。-- 好，一共八元。

Zhèxiē míngxìnpiàn dōu hěn piàoliang. Wǒ gè mǎi liǎng zhāng. -- Hǎo, yígòng bā Yuán.

Diese Ansichtskarten sind schön. Ich möchte je zwei Stück haben. – Gut, das macht insgesamt acht Yuan.

24. Postamt – 495

Drucksache	yìnshuāpǐn
drucken + bürsten + Erzeugnis	印刷品

照片和复印件可以当印刷品寄吗？-- 不可以。

Zhàopiàn hé fùyìnjiàn kěyǐ dāng yìnshuāpǐn jì ma? -- Bù kěyǐ.

Darf man Fotos und Kopien als Drucksachen versenden? – Nein, das ist nicht erlaubt.

24. Postamt – 496

Paket	yóubāo
Post + wickeln	邮包

您的邮包里有些什么东西？-- 有衣服和书。

Nín de yóubāo lǐ yǒu xiē shénme dōngxi? -- Yǒu yīfu hé shū.

Was ist in Ihrem Paket? – Kleider und Bücher.

24. Postamt – 497

Briefumschlag	xìnfēng
Brief + zukleben	信封

中国信封上寄件人地址写在哪儿？-- 写在信封的右下角！

Zhōngguó xìnfēng shàng jìjiànrén dìzhǐ xiě zài nǎr? -- Xiě zài xìnfēng de yòu xià jiǎo!

Wo soll man auf einem chinesischen Briefumschlag die Adresse des Absenders hinschreiben? – Bitte rechts unten!

24. Postamt – 498

Postleitzahl	yóuzhèng biānmǎ
Post + Angelegenheit + flechten + Nr.	邮政编码

我不知道我朋友住址的邮政编码。-- 没关系，我帮你查。

Wǒ bù zhīdào wǒ péngyou zhùzhǐ de yóuzhèng biānmǎ. -- Méiguānxi, wǒ bāng nǐ chá.

Ich kenne die Postleitzahl der Anschrift meines Freundes nicht. – Das macht nichts. Ich helfe Ihnen, sie herauszufinden.

24. Postamt – 499

Briefmarke	yóupiào
Post + Karte	邮票
我有几张法国邮票，你要吗？-- 太好了！我在集欧洲邮票。	
Wǒ yǒu jǐ zhāng Fǎguó yóupiào, nǐ yào ma? -- Tài hǎo le! Wǒ zài jí Ōuzhōu yóupiào.	
Ich habe einige Briefmarken aus Frankreich. Willst du sie haben? – Super! Ich sammle europäische Briefmarken.	

24. Postamt – 500

Briefkasten	yóuxiāng
Post + Kasten	邮箱
你住的小区寄信方便吗？-- 方便，小区里有一个邮箱。	
Nǐ zhù de xiǎoqū jì xìn fāngbiàn ma? -- Fāngbiàn, xiǎoqū lǐ yǒu yí gè yóuxiāng.	
Ist es in deiner Wohnsiedlung einfach, Briefe abzuschicken? – Ja, in der Siedlung gibt es einen Briefkasten.	

24. Postamt – 501

Briefträger	yóudìyuán
Post + überreichen + Mitglied	邮递员
邮递员来过了。你看，有你一封信！-- 太棒了！	
Yóudìyuán lái guo le. Nǐ kàn, yǒu nǐ yì fēng xìn! -- Tài bàng le!	
Der Briefträger war da. Schau, hier ist ein Brief für dich! – Wunderbar!	

24. Postamt – 502

Telefon	diànhuà
Strom + Worte	电话
对不起，我能不能用一下你们的电话？-- 没问题，请用！	
Duìbuqǐ, wǒ néng bu néng yòng yíxià nǐmen de diànhuà? -- Méi wèntí, qǐng yòng!	
Entschuldigung, darf ich mal euer Telefon benutzen? – Kein Problem, bitte sehr!	

24. Postamt – 503

Ferngespräch	chángtú diànhuà
lang + Strecke + Strom + Worte	长途电话
我想打个长途电话到大连。-- 您先买一张电话卡！	
Wǒ xiǎng dǎ gè chángtú diànhuà dào Dàlián. -- Nín xiān mǎi yì zhāng diànhuàkǎ!	
Ich möchte ein Ferngespräch nach Dalian führen. – Besorgen Sie sich zuerst eine Telefonkarte!	

24. Postamt – 504

Handy	shǒujī
Hand + Gerät	手机
听说中国的手机市场已经饱和了。-- 是指城里的吧？	
Tīngshuō Zhōngguó de shǒujī shìchǎng yǐjing bǎohé le. -- Shì zhǐ chéng lǐ de ba?	
Man sagt, dass der Handy-Markt in China bereits gesättigt sei. – Handelt es sich vielleicht um den (Handy-Markt) in den Städten?	

24. Postamt – 505

SMS	duǎnxìn
kurz + Brief	短信

去年春节，中国人一共发了 60 亿条短信。-- 不得了！

Qùnián Chūnjié, Zhōngguórén yígòng fā le liùshí yì tiáo duǎnxìn. -- Bùdéliǎo!

Zum letzten Frühlingsfest wurden in China insgesamt 6 Milliarden SMS verschickt. – Wahnsinn!

25. Bank – 506

Bank	yínháng
Silber + Geschäft	银行

你觉得香港的中国银行房子怎么样？-- 很神气！

Nǐ juéde Xiānggǎng de Zhōngguó Yínháng fángzi zěnmeyàng? -- Hěn shénqì!

Wie findest du das Gebäude der „Bank of China“ in Hongkong? – Sehr elegant!

25. Bank – 507

Bargeld	xiànjīn
verfügbar + Gold	现金

旅游时，身边现金要少带点，外边口袋里别放大票子！

Lǚyóu shí, shēn biān xiànjīn yào shǎo dài diǎn, wàibiān kǒudài lǐ bié fàng dà piàozi!

Man soll auf einer Reise wenig Bargeld bei sich haben und große Geldscheine nicht in äußere Taschen stecken!

25. Bank – 508

Konto	hùtóu
Haushalt + Kopf	户头

你可以在中国开个户头，把一部分钱放在户头里。

Nǐ kěyǐ zài Zhōngguó kāi gè hùtóu, bǎ yí bùfen qián fàng zài hùtóu lǐ.

Du kannst in China ein Konto eröffnen und einen Teil von deinem Geld auf dem Konto lassen.

25. Bank – 509

Scheck	zhīpiào
bezahlen + Karte	支票

我已经准备了一些旅行支票。-- 好，支票也比较安全。

Wǒ yǐjing zhǔnbèi le yìxiē lǚxíng zhīpiào. -- Hǎo, zhīpiào yě bǐjiào ānquán.

Ich habe einige Reiseschecks vorbereitet. – Gut, Schecks sind auch sicherer.

25. Bank – 510

Kreditkarte	xìnyòngkǎ
glauben + benutzen + Karte	信用卡

在中国也能用欧洲的信用卡吗？-- 是的，有的也能用。

Zài Zhōngguó yě néng yòng Ōuzhōu de xìnyòngkǎ ma? -- Shì de, yǒude yě néng yòng.

Kann man in China auch europäische Kreditkarten benutzen? – Ja, einige sind auch in China gültig.

25. Bank – 511

Geld	qián
–	钱

没钱真是寸步难行啊！-- 不过钱太多了不见得就是好事。

Méi qián zhēn shì cùnbù-nánxíng a! -- Búguò qián tài duō le bújiànde jiù shì hǎo shì.

Ohne Geld kann man keinen Schritt vorwärtskommen (= aufgeschmissen sein)! – Aber zu viel Geld zu besitzen, ist auch nicht unbedingt eine gute Sache.

25. Bank – 512

Renminbi (chin. Währung)	Rénmínbì
Mensch + Volk + Währung	人民币

今天美元与人民币的汇率是多少？-- 一美元换八块。

Jīntiān Měiyuán yǔ Rénmínbì de huìlǜ shì duōshao? -- Yì Měiyuán huàn bā Kuài.

Wie ist heute der Wechselkurs von US-$ zu Renminbi? – Ein US-$ macht acht Yuan.

25. Bank – 513

Yuan (Geldeinheit)	Yuán
–	元

“六元七角九分”在口语里可以说为“六块七毛九”。

„Liù Yuán qī Jiǎo jiǔ Fēn“ zài kǒuyǔ lǐ kěyǐ shuō wéi „liù Kuài qī Máo jiǔ“.

In der Umgangssprache kann man statt „liu Yuan qi Jiao jiu Fen (= 6 Yuan 79 Fen)“ auch „6 Kuai 7 Mao 9 (= die gleiche Geldmenge wie oben)“ sagen.

25. Bank – 514

Euro	Ōuyuán
Europa + Yuan	欧元

有了欧元，在欧洲旅行方便不少。-- 是啊，不用老换钱了。

Yǒu le Ōuyuán, zài Ōuzhōu lǚxíng fāngbiàn bù shǎo. -- Shì a, bú yòng lǎo huàn qián le.

Durch den Euro ist eine Reise durch Europa viel einfacher geworden. – Ja, das stimmt. Jetzt braucht man sein Geld nicht mehr so häufig zu wechseln.

25. Bank – 515

Münze	yìngbì
hart + Geld	硬币

马丁，你有没有非洲的硬币？-- 我有一些摩洛哥的硬币。

Mǎdīng, nǐ yǒu mei yǒu Fēizhōu de yìngbì? -- Wǒ yǒu yìxiē Móluògē de yìngbì.

Martin, hast du afrikanische Münzen? – Ja, ich habe einige Münzen aus Marokko.

25. Bank – 516

Sparguthaben	cúnkuǎn
deponieren + Geldsumme	存款

有些人衣服虽然穿得破旧，他们在银行里的存款却不少！

Yǒuxiē rén yīfu suīrán chuān de pòjiù, tāmen zài yínháng lǐ de cúnkuǎn què bù shǎo!

Manche Leute, die schlecht gekleidet sind, haben trotzdem große Sparguthaben auf der Bank!

25. Bank – 517

Zins	lìxī
Vorteil + sich ver- mehren	利息

活期存款的利息目前是多少？ -- 可惜只有 2%。

Huóqī cúnkuǎn de lìxī mùqián shì duōshao? -- Kěxī zhǐ yǒu bǎifēnzhī èr.

Wie hoch ist zur Zeit der Zins für laufende Einlagen? – Leider nur 2%.

25. Bank – 518

Zahl	shùzì
Zahl + Schrift	数字

我一看见数字就头疼。-- 那你一定做不了会计的工作。

Wǒ yí kàn jiàn shùzì jiù tóu téng. -- Nà nǐ yídìng zuò bu liǎo kuàijì de gōngzuò.

Sobald ich Zahlen sehe, tut mir mein Kopf weh. – Dann kannst du bestimmt nicht als Buchhalter arbeiten.

25. Bank – 519

Schulden	zhài
–	债

为了办喜事，你欠了债吗？ -- 没有，我办得很节约。

Wèile bàn xǐshì, nǐ qiàn le zhài ma? -- Méiyǒu, wǒ bàn de hěn jiéyuē.

Hast du Schulden machen müssen, um deine Hochzeit zu finanzieren? – Nein, ich habe keine Schulden gemacht. Ich habe eine sehr sparsame Hochzeit veranstaltet.

25. Bank – 520

Portemonnaie	qiánbāo
Geld + Beutel	钱包

糟了，我的钱包忘在店里了！ -- 快回去找。可能还在那儿。

Zāo le, wǒ de qiánbāo wàng zài diàn lǐ le! -- Kuài huí qù zhǎo. Kěnéng hái zài nàr.

O Gott, ich habe mein Portemonnaie im Laden vergessen! – Geh schnell zurück. Vielleicht liegt es noch da.

26. Geschäft – 521

Laden, Geschäft	shāngdiàn
Handel + Laden	商店

走，逛商店去！ -- 不，我不去。我今天没有时间。

Zǒu, guàng shāngdiàn qù! -- Bù, wǒ bú qù. Wǒ jīntiān méi yǒu shíjiān.

Komm, wir gehen in den Geschäften bummeln! – Nein, ich gehe nicht mit. Ich habe heute keine Zeit.

26. Geschäft – 522

Kaufhaus	bǎihuò dàlóu
hundert + Ware + groß + Gebäude	百货大楼

我想买一个电饭锅。-- 百货大楼里肯定有。

Wǒ xiǎng mǎi yí gè diàn fànguō. -- Bǎihuò dàlóu lǐ kěndìng yǒu.

Ich möchte einen elektrischen Reiskocher kaufen. – Im Kaufhaus gibt es sicher welche.

26. Geschäft – 523

Supermarkt	chāoshì
über-schreiten + Markt	超市

这八宝茶味道不错。你哪儿买的？-- 北京每个大超市都有。

Zhè bābǎochá wèidao búcuò. Nǐ nǎr mǎi de? -- Běijīng měi gè dà chāoshì dōu yǒu.

Dieser Acht-Kostbarkeiten-Tee schmeckt sehr gut. Wo hast du ihn gekauft? – Es gibt ihn in jedem größeren Supermarkt Beijings.

26. Geschäft – 524

(Gemüse-)Markt	càichǎng
Gemüse + Platz	菜场

在中国逛菜场很有意思。-- 对，比如有“叫化鸡”什么的。

Zài Zhōngguó guàng càichǎng hěn yǒuyìsi. -- Duì, bǐrú yǒu „jiàohuājī“ shénmede.

In China einen Marktbummel zu machen, ist sehr interessant. – Ja, das stimmt. Es gibt z.B. „Bettlerhuhn“ und andere solche Sachen.

26. Geschäft – 525

Verkaufsstand	tānwèi
Markt-stand + Stelle	摊位

你看这些摊位在卖青蛙和鳝鱼。-- 那儿有个摊位在卖蛇！

Nǐ kàn zhèxiē tānwèi zài mài qīngwā hé shànyú. -- Nàr yǒu gè tānwèi zài mài shé!

Schau mal, an diesen Ständen verkauft man Frösche und Reisaale. – An dem anderen Stand dort werden Schlangen verkauft!

26. Geschäft – 526

Ladentisch	guìtái
Schrank + Tisch	柜台

你觉得柜台上那些瓷做的狗怎么样？-- 我觉得有点俗气。

Nǐ juéde guìtái shàng nàxiē cí zuò de gǒu zěnmeyàng? -- Wǒ juéde yǒudiǎn súqì.

Wie findest du die Porzellanhunde auf dem Ladentisch? – Etwas kitschig.

26. Geschäft – 527

Taschenrechner	jìsuànqì
zählen + rech-nen + Apparat	计算器

商店里算盘已经过时了。现在用的是计算器或者收款机。

Shāngdiàn lǐ suànpán yǐjing guòshí le. Xiànzài yòng de shì jìsuànqì huòzhě shōukuǎnjī.

In den Geschäften ist der Abakus schon aus der Mode gekommen. Jetzt werden Taschenrechner oder Registrierkassen benützt.

26. Geschäft – 528

Ware	huò
–	货

这些数码相机都是日本货吧？ -- 是的，都是日本货。

Zhèxiē shùmǎ xiàngjī dōu shì Rìběn huò ba? -- Shì de, dōu shì Rìběn huò.

Sind diese Digitalkameras alle japanische Waren? – Ja, sie kommen alle aus Japan.

26. Geschäft – 529

Preis	jiàgé
Preis + Eintei-lung	价格

为什么草莓这么贵？-- 它们现在刚上市，所以价格很高。

Wèishénme cǎoméi zhème guì? -- Tāmen xiànzài gāng shàng shì, suǒyǐ jiàgé hěn gāo.

Warum sind die Erdbeeren so teuer? – Sie sind jetzt gerade frisch auf den Markt gekommen und deshalb ist der Preis so hoch.

26. Geschäft – 530

Kasse	fùkuǎnchù
zahlen + Geld-summe + Stelle	付款处

我这儿不收款。请您去那边付款处交钱。

Wǒ zhèr bù shōu kuǎn. Qǐng nín qù nàbiān fù-kuǎnchù jiāo qián.

Ich nehme kein Geld an. Zahlen Sie bitte dort an der Kasse.

26. Geschäft – 531

Quittung	fāpiào
abgeben + Karte	发票

要是发现有毛病可以来换吗？-- 凭发票可以换也可以退。

Yàoshì fāxiàn yǒu máobìng kěyǐ lái huàn ma? -- Píng fāpiào kěyǐ huàn yě kěyǐ tuì.

Kann ich die Ware umtauschen, wenn ich ei-nen Fehler festgestellt habe? – Mit der Quit-tung können Sie die Ware umtauschen oder zurückgeben.

26. Geschäft – 532

Garantiezeit	bǎoxiūqī
garantie-ren + re-parieren + Frist	保修期

过了保修期，东西坏了怎么办？-- 您可以送这儿来修。

Guò le bǎoxiūqī, dōngxi huài le zěnme bàn? -- Nín kěyǐ sòng zhèr lái xiū.

Was kann ich tun, wenn die Ware nach Ablauf der Garantiezeit kaputt geht? – Sie können sie uns zur Reparatur bringen.

26. Geschäft – 533

Kilogramm	gōngjīn
amtlich + Pfund	公斤

一个邮包最多能寄多少公斤？-- 二十公斤。

Yí gè yóubāo zuì duō néng jì duōshao gōng-jīn? -- Èrshí gōngjīn.

Wie viel Kilogramm darf ein Postpaket höchs-tens wiegen? – 20 Kilogramm.

26. Geschäft – 534

Gramm	kè
–	克

中国的商店里现在已经不用“两”，而是用“克”了。

Zhōngguó de shāngdiàn lǐ xiànzài yǐjing bú yòng „liǎng“, érshì yòng „kè“ le.

In chinesischen Geschäften wird jetzt nicht mehr „Liang (= 50 Gramm)“ verwendet, son-dern „Gramm“.

26. Geschäft – 535

Liter	shēng
–	升
牛奶有一升一盒的，也有半升一盒的。-- 我们买大的吧。	
Niúnǎi yǒu yì shēng yì hé de, yě yǒu bàn shēng yì hé de. -- Wǒmen mǎi dà de ba.	
Milch gibt es in Liter- und auch Halbliterpackungen. – Wir nehmen die größere Packung.	

26. Geschäft – 536

Beutel, Tasche	dài
–	袋
这袋奶粉已经过期了。它的保质期只到上月初。	
Zhè dài nǎifěn yǐjing guò qī le. Tā de bǎozhìqī zhǐ dào shàng yuè chū.	
Das Verfallsdatum für diesen Beutel Milchpulver ist schon abgelaufen. Es war nur bis zum Anfang des letzten Monats haltbar.	

26. Geschäft – 537

Schachtel	hé
–	盒
我妹妹快要过生日了。我们送她一盒夹心巧克力，好吗？	
Wǒ mèimei kuài yào guò shēngri le. Wǒmen sòng tā yì hé jiāxīn qiǎokèlì, hǎo ma?	
Meine kleine Schwester hat bald Geburtstag. Wie wäre es, wenn wir ihr eine Schachtel Pralinen schenken?	

26. Geschäft – 538

Stück	gè
–	个
“我买一个瓜”：这个句子里的“个”字是不可缺少的量词。	
„Wǒ mǎi yí gè guā“: zhège jùzi lǐ de „gè“ zì shì bù kě quēshǎo de liàngcí.	
„Ich kaufe eine (Stück) Melone“: das Wort „ge“ (= Stück) in diesem Satz ist ein unentbehrliches Zähleinheitswort.	

26. Geschäft – 539

Konservenbüchse	guàntou
Krug + (Nachsilbe)	罐头
我买了一罐糖水枇杷。你有罐头刀吗？	
Wǒ mǎi le yí guàn tángshuǐ pípá. Nǐ yǒu guàntoudāo ma?	
Ich habe eine Dose mit in Zuckersirup eingelegten Mispeln gekauft. Hast du einen Dosenöffner?	

26. Geschäft – 540

Pfand, Kaution	yājīn
pfänden + Gold	押金
小姐，我想买一箱啤酒。连箱子带瓶，押金要多少？	
Xiǎojie, wǒ xiǎng mǎi yì xiāng píjiǔ. Lián xiāngzi dài píng, yājīn yào duōshao?	
Fräulein, ich möchte einen Kasten Bier. Wie hoch ist das Pfand für den Kasten und die Flaschen?	

26. Geschäft – 541

Verkäufer	shòuhuòyuán
verkau- fen + Ware + Mitglied	售货员
在中国，星期天商店也不关门。-- 售货员们很辛苦啊！	
Zài Zhōngguó, xīngqītiān shāngdiàn yě bù guān mén. -- Shòuhuòyuánmen hěn xīnkǔ a!	
In China sind die Geschäfte auch am Sonntag geöffnet. – Das ist für die Verkäufer aber hart!	

26. Geschäft – 542

Kunde	gùkè
sich um- sehen + Gast	顾客
在私营的服装店里，顾客可以讨价还价吗？-- 可以。	
Zài sīyíng de fúzhuāngdiàn lǐ, gùkè kěyǐ tǎo jià huán jià ma? -- Kěyǐ.	
Kann ein Kunde in einer privaten Boutique um den Preis feilschen? – Ja, das ist erlaubt.	

27. Schule – 543

Schule	xuéxiào
lernen + Schule	学校
“学校”这个词可以指任何一所小学、中学、大学或技校。	
„Xuéxiào“ zhège cí kěyǐ zhǐ rènhé yì suǒ xiǎoxué, zhōngxué, dàxué huò jìxiào.	
Das Wort „Schule“ kann man (im Chinesischen) für jede Schulart verwenden: für die Grundschule, die Mittelschule, die Universität oder die Fachschule.	

27. Schule – 544

Grundschule	xiǎoxué
klein + lernen	小学
我念小学的时候，放了学常去捉鱼、捉虾、捉蜻蜓。	
Wǒ niàn xiǎoxué de shíhou, fàng le xué cháng qù zhuō yú, zhuō xiā, zhuō qīngtíng.	
In meiner Grundschulzeit ging ich nach der Schule oft zum Fische-, Krabben- und Libellenfangen.	

27. Schule – 545

Mittelschule	zhōngxué
mittel + lernen	中学
我的中学时代相当累人。为了考大学，常要开夜车。	
Wǒ de zhōngxué shídài xiāngdāng lèirén. Wèile kǎo dàxué, cháng yào kāi-yèchē.	
Meine Mittelschulzeit war recht mühsam. Um die Hochschul-Aufnahmeprüfung gut zu bestehen, musste ich oft Nachtzug fahren (= bis tief in die Nacht hinein arbeiten).	

27. Schule – 546

Universität	dàxué
groß + lernen	大学
我们村子里今年有两个人进了大学。全村人都非常自豪。	
Wǒmen cūnzi lǐ jīnnián yǒu liǎng gè rén jìn le dàxué. Quán cūn rén dōu fēicháng zìháo.	
Zwei aus unserem Dorf haben in diesem Jahr ein Studium an der Universität begonnen. Alle Dorfeinwohner sind darauf sehr stolz.	

27. Schule – 547

Klasse, Kurs	bān
–	班
学技术的学生中有女生吗？-- 有啊！每个班都有几位。	
Xué jìshù de xuésheng zhōng yǒu nǚshēng ma? -- Yǒu a! Měi gè bān dōu yǒu jǐ wèi.	
Gibt es auch weibliche Technikstudenten? – Na klar! In jeder Klasse gibt es einige.	

27. Schule – 548

Klassenzimmer	jiàoshì
unter-richten + Zimmer	教室
你们每个教室里都有投影仪吗？-- 可惜还没这么好！	
Nǐmen měi gè jiàoshì lǐ dōu yǒu tóuyǐngyí ma? -- Kěxī hái méi zhème hǎo!	
Gibt es bei euch in jedem Klassenzimmer einen Over-Head-Projektor? – Nein, leider sind wir noch nicht so weit.	

27. Schule – 549

Unterricht	kè
–	课
你们最喜欢上什么课？-- 我们最喜欢上生物课。	
Nǐmen zuì xǐhuan shàng shénme kè? -- Wǒmen zuì xǐhuan shàng shēngwù kè.	
Welches Unterrichtsfach gefällt euch am besten? – Der Biologieunterricht.	

27. Schule – 550

Fach, Studiengang	zhuānyè
speziell + Sache	专业
你是学什么专业的？-- 我是学法语的，在西语系。	
Nǐ shì xué shénme zhuānyè de? -- Wǒ shì xué Fǎyǔ de, zài xīyǔxì.	
Welches Fach studierst du? – Ich studiere Französisch, bin an der Fakultät für westliche Sprachen.	

27. Schule – 551

Kenntnis, Wissen	zhīshi
wissen + kennen	知识
应国才的爷爷知识相当丰富，天文、地理……，无所不知。	
Yīng Guócái de yéye zhīshi xiāngdāng fēngfù, tiānwén, dìlǐ ..., wú suǒ bù zhī.	
Ying Guocai's Großvater besitzt eine Fülle von Kenntnissen, z.B. kennt er sich in Astronomie, in Geographie und auch in anderen Gebieten sehr gut aus.	

27. Schule – 552

Mathematik	shùxué
Zahl + Fach	数学
明友的数学和物理成绩都很好，总是全班第一名。	
Míngyǒu de shùxué hé wùlǐ chéngjī dōu hěn hǎo, zǒngshì quán bān dì yī míng.	
Mingyous Schulleistungen in Mathematik und Physik sind sehr gut. Er ist damit immer die Nummer eins in der Klasse.	

27. Schule – 553

Geschichte (Historie)	lìshǐ
Ereignis + Ge- schichte	历史

我最讨厌历史，老是要记什么时候、什么地点、什么原因！

Wǒ zuì tǎoyàn lìshǐ, lǎoshì yào jì shénme shíhou, shénme dìdiǎn, shénme yuányīn!

Ich hasse Geschichte. Man muss sich dauernd „wann“ und „wo“ und „warum“ merken!

27. Schule – 554

Vortrag	bàogào
berichten + mitteilen	报告

今天有位女诗人来作“当代诗歌”报告。-- 你去听吗？

Jīntiān yǒu wèi nǚ shīrén lái zuò „Dāngdài shīgē“ bàogào. -- Nǐ qù tīng ma?

Heute kommt eine Dichterin, um einen Vortrag über „Gedichte in der Gegenwart“ zu halten. – Gehst du hin?

27. Schule – 555

Semester	xuéqī
lernen + Frist	学期

我这个学期每星期有 30 节课。-- 你疯了！

Wǒ zhège xuéqī měi xīngqī yǒu sānshí jié kè. -- Nǐ fēng le!

Ich habe in diesem Semester 30 Unterrichtsstunden pro Woche. – Du bist ja verrückt!

27. Schule – 556

Sommerferien	shǔjià
Hitze + Ferien	暑假

这次暑假你来我家玩儿好吗？-- 暑假太热，我寒假去吧。

Zhè cì shǔjià nǐ lái wǒ jiā wánr hǎo ma? -- Shǔjià tài rè, wǒ hánjià qù ba.

Willst du in den kommenden Sommerferien zu meiner Familie kommen? – In den Sommerferien ist es zu heiß. Ich komme lieber in den Winterferien.

27. Schule – 557

Prüfung	kǎoshì
prüfen + testen	考试

汉语水平考试难不难？-- 我觉得相当难。

Hànyǔ Shuǐpíng Kǎoshì nán bu nán? -- Wǒ juéde xiāngdāng nán.

Ist die Prüfung zum Nachweis des chinesischen Sprachniveaus (= HSK) schwer? – Ich finde sie ziemlich schwer.

27. Schule – 558

Hochs.-Aufnahmeprüfung	gāokǎo
hoch + prüfen	高考

那时高考在七月。天气热，又很紧张，个别学生都晕倒了。

Nà shí gāokǎo zài qīyuè. Tiānqì rè, yòu hěn jǐnzhāng, gèbié xuésheng dōu yūn dǎo le.

Damals war die Aufnahmeprüfung zur Hochschule im Juli. Es war so heiß und stressig, dass ein paar Schüler (im Prüfungsraum) in Ohnmacht gefallen sind.

27. Schule – 559

Lehrbuch	kèběn
Unterricht + Buch	课本

小学生的书包也这么沉！ -- 你看，光这些课本就极重。

Xiǎoxuéshēng de shūbāo yě zhème chén! -- Nǐ kàn, guāng zhèxiē kèběn jiù jí zhòng.

Der Schulranzen eines Grundschülers ist auch so schwer! – Schau mal, allein die Lehrbücher haben schon ein großes Gewicht.

27. Schule – 560

Hausaufgabe	zuòyè
tun + Sache	作业

今天晚上的电视里有足球赛。 -- 我作业还没做完呢。

Jīntiān wǎnshang de diànshì lǐ yǒu zúqiú sài. -- Wǒ zuòyè hái méi zuò wán ne.

Heute Abend gibt es im Fernsehen ein Fußballspiel. – Ich habe aber meine Hausaufgaben noch nicht fertig gemacht.

27. Schule – 561

Schulgeld	xuéfèi
lernen + Kosten	学费

老陆认为中小学不该收学费，高等学校可以收一点。

Lǎo Lù rènwéi zhōngxiǎoxué bù gāi shōu xuéfèi, gāoděng xuéxiào kěyǐ shōu yìdiǎn.

Lao Lu meint, dass die Mittel- und Grundschule kein Schulgeld verlangen sollte, aber die Hochschule etwas verlangen darf.

27. Schule – 562

Stipendium	jiǎngxuéjīn
Belohnung + lernen + Gold	奖学金

我得到了去北大学习一年的奖学金。 -- 祝贺你！

Wǒ dé dào le qù Běidà xuéxí yì nián de jiǎngxuéjīn. -- Zhùhè nǐ!

Ich habe ein Stipendium für ein einjähriges Studium an der Beijing-Universität bekommen. – Herzlichen Glückwunsch!

27. Schule – 563

Abschlusszeugnis	wénpíng
Kultur + Beweis	文凭

为了申请出国留学，我得把中学和大学的文凭找出来。

Wèile shēnqǐng chū guó liúxué, wǒ děi bǎ zhōngxué hé dàxué de wénpíng zhǎo chūlai.

Ich muss das Abiturzeugnis und das Studienabschlusszeugnis heraussuchen, um ein Studium im Ausland zu beantragen.

27. Schule – 564

Intellektuelle(r)	zhīshi fènzǐ
wissen + kennen + Teil + Kind	知识分子

知识分子现在的社会地位高了不少，不再是“臭老九”了。

Zhīshi fènzǐ xiànzài de shèhuì dìwèi gāo le bù shǎo, bú zài shì „chòu-lǎojiǔ“ le.

Das Ansehen der Intellektuellen in der (chinesischen) Gesellschaft ist heute erheblich gestiegen. Sie sind jetzt nicht mehr die „stinkende Nummer neun“.

27. Schule – 565

Wissenschaftler	kēxuéjiā
Wissens-gebiet + Fach + Spezialist	科学家
科学家们正在研究怎么样保存兵马俑身上的色彩。	
Kēxuéjiāmen zhèngzài yánjiū zěnmeyàng bǎo-cún bīngmǎyǒng shēn shàng de sècǎi.	
Wissenschaftler sind jetzt dabei, zu erforschen, wie man die Farben am Körper der Terrakotta-Krieger und -Pferde konservieren kann.	

27. Schule – 566

Professor	jiàoshòu
unter-richten + bei-bringen	教授
朱华老教授宝刀不老，讲课时依然那么风趣！	
Zhū Huá lǎo jiàoshòu bǎodāo-bùlǎo, jiǎng kè shí yīrán nàme fēngqù!	
Der alte Professor Zhu Hua ist wie ein nie alternder Zaubersäbel. Seine Vorlesungen sind immer noch so geistreich und humorvoll wie früher!	

27. Schule – 567

Lehrer	lǎoshī
(Vorsil-be) + Lehrer	老师
“三人行，必有我师”这句话是谁说的？-- 是孔子说的。	
„Sān rén xíng, bì yǒu wǒ shī“ zhè jù huà shì shuí shuō de? -- Shì Kǒngzǐ shuō de.	
„Unter drei Menschen gibt es bestimmt einen, den ich als Lehrer nehmen könnte.“ Wer hat diesen Satz gesagt? – Konfuzius.	

27. Schule – 568

Doktor (akad. Titel)	bóshì
umfas-send + geachtete Person	博士
中国的学位分三级：学士、硕士和博士。	
Zhōngguó de xuéwèi fēn sān jí: xuéshì, shuò-shì hé bóshì.	
Es gibt in China drei akademische Grade: den Bachelor-, Master- und Doktor-Titel.	

27. Schule – 569

ausländischer Student	liúxuéshēng
bleiben + lernen + Mensch	留学生
他们是留学生吗？-- 是的，他们是韩国和越南的学生。	
Tāmen shì liúxuéshēng ma? -- Shì de, tāmen shì Hánguó hé Yuènán de xuésheng.	
Sind sie ausländische Studenten? – Ja, sie sind Studenten aus Südkorea und Vietnam.	

27. Schule – 570

Schüler, Student	xuésheng
lernen + Mensch	学生
她是中学生还是大学生？-- 是大学生，都三年级了。	
Tā shì zhōngxuéshēng háishi dàxuéshēng? -- Shì dàxuéshēng, dōu sān niánjí le.	
Ist sie Mittelschülerin oder Studentin? – Studentin, schon im dritten Studienjahr.	

27. Schule – 571

Analphabet	wénmáng
Schrift + blind	文盲
我祖母一代有不少女人没机会上学，成了<u>文盲</u>。	
Wǒ zǔmǔ yí dài yǒu bù shǎo nǚrén méi jīhuì shàng xué, chéng le wénmáng.	
Viele Frauen aus der Generation meiner Großmutter hatten keine Chance, zur Schule zu gehen und sind deswegen Analphabetinnen geblieben.	

28. Büro – 572

Büro	bàngōngshì
erledigen + öffentlich + Zimmer	办公室
你知道他们还在<u>办公室</u>里忙什么？ -- 不知道。都半夜了。	
Nǐ zhīdào tāmen hái zài bàngōngshì lǐ máng shénme? -- Bù zhīdào. Dōu bànyè le.	
Weißt du, woran sie noch im Büro arbeiten? – Keine Ahnung. Es ist schon Mitternacht.	

28. Büro – 573

Computer	diànnǎo
elektrisch + Gehirn	电脑
你的同事都会用<u>电脑</u>吗？ -- 那当然！<u>电脑</u>已经很普遍了。	
Nǐ de tóngshì dōu huì yòng diànnǎo ma? -- Nà dāngrán! Diànnǎo yǐjing hěn pǔbiàn le.	
Können alle deine Kollegen Computer benutzen? – Natürlich! Der Computer ist schon sehr verbreitet.	

28. Büro – 574

Datei	wénjiàn
Schrift + Dokument	文件
下班了，走吧！ -- 等一下！我得先把<u>文件</u>保存起来。	
Xià bān le, zǒu ba! -- Děng yíxià! Wǒ děi xiān bǎ wénjiàn bǎocún qǐlai.	
Schon Feierabend. Gehen wir! – Einen Moment! Ich muss erst noch die Dateien speichern.	

28. Büro – 575

Internet	hùliánwǎng
einander + verbinden + Netz	互联网
有了<u>互联网</u>真方便。 -- 是啊，需要什么信息都可以去查。	
Yǒu le hùliánwǎng zhēn fāngbiàn. -- Shì a, xūyào shénme xìnxī dōu kěyǐ qù chá.	
Mit Hilfe des Internets ist alles sehr bequem. – Das stimmt. Jede Information, die man braucht, kann man dort suchen.	

28. Büro – 576

E-Mail	diànzǐ yóujiàn
Strom + Kind + Post + Stück	电子邮件
发<u>电子邮件</u>比写信省事多了。 -- 而且还特别快。	
Fā diànzǐ yóujiàn bǐ xiě xìn shěng shì duō le.-- Érqiě hái tèbié kuài.	
E-Mails zu schicken ist viel bequemer als Briefe zu schreiben. – Und E-Mails sind dazu noch besonders schnell.	

28. Büro – 577

Drucker	dǎyìnjī
verrichten + drucken + Gerät	打印机

你对这台激光打印机满意吗？-- 很满意，打印质量很好！

Nǐ duì zhè tái jīguāng dǎyìnjī mǎnyì ma? -- Hěn mǎnyì, dǎyìn zhìliàng hěn hǎo!

Bist du mit diesem Laser-Drucker zufrieden? – Ja, sehr. Die Druckqualität ist wunderbar!

28. Büro – 578

Kopiergerät	fùyìnjī
wiederholt + drucken + Gerät	复印机

这台复印机老要卡纸。-- 我也不知道是什么原因。

Zhè tái fùyìnjī lǎo yào kǎ zhǐ. -- Wǒ yě bù zhīdào shì shénme yuányīn.

Das Papier bleibt oft im Kopiergerät stecken. – Ich weiß auch nicht warum.

28. Büro – 579

Schreibwaren	wénjù
Schrift + Gerät	文具

这里的文具真贵。你看这支钢笔要一千块！-- 是金子做的？

Zhèli de wénjù zhēn guì. Nǐ kàn zhè zhī gāngbǐ yào yì qiān Kuài! -- Shì jīnzi zuò de?

Die Schreibwaren hier sind sehr teuer. Schau mal, der Füller kostet 1000 Yuan! – Ist der aus Gold gemacht?

28. Büro – 580

Schreibpinsel	máobǐ
Haar + Schreibgerät	毛笔

写毛笔字的时候不能穿好的衣服。一不小心到处是墨。

Xiě máobǐzì de shíhou bù néng chuān hǎo de yīfu.Yí bù xiǎoxīn dàochù shì mò.

Man kann beim Schreiben mit dem Pinsel keine gute Kleidung tragen. Wenn man nur einmal nicht aufpasst, hat man schon überall Tuscheflecken.

28. Büro – 581

Kugelschreiber	yuánzhūbǐ
rund + Perle + Schreibgerät	圆珠笔

丽丽的姑妈送给丽丽一支有红绿蓝黑四色笔心的圆珠笔。

Lìli de gūmā sòng gěi Lìli yì zhī yǒu hóng lǜ lán hēi sì sè bǐxīn de yuánzhūbǐ.

Lilis Tante (väterlicherseits) hat Lili einen Kugelschreiber mit 4 Minen in den Farben Rot, Grün, Blau und Schwarz geschenkt.

28. Büro – 582

Bleistift	qiānbǐ
Blei + Schreibgerät	铅笔

我很喜欢用铅笔。要是写错了什么，用橡皮一擦就没了。

Wǒ hěn xǐhuan yòng qiānbǐ. Yàoshì xiě cuò le shénme, yòng xiàngpí yì cā jiù méi le.

Ich schreibe gern mit Bleistift. Wenn ich etwas falsch geschrieben habe, brauche ich nur einmal einen Radiergummi und schon ist der Fehler weg.

28. Büro – 583

Papier	zhǐ
–	纸
你会折纸吗？-- 当然会啦！我会折船、折鸟、折猪头。	
Nǐ huì zhé zhǐ ma? -- Dāngrán huì la! Wǒ huì zhé chuán, zhé niǎo, zhé zhūtóu.	
Kannst du Papier falten? – Natürlich! Ich kann aus Papier Boote, Vögel und Schweinsköpfe falten.	

28. Büro – 584

Heft	běnzi
–	本子
那些本子是练毛笔字用的，里边印着红字让人描。	
Nàxiē běnzi shì liàn máobǐzì yòng de, lǐbiān yìn zhe hóng zì ràng rén miáo.	
Die Hefte dort sind zum Üben der Schriftzeichen mit dem Pinsel. Darin sind rote Schriftzeichen zum Übermalen vorgedruckt.	

28. Büro – 585

Ordner	wénjiànjiā
Schrift + Doku-ment + Klammer	文件夹
合同、书信、发票等等都分门别类保存在文件夹里。	
Hétong, shūxìn, fāpiào děngděng dōu fēnménbiélèi bǎocún zài wénjiànjiā lǐ.	
Die Verträge, Briefe, Quittungen usw. werden nach den verschiedenen Kategorien sortiert in den Ordnern aufbewahrt.	

28. Büro – 586

Locher	dǎdòngjī
verrich-ten + Loch + Gerät	打洞机
我们办公室里还缺点什么？-- 还缺打洞机和钉书机。	
Wǒmen bàngōngshì lǐ hái quē diǎn shénme? -- Hái quē dǎdòngjī hé dìngshūjī.	
Fehlt noch was in unserem Büro? – Ja, ein Locher und ein Hefter.	

28. Büro – 587

Tipp-Ex	túgǎiyè
streichen + verbessern + Flüssig-keit	涂改液
涂改液、透明胶带、回形针等中国都有，你不用带。	
Túgǎiyè, tòumíng jiāodài, huíxíngzhēn děng Zhōngguó dōu yǒu, nǐ bú yòng dài.	
Tipp-Ex, Tesafilm, Büroklammern usw. gibt es auch in China. Du brauchst solche Sachen nicht mitzunehmen.	

28. Büro – 588

Sekretär(-in)	mìshū
geheim + schrei-ben	秘书
秘书的工作非常重要。她常常是一个单位的灵魂！	
Mìshū de gōngzuò fēicháng zhòngyào. Tā chángcháng shì yí gè dānwèi de línghún!	
Die Arbeit einer Sekretärin ist sehr wichtig. Sie ist meist der gute Geist einer Arbeitseinheit!	

29. Haus – 589

Haus	fángzi
–	房子

杭州附近有些农民的房子造得像宫殿一样漂亮。

Hángzhōu fùjìn yǒuxiē nóngmín de fángzi zào de xiàng gōngdiàn yíyàng piàoliang.

Die Häuser mancher Bauern in der Nähe von Hangzhou sind so hübsch wie Schlösschen.

29. Haus – 590

Mauer	wéiqiáng
um-schließen + Mauer	围墙

在中国，每个学校和每个工厂都有围墙围起来。

Zài Zhōngguó, měi gè xuéxiào hé měi gè gōngchǎng dōu yǒu wéiqiáng wéi qǐlai.

In China ist jede Schule und jede Fabrik von einer Mauer umgeben.

29. Haus – 591

Hof	yuànzi
–	院子

你们那儿有自行车车棚吗？-- 有，在大楼后边的院子里。

Nǐmen nàr yǒu zìxíngchē chēpéng ma? -- Yǒu, zài dàlóu hòubiān de yuànzi lǐ.

Gibt es bei euch ein Schutzdach für Fahrräder? – Ja, im Hof hinter dem Gebäude.

29. Haus – 592

Dach	fángdǐng
Haus + höchster Punkt	房顶

中国南方旧民居的房顶大都是用黑瓦片盖的。

Zhōngguó nánfāng jiù mínjū de fángdǐng dàdōu shì yòng hēi wǎpiàn gài de.

Die meisten Dächer der alten Wohnhäuser in Südchina sind mit schwarzen Dachziegeln gedeckt.

29. Haus – 593

Keller	dìxiàshì
Boden + unten + Zimmer	地下室

中国城市里的住宅楼一般都没有地下室。

Zhōngguó chéngshì lǐ de zhùzháilóu yìbān dōu méi yǒu dìxiàshì.

Wohnhäuser in chinesischen Städten haben meistens keinen Keller.

29. Haus – 594

Etage, Stockwerk	cénglóu
Schicht + Stock-werk	层楼

这幢大楼有多少层楼？-- 一共十八层。顶楼是咖啡厅。

Zhè zhuàng dàlóu yǒu duōshao cénglóu? -- Yígòng shíbā céng. Dǐnglóu shì kāfēitīng.

Wie viele Etagen hat dieses Hochhaus? – Insgesamt 18. Die oberste Etage ist eine Cafeteria.

29. Haus – 595

Flur, Korridor	zǒuláng
gehen + Korridor	走廊
已经下班了，办公楼长长的<u>走廊</u>上没有一个人影。	
Yǐjing xià bān le, bàngōnglóu chángcháng de zǒuláng shàng méi yǒu yí gè rényǐng.	
Es ist schon Feierabend. In den langen Korridoren des Bürogebäudes sieht man keine Menschenseele mehr.	

29. Haus – 596

Aufzug, Lift	diàntī
Strom + Treppe	电梯
<u>电梯</u>坏了。-- 我的妈呀！这下我得爬十二层楼梯了！	
Diàntī huài le. -- Wǒ de mā ya! Zhèxià wǒ děi pá shí'èr céng lóutī le!	
Der Aufzug ist defekt. – Meine Güte! Ich muss nun zwölf Etagen zu Fuß hinaufgehen!	

29. Haus – 597

Zimmer	fángjiān
Zimmer + Raum	房间
嘿！你的<u>房间</u>布置得真漂亮！-- 我很高兴你也喜欢它。	
Hēi! Nǐ de fángjiān bùzhì de zhēn piàoliang! -- Wǒ hěn gāoxìng nǐ yě xǐhuan tā.	
Hei! Dein Zimmer ist so schön eingerichtet! – Ich bin froh, dass es auch dir gefällt.	

29. Haus – 598

Quadratmeter	píngfāngmǐ
flach + viereckig + Meter	平方米
我家住房有两百多<u>平方米</u>。-- 打扫一遍要累死人了！	
Wǒ jiā zhùfáng yǒu liǎng bǎi duō píngfāngmǐ. -- Dǎsǎo yí biàn yào lèi sǐ rén le!	
Die Wohnung meiner Familie hat mehr als 200 m^2. – Man wird todmüde, wenn man die ganze Wohnung auf einmal putzt!	

29. Haus – 599

Tür, Tor	mén
–	门
以前中国房子的<u>门</u>大都朝南开。-- 这样风水比较好。	
Yǐqián Zhōngguó fángzi de mén dàdōu cháo nán kāi. -- Zhèyàng fēngshuǐ bǐjiào hǎo.	
Die Tür eines chinesischen Hauses war früher oft auf der Südseite. – So ist das Fengshui besser.	

29. Haus – 600

Türklingel	ménlíng
Tür + Klingel	门铃
<u>门铃</u>响了，你们谁去开一下门吧？-- 我去。	
Ménlíng xiǎng le, nǐmen shuí qù kāi yíxià mén ba? -- Wǒ qù.	
Es hat geklingelt. Wer von euch geht bitte mal die Tür öffnen? – Ich gehe.	

29. Haus – 601

Schlüssel	yàoshi
Schlüssel + Löffel	钥匙

这一把是房门钥匙，这一把是防盗门钥匙。请小心别丢了！

Zhè yì bǎ shì fángmén yàoshi, zhè yì bǎ shì fángdàomén yàoshi. Qǐng xiǎoxī bié diū le!

Das ist der Schlüssel für die Wohnungstür und dies ist der Schlüssel für die Schutztür gegen Einbrecher. Bitte pass auf, dass du sie nicht verlierst!

29. Haus – 602

Schloss (Tür)	suǒ
–	锁

一把钥匙开一把锁。

Yì bǎ yàoshi kāi yì bǎ suǒ.

Jedes Schloss lässt sich nur mit dem passenden Schlüssel aufschließen (= Ein bestimmtes Problem bedarf der ihm angemessenen Lösung).

29. Haus – 603

Fenster	chuāngzi
–	窗子

那边窗子上贴着什么？-- 那是表示新婚快乐的双喜字。

Nàbiān chuāngzi shàng tiē zhe shénme? -- Nà shì biǎoshì xīn hūn kuàilè de shuāngxǐ zì.

Was klebt da am Fenster? – Das ist ein Doppelglück-Zeichen, das die große Freude über die neue Ehe symbolisiert.

29. Haus – 604

Wand, Mauer	qiáng
–	墙

隔墙有耳，你说得轻一点！-- 隔壁今天没有人。

Géqiáng-yǒu'ěr, nǐ shuō de qīng yìdiǎn! -- Gébì jīntiān méi yǒu rén.

Die Wände haben Ohren. Sprich etwas leiser! – Nebenan ist heute niemand da.

29. Haus – 605

Fußboden	dìbǎn
Boden + Brett	地板

要是家里来了客人，我们俩总是睡地板，把床让给客人。

Yàoshì jiā lǐ lái le kèrén, wǒmen liǎ zǒngshì shuì dìbǎn, bǎ chuáng ràng gěi kèrén.

Wenn wir zu Hause Besuch haben, dann schlafen wir beide immer auf dem Fußboden und bieten den Gästen unser Bett an.

29. Haus – 606

Zimmerdecke	tiānhuābǎn
Himmel + gemustert + Brett	天花板

你看，天花板上有一大片水迹。-- 一定是屋顶又漏水了！

Nǐ kàn, tiānhuābǎn shàng yǒu yí dà piàn shuǐjī. -- Yídìng shì wūdǐng yòu lòu shuǐ le!

Schau mal, an der Zimmerdecke ist ein großer Wasserfleck. – Bestimmt ist das Dach wieder einmal undicht!

29. Haus – 607

Heizung	nuănqì
(angenehm) warm + Luft	暖气

今天很暖和，暖气可以关掉了。-- 开着吧，夜里很冷。

Jīntiān hěn nuănhuo, nuănqì kěyĭ guān diào le. -- Kāi zhe ba, yè lĭ hěn lěng.

Heute ist es warm. Da kann man die Heizung ausmachen. – Lass sie an! In der Nacht wird es kalt.

29. Haus – 608

Architekt	jiànzhùshī
erbauen + errichten + Meister	建筑师

整个中国象个大工地。建筑师大概很缺吧？-- 是啊！

Zhěng gè Zhōngguó xiàng gè dà gōngdì. Jiànzhùshī dàgài hěn quē ba? -- Shì a!

Ganz China ist wie eine riesengroße Baustelle. Wahrscheinlich fehlt es an Architekten? – Ja, das stimmt!

29. Haus – 609

Wohnheim	sùshè
übernachten + Hütte	宿舍

中国大学生宿舍的房间一般睡几个人？-- 六个到八个人。

Zhōngguó dàxuéshēng sùshè de fángjiān yìbān shuì jĭ gè rén? -- Liù gè dào bā gè rén.

Wie viele Studenten sind allgemein im Zimmer eines chinesischen Studentenwohnheims untergebracht? – Sechs bis acht.

30. Wohnung – 610

Wohnung	zhùfáng
wohnen + Wohnung	住房

史健用分期付款的办法买了一套住房。-- 他得付多少年啊？

Shĭ Jiàn yòng fēn qī fù kuăn de bànfă măi le yí tào zhùfáng. -- Tā děi fù duōshao nián a?

Shi Jian hat eine Wohnung auf Raten gekauft. – Wie viele Jahre muss er abzahlen?

30. Wohnung – 611

Wohnzimmer	kètīng
Gast + Saal	客厅

史健的住房有两室一厅。-- "厅"的意思是"客厅"吧？

Shĭ Jiàn de zhùfáng yŏu liăng shì yì tīng. -- „Tīng“ de yìsi shì „kètīng“ ba?

Shi Jian’s Wohnung hat zwei Zimmer und einen Saal. – Bedeutet das Wort „Saal“ vielleicht das „Wohnzimmer“?

30. Wohnung – 612

Teppich	dìtăn
Boden + Decke	地毯

为什么中国人家里大都不铺地毯？-- 因为地毯搞不干净。

Wèishénme Zhōngguórén jiā lĭ dàdōu bù pū dìtăn? -- Yīnwèi dìtăn găo bu gānjìng.

Warum ist der Boden in den meisten chinesischen Wohnungen nicht mit Teppichen ausgelegt? – Weil der Teppich nicht leicht sauber zu machen ist.

30. Wohnung – 613

Schlafzimmer	wòshì
sich hinlegen + Zimmer	卧室

他的卧室怎么样？-- 卧室不太大，墙上涂了安静的浅绿色。

Tā de wòshì zěnmeyàng? -- Wòshì bú tài dà, qiáng shàng tú le ānjìng de qiǎnlǜ sè.

Wie ist sein Schlafzimmer? – Nicht sehr groß. Die Wände sind in einer ruhigen hellgrünen Farbe gestrichen.

30. Wohnung – 614

Küche	chúfáng
Küche + Zimmer	厨房

厨房很小，但是史健说无所谓，他反正很少做饭。

Chúfáng hěn xiǎo, dànshì Shǐ Jiàn shuō wúsuǒwèi, tā fǎnzhèng hěn shǎo zuò fàn.

Die Küche ist ganz klein. Aber Shi Jian meint, das sei nicht wichtig, er koche sowieso nur selten mal was.

30. Wohnung – 615

Spülbecken	shuǐchí
Wasser + Teich	水池

水池里的玻璃杯已经洗过了，不过还要擦干。

Shuǐchí lǐ de bōlibēi yǐjing xǐ guo le, búguò hái yào cā gān.

Die Gläser in der Spüle sind schon gewaschen, müssen aber noch abgetrocknet werden.

30. Wohnung – 616

Leitungswasser	zìláishuǐ
selbst + kommen + Wasser	自来水

夏天，自来水的供应正常吗？-- 正常，屋顶有水箱。

Xiàtiān, zìláishuǐ de gōngyìng zhèngcháng ma? -- Zhèngcháng, wūdǐng yǒu shuǐxiāng.

Ist die Wasserversorgung im Sommer in Ordnung? – Ja, auf dem Dach ist ein Wasserbehälter.

30. Wohnung – 617

Wasserhahn	shuǐlóngtóu
Wasser + Drache + Kopf	水龙头

水龙头好像没关好？-- 噢，真的，还在滴水！

Shuǐlóngtóu hǎoxiàng méi guān hǎo? -- Ō, zhēn de, hái zài dī shuǐ!

Der Wasserhahn ist vielleicht nicht ganz zugedreht worden? – Ach ja! Er tropft noch!

30. Wohnung – 618

Ablauf, Siphon	xiàshuǐdào
unten + Wasser + Weg	下水道

下水道又不通了。-- 它三天两头要堵，真烦人！

Xiàshuǐdào yòu bù tōng le. -- Tā sāntiān-liǎngtóu yào dǔ, zhēn fánrén!

Der Ablauf ist wieder verstopft. – Er ist zweimal in drei Tagen (= sehr häufig) verstopft. Das ist wirklich lästig!

30. Wohnung – 619

Badezimmer	xǐzǎojiān
waschen + Bad + Raum	洗澡间
史健说，他装修时花钱最多的是洗澡间。	
Shǐ Jiàn shuō, tā zhuāngxiū shí huā qián zuì duō de shì xǐzǎojiān.	
Shi Jian sagt, dass er für die Einrichtung des Badezimmers am meisten Geld ausgegeben habe.	

30. Wohnung – 620

Toilette	cèsuǒ
Abort + Stelle	厕所
中国城市里公共厕所很多，那些新的都比较干净。	
Zhōngguó chéngshì lǐ gōnggòng cèsuǒ hěn duō, nàxiē xīn de dōu bǐjiào gānjìng.	
In den chinesischen Städten gibt es viele öffentliche Toiletten, die neuen davon sind relativ sauber.	

30. Wohnung – 621

Spülklosett	chōushuǐ mǎtǒng
ziehen + Wasser + Pferd + Eimer	抽水马桶
小姐，对不起，抽水马桶没有水。-- 我马上叫人来修！	
Xiǎojie, duìbuqǐ, chōushuǐ mǎtǒng méi yǒu shuǐ. -- Wǒ mǎshang jiào rén lái xiū!	
Fräulein, Entschuldigung, das Spülklosett hat kein Wasser. – Ich schicke Ihnen sofort jemanden zur Reparatur!	

30. Wohnung – 622

Badewanne	yùgāng
baden + Ton- gefäß	浴缸
你没装浴缸吗？-- 没有，我觉得淋浴比浴缸卫生。	
Nǐ méi zhuāng yùgāng ma? -- Méiyǒu, wǒ juéde línyù bǐ yùgāng wèishēng.	
Hast du keine Badewanne? – Nein, ich finde, die Dusche ist hygienischer als die Badewanne.	

30. Wohnung – 623

Balkon	yángtái
Sonne + Terrasse	阳台
你家有阳台吗？-- 有两个。南阳台晒衣服，北阳台堆东西。	
Nǐ jiā yǒu yángtái ma? -- Yǒu liǎng gè. Nán yángtái shài yīfu, běi yángtái duī dōngxi.	
Hat deine Wohnung einen Balkon? – Ja, sogar zwei. Auf dem Südbalkon hängt die Wäsche, auf dem Nordbalkon liegen Sachen herum.	

30. Wohnung – 624

Miete	fángzū
Woh- nung + Miete	房租
我在上海租了一个小公寓房。-- 每月房租要付多少？	
Wǒ zài Shànghǎi zū le yí gè xiǎo gōngyùfáng. -- Měi yuè fángzū yào fù duōshao?	
Ich habe in Shanghai ein kleines Appartement gemietet. – Wie viel Miete musst du im Monat zahlen?	

30. Wohnung – 625

Vermieter	fángdōng
Woh-nung + Eigen-tümer	房东

你常见到你房东吗？ -- 常见到，他住在同一个楼里。

Nǐ cháng jiàn dào nǐ fángdōng ma? -- Cháng jiàn dào, tā zhù zài tóng yí gè lóu lǐ.

Siehst du deinen Vermieter oft? – Ja, er wohnt im gleichen Haus.

30. Wohnung – 626

Möbel	jiājù
Familie + Gebrauchs-gegen-stand	家具

老钟搬家了。现在，不光房子是新的，很多家具也是新的。

Lǎo Zhōng bān jiā le. Xiànzài, bù guāng fángzi shì xīn de, hěn duō jiājù yě shì xīn de.

Lao Zhong ist umgezogen. Nicht nur die Wohnung ist jetzt neu, sondern auch viele Möbel.

30. Wohnung – 627

Bett	chuáng
–	床

搬家前他儿子说：爸，趁这次机会把你的破床扔了吧！

Bān jiā qián tā érzi shuō: Bà, chèn zhè cì jīhuì, bǎ nǐ de pò chuáng rēng le ba!

Vor dem Umzug sagte sein Sohn: Papa, schmeiß besser bei dieser Gelegenheit dein kaputtes Bett weg!

30. Wohnung – 628

Matratze	chuángdiàn
Bett + Polster	床垫

他太太对新床垫特别满意。她说早晨都不想起床了。

Tā tàitai duì xīn chuángdiàn tèbié mǎnyì. Tā shuō zǎochén dōu bù xiǎng qǐ chuáng le.

Seine Frau ist besonders mit der neuen Matratze zufrieden. Sie sagt, dass sie morgens gar nicht mehr aus dem Bett will.

30. Wohnung – 629

Schrank	guìzi
–	柜子

钟家最有意思的家具是一个清代传下来的柜子。

Zhōng jiā zuì yǒuyìsi de jiājù shì yí gè Qīngdài chuán xiàlai de guìzi.

Das interessanteste Möbelstück in Zhongs Wohnung ist der Schrank aus der Qing-Dynastie.

30. Wohnung – 630

Kleiderschrank	yīchú
Kleidung + Schrank	衣橱

每天，老钟女儿打开满满的衣橱就要叫：我没有衣服穿！

Měi tiān, Lǎo Zhōng nǚ'ér dǎ kāi mǎnmǎn de yīchú jiù yào jiào: Wǒ méi yǒu yīfu chuān!

Jeden Tag, wenn Lao Zhongs Tochter ihren vollen Kleiderschrank öffnet, ruft sie: Ich habe nichts zum Anziehen!

30. Wohnung – 631

Bücherregal	shūjià
Buch + Gestell	书架

老钟的书架上除了书还放着很多无锡产的泥娃娃。

Lǎo Zhōng de shūjià shàng chúle shū hái fàng zhe hěn duō Wúxī chǎn de ní wáwa.

In Lao Zhongs Bücherregal stehen außer den Büchern noch viele tönerne Kinderfiguren aus (der Stadt) Wuxi.

30. Wohnung – 632

Tisch	zhuōzi
–	桌子

吃饭以后，老钟对女儿说：我洗碗，你擦桌子吧！

Chī fàn yǐhòu, Lǎo Zhōng duì nǚ'ér shuō: wǒ xǐ wǎn, nǐ cā zhuōzi ba!

Nach dem Essen sagt Lao Zhong zu seiner Tochter: Ich spüle das Geschirr ab und du wischst den Tisch ab!

30. Wohnung – 633

Schreibtisch	xiězìtái
schreiben + Schriftzeichen + Tisch	写字台

你写字台上的东西太多，得整理一下！-- 考试以后再整理。

Nǐ xiězìtái shàng de dōngxi tài duō, děi zhěnglǐ yíxià! -- Kǎoshì yǐhòu zài zhěnglǐ.

Auf deinem Schreibtisch sind zu viele Sachen. Du mußt ihn mal aufräumen! – Erst nach der Prüfung.

30. Wohnung – 634

Schublade	chōuti
heraus-ziehen + Schub-fach	抽屉

妈，新邮票在哪儿？-- 在写字台右边抽屉里。

Mā, xīn yóupiào zài nǎr? -- Zài xiězìtái yòubiān chōuti lǐ.

Mama, wo sind die neuen Briefmarken? – Im Schreibtisch in der rechten Schublade.

30. Wohnung – 635

Sofa	shāfā
(phon.) + (phon.)	沙发

这个沙发挺不错，拉开来还可以当床睡。-- 颜色也很好。

Zhège shāfā tǐng búcuò, lā kāilai hái kěyǐ dāng chuáng shuì. -- Yánsè yě hěn hǎo.

Dieses Sofa ist nicht schlecht. Man kann es ausziehen und als Bett benutzen. – Es hat auch eine schöne Farbe.

30. Wohnung – 636

Stuhl, Sessel	yǐzi
–	椅子

来了很多客人，你快到旁边房间去搬几把椅子过来！

Lái le hěn duō kèrén, nǐ kuài dào pángbiān fángjiān qù bān jǐ bǎ yǐzi guòlai.

Wir haben viele Gäste. Geh mal schnell ins Nebenzimmer und hole einige Stühle herüber!

30. Wohnung – 637

Hocker	dèngzi
–	凳子

椅子没有了，只找到这两张凳子。-- 也行，比没有好。

Yǐzi méi yǒu le, zhǐ zhǎo dào zhè liǎng zhāng dèngzi. -- Yě xíng, bǐ méi yǒu hǎo.

Es gibt keine Stühle mehr. Ich habe nur die beiden Hocker gefunden. – Das geht auch, besser als nichts.

31. Elektrogeräte – 638

Elektrogerät	diànqì
Strom + Gerät	电器

今天谁家里都有不少电器。-- 是啊，离了电没法过日子了！

Jīntiān shuí jiā lǐ dōu yǒu bù shǎo diànqì. -- Shì a, lí le diàn méi fǎ guò rìzi le!

Heutzutage hat jeder Haushalt sehr viele Elektrogeräte. – Ja. Ohne Strom kommt niemand mehr aus!

31. Elektrogeräte – 639

Elektrizität	diàn
–	电

有一年八月，一场台风过去之后，我们市里停了三天电！

Yǒu yì nián bāyuè, yì chǎng táifēng guò qù zhīhòu, wǒmen shì lǐ tíng le sān tiān diàn!

Einmal im August fiel in unserer Stadt der Strom nach einem Taifun drei Tage lang aus!

31. Elektrogeräte – 640

kWh (Haushalt)	dù
(Grad)	度

你家每个月平均要用多少电？-- 大概用 90 度吧。

Nǐ jiā měi gè yuè píngjūn yào yòng duōshao diàn? -- Dàgài yòng jiǔshí dù ba.

Wie viel Strom verbraucht deine Familie monatlich im Durchschnitt? – Etwa 90 Kilowattstunden.

31. Elektrogeräte – 641

Kabel, Leitung	diànxiàn
Strom + Schnur	电线

挂在空中的电线跟蜘蛛网似的。-- 最好都埋到地下去！

Guà zài kōng zhōng de diànxiàn gēn zhīzhū wǎng shìde. -- Zuì hǎo dōu mái dào dì xià qù!

Die in der Luft hängenden Leitungen sind wie Spinnennetze. – Am besten verlegt man sie unterirdisch!

31. Elektrogeräte – 642

Schalter (Strom)	kāiguān
einschalten + ausschalten.	开关

你数过吗，你房间里有多少开关？-- 我估计有三十多个。

Nǐ shǔ guo ma, nǐ fángjiān lǐ yǒu duōshao kāiguān? -- Wǒ gūjì yǒu sānshí duō gè.

Hast du mal gezählt, wie viele Schalter du in deiner Wohnung hast? – Ich schätze etwa über 30.

31. Elektrogeräte – 643

Stecker	chātóu
stecken + Kopf	插头
欧洲电器的插头有时与中国的插座不配套。	
Ōuzhōu diànqì de chātóu yǒushí yǔ Zhōngguó de chāzuò bú pèitào.	
Stecker europäischer Elektrogeräte passen manchmal nicht in chinesische Steckdosen.	

31. Elektrogeräte – 644

Batterie	diànchí
Strom + Teich	电池
我的手表怎么停了？-- 会不会是电池没电了？	
Wǒ de shǒubiǎo zěnme tíng le? -- Huì bu huì shì diànchí méi diàn le?	
Wieso ist meine Uhr stehen geblieben? – Könnte es sein, dass die Batterie leer ist?	

31. Elektrogeräte – 645

elektrisches Licht	diàndēng
Strom + Lampe	电灯
五十年代中国人的愿望是“楼上楼下，电灯电话”。	
Wǔshí niándài Zhōngguórén de yuànwàng shì „Lóu shàng lóu xià, diàndēng diànhuà“.	
In den fünfziger Jahren war der Wunsch der Chinesen: „Überall im Haus elektrisches Licht und ein Telefon zu haben“.	

31. Elektrogeräte – 646

Glühbirne	dēngpào
Lampe + Blase	灯泡
小姐，我要买一个 60 瓦的灯泡。-- 您要不要乳白色的？	
Xiǎojie, wǒ yào mǎi yí gè liùshí wǎ de dēngpào. -- Nín yào bu yào rǔbái sè de?	
Fräulein, ich hätte gerne eine 60-Watt-Birne. – Wollen Sie eine matte Birne?	

31. Elektrogeräte – 647

Fernsehapparat	diànshìjī
Strom + schauen + Gerät	电视机
电视机的图像今天闪烁得很厉害。-- 可能是线路出毛病了。	
Diànshìjī de túxiàng jīntiān shǎnshuò de hěn lìhai. -- Kěnéng shì xiànlù chū máobìng le.	
Das Fernsehbild flimmert heute sehr. – Möglicherweise ist das Kabel defekt.	

31. Elektrogeräte – 648

Antenne	tiānxiàn
Himmel + Garn	天线
今天农村的房顶上还能看到大圆盘的电视天线。	
Jīntiān nóngcūn de fángdǐng shàng hái néng kàn dào dà yuán pán de diànshì tiānxiàn.	
Heute sieht man in Dörfern immer noch große Schüsseln auf den Dächern als Fernsehantennen.	

31. Elektrogeräte – 649

Videorecorder	lùxiàngjī
aufneh-men + Bild + Gerät	录像机

你有两个录像机，帮我转录一部电影，好吗？ -- 行！

Nǐ yǒu liǎng gè lùxiàngjī, bāng wǒ zhuǎn lù yí bù diànyǐng, hǎo ma? -- Xíng!

Du hast zwei Videorecorder. Kannst du für mich einen Film kopieren? – O.K.!

31. Elektrogeräte – 650

DVD-Spieler	yǐngdiéjī
Film + Teller-chen + Gerät	影碟机

看电影太贵，所以影迷们宁可买影碟机，在家里看碟片。

Kàn diànyǐng tài guì, suǒyǐ yǐngmímen nìngkě mǎi yǐngdiéjī, zài jiā lǐ kàn diépiàn.

Ins Kino zu gehen, ist zu teuer. Die Filmfans kaufen lieber einen DVD-Spieler und schauen zu Hause die DVDs an.

31. Elektrogeräte – 651

Radio	shōuyīnjī
empfan-gen + Schall + Gerät	收音机

五十年代，人们结婚时喜欢买手表、收音机和自行车。

Wǔshí niándài, rénmen jié hūn shí xǐhuan mǎi shǒubiǎo, shōuyīnjī hé zìxíngchē.

In den fünfziger Jahren kaufte man zur Hochzeit gerne eine Armbanduhr, ein Radio und ein Fahrrad.

31. Elektrogeräte – 652

Kassettenrecorder	lùyīnjī
aufneh-men + Ton + Gerät	录音机

八十年代初，录音机和立体声音响开始在中国普及。

Bāshí niándài chū, lùyīnjī hé lìtǐshēng yīnxiǎng kāishǐ zài Zhōngguó pǔjí.

Anfang der achtziger Jahre begannen sich Kassettenrecorder und Stereoanlagen in China zu verbreiten.

31. Elektrogeräte – 653

Stereoanlage	yīnxiǎng
Klang + ertönen	音响

今天，音响和数码相机差不多成了结婚必备的东西。

Jīntiān, yīnxiǎng hé shùmǎ xiàngjī chàbuduō chéng le jié hūn bì bèi de dōngxi.

Heute sind Stereoanlage und Digitalkamera fast zur Notwendigkeit für jede Hochzeit geworden.

31. Elektrogeräte – 654

Kopfhörer	ěrjī
Ohr + Gerät	耳机

你看平平的高兴劲儿：一边听着耳机，一边手舞足蹈！

Nǐ kàn Píngping de gāoxìng jìnr: yìbiān tīng zhe ěrjī, yìbiān shǒuwǔ-zúdǎo!

Schau, wie glücklich Pingping ist: den Kopfhörer aufgesetzt, führt sie mit Händen und Füßen Freudentänze auf!

31. Elektrogeräte – 655

Waschmaschine	xǐyījī
waschen + Kleidung + Maschine	洗衣机
家用电器中，我认为洗衣机最好，对我们最有帮助。	
Jiā yòng diànqì zhōng, wǒ rènwéi xǐyījī zuì hǎo, duì wǒmen zuì yǒu bāngzhù.	
Von den elektrischen Haushaltsgeräten finde ich die Waschmaschine am besten. Sie hilft uns am meisten.	

31. Elektrogeräte – 656

Staubsauger	xīchénqì
saugen + Staub + Apparat	吸尘器
贝德说他的一位同事吃起饭来像吸尘器一样快。	
Bèi Dé shuō tā de yí wèi tóngshì chī qǐ fàn lai xiàng xīchénqì yíyàng kuài.	
Bei De sagt, dass einer seiner Kollegen so schnell esse wie ein Staubsauger.	

31. Elektrogeräte – 657

Ventilator	diànfēngshàn
Strom + Wind + Fächer	电风扇
从前电风扇是夏日里的救星。-- 所以每家都有好几台。	
Cóngqián diànfēngshàn shì xià rì lǐ de jiùxīng. -- Suǒyǐ měi jiā dōu yǒu hǎojǐ tái.	
Früher war in den Sommertagen der Ventilator die Rettung. – Daher hatte jede Familie mehrere davon.	

31. Elektrogeräte – 658

Klimaanlage	kōngtiáo
Luft + regulieren	空调
客厅和卧室装了空调很舒服。-- 去厨房就像是去赤道。	
Kètīng hé wòshì zhuāng le kōngtiáo hěn shūfu. -- Qù chúfáng jiù xiàng shì qù chìdào.	
Im Wohn- und Schlafzimmer ist eine Klimaanlage installiert, dort ist es sehr angenehm. – Geht man in die Küche, meint man, man wäre am Äquator.	

31. Elektrogeräte – 659

Kühlschrank	bīngxiāng
Eis + Kasten	冰箱
啤酒已经放进冰箱了吗？-- 两个小时前就放进去了。	
Píjiǔ yǐjing fàng jìn bīngxiāng le ma? -- Liǎng gè xiǎoshí qián jiù fàng jìnqu le.	
Ist das Bier schon im Kühlschrank? – Ja, schon seit zwei Stunden.	

31. Elektrogeräte – 660

Elektroherd	diànlú
Strom + Herd	电炉
有的人做饭喜欢用电炉，你呢？-- 我喜欢用煤气炉。	
Yǒude rén zuò fàn xǐhuan yòng diànlú, nǐ ne? -- Wǒ xǐhuan yòng méiqìlú.	
Manche Leute kochen gerne mit dem Elektroherd. Und du? – Ich benutze lieber einen Gasherd.	

31. Elektrogeräte – 661

Mikrowellenherd	wēibōlú
winzig + Welle + Herd	微波炉

微波炉会破坏食品里的营养吗？-- 我也不知道。

Wēibōlú huì pòhuài shípǐn lǐ de yíngyǎng ma? -- Wǒ yě bù zhīdào.

Werden in der Mikrowelle die Nährstoffe in den Speisen zerstört? – Das weiß ich auch nicht.

31. Elektrogeräte – 662

elektrischer Reiskocher	diànfànguō
Strom + Reis + Kochtopf	电饭锅

我建议你买个电饭锅。用它烧饭不会焦。-- 我已经买了。

Wǒ jiànyì nǐ mǎi gè diànfànguō. Yòng tā shāo fàn bú huì jiāo. -- Wǒ yǐjing mǎi le.

Ich schlage dir vor, einen elektrischen Reiskocher zu kaufen. In dem brennt der Reis nicht an. – Ich habe schon einen gekauft.

31. Elektrogeräte – 663

Backofen	kǎoxiāng
backen + Kasten	烤箱

我昨天买了个电烤箱，想做蛋糕吃。-- 你不是要减肥吗？

Wǒ zuótiān mǎi le gè diàn kǎoxiāng, xiǎng zuò dàngāo chī. -- Nǐ bú shì yào jiǎn féi ma?

Ich habe einen elektrischen Backofen gekauft, um Kuchen zu backen. – Wolltest du denn nicht abnehmen?

31. Elektrogeräte – 664

Elektriker	diàngōng
Strom + Arbeiter	电工

我有个亲戚是电工。我家电器出了毛病就请他来看看。

Wǒ yǒu gè qīnqi shì diàngōng. Wǒ jiā diànqì chū le máobìng jiù qǐng tā lái kànkan.

Ein Verwandter von mir ist Elektriker. Ist bei uns ein Elektrogerät kaputt, bitten wir ihn, herzukommen und das Gerät anzuschauen.

32. Werkzeuge – 665

Werkzeug	gōngjù
Arbeit + Gebrauchsgegenstand	工具

您想了解各种工具的汉语名称吗？去找修车的师傅！

Nín xiǎng liǎojiě gè zhǒng gōngjù de Hànyǔ míngchēng ma? Qù zhǎo xiū chē de shīfu!

Wollen Sie die chinesischen Bezeichnungen für alle Werkzeuge wissen? Dann besuchen Sie einfach einen Kfz-Meister!

32. Werkzeuge – 666

Messer	dāo
–	刀

小强对女朋友说：为了她，他愿意上刀山下火海！

Xiǎo Qiáng duì nǚpéngyou shuō: wèile tā, tā yuànyì shàng dāo shān xià huǒ hǎi!

Xiao Qiang sagt seiner Freundin, dass er bereit sei, für sie auf Berge von Messern zu steigen oder ins Flammenmeer zu springen (= sein Leben riskieren)!

32. Werkzeuge – 667

Schere	jiǎndāo
scheren + Messer	剪刀
张大娘拿起剪刀和纸，三下两下就剪出一只孔雀来。	
Zhāng Dàniáng ná qǐ jiǎndāo hé zhǐ, sānxià-liǎngxià jiù jiǎn chū yì zhī kǒngquè lai.	
Frau Zhang nimmt Schere und Papier in die Hand, und nur dreimal zweimal (= ruck, zuck) hat sie schon einen Pfau ausgeschnitten.	

32. Werkzeuge – 668

Säge	jùzi
–	锯子
枯掉的树枝都得锯掉吧？-- 对，你去把锯子拿来！	
Kū diào de shùzhī dōu děi jù diào ba? -- Duì, nǐ qù bǎ jùzi ná lái!	
Die verdorrten Zweige muss man wahrscheinlich alle absägen, oder? – Ja, richtig. Geh mal die Säge holen!	

32. Werkzeuge – 669

Axt	fǔtou
Axt + (Nachsilbe)	斧头
古林的妻子说古林是木头脑袋，三斧头劈不开的。	
Gǔ Lín de qīzi shuō Gǔ Lín shì mùtou nǎodai, sān fǔtou pī bu kāi de.	
Gu Lins Frau sagt, dass ihr Gatte einen solchen Holzkopf habe, dass man ihn selbst mit 3 Axthieben nicht spalten könnte (= sehr dickköpfig sein).	

32. Werkzeuge – 670

Hammer	lángtou
Hammer + (Nachsilbe)	榔头
只见一个男人手里提着一把榔头，在墙上东敲西敲。	
Zhǐ jiàn yí gè nánrén shǒu lǐ tí zhe yì bǎ lángtou, zài qiáng shàng dōng qiāo xī qiāo.	
Man sah nur einen Mann mit einem Hammer in der Hand die Wand abklopfen.	

32. Werkzeuge – 671

Schraubenzieher	luósīdāo
Schnecke + Seide + Messer	螺丝刀
拆这个书架得要一把螺丝刀。-- 这把大号的可以吗？	
Chāi zhège shūjià děi yào yì bǎ luósīdāo. -- Zhè bǎ dà hào de kěyǐ ma?	
Um dieses Bücherregal abzubauen, braucht man einen Schraubenzieher. – Geht es mit diesem großen?	

32. Werkzeuge – 672

Schlagbohrmaschine	chōngjīzuàn
stürmen + schlagen + Bohrer	冲击钻
水泥墙上钉子钉不进去。-- 我去借一把冲击钻来。	
Shuǐní qiáng shàng dīngzi dìng bu jìnqu. -- Wǒ qù jiè yì bǎ chōngjīzuàn lái.	
In die Betonwand lässt sich kein Nagel einschlagen. – Ich geh mal eine Schlagbohrmaschine leihen.	

32. Werkzeuge – 673

Zange	qiánzi
–	钳子
我们去买把钳子吧？-- 好的，拔钉子、剪铁丝都要用的。	
Wǒmen qù mǎi bǎ qiánzi ba? -- Hǎo de, bá dīngzi, jiǎn tiěsī dōu yào yòng de.	
Kaufen wir eine Zange, was meinst Du? – Gut, zum Nagelziehen oder Drahtschneiden braucht man immer eine Zange.	

32. Werkzeuge – 674

Nagel	dīngzi
–	钉子
马女士为什么把李女士看得像"眼中钉、肉中刺"似的？	
Mǎ Nǚshì wèishénme bǎ Lǐ Nǚschì kàn de xiàng „yǎn zhōng dīng, ròu zhōng cì" shìde?	
Warum ist die Frau Li der Frau Ma ein „Nagel im Auge oder Dorn im Fleisch (= Dorn im Auge)"?	

32. Werkzeuge – 675

Schraube	luósīdīng
Schnecke + Seide + Nagel	螺丝钉
老章有个"百宝箱"。钩子、锉刀、螺丝钉等，什么都有。	
Lǎo Zhāng yǒu gè „bǎi bǎo xiāng". Gōuzi, cuòdāo, luósīdīng děng, shénme dōu yǒu.	
Lao Zhang hat einen „Hundert-Schatz-Kasten". Da drin ist alles Mögliche wie Haken, Feilen, Schrauben usw.	

32. Werkzeuge – 676

Maßband, Lineal	chǐ
–	尺
你有卷尺吗？我想量一下衣服。-- 没有，我只有直尺。	
Nǐ yǒu juǎnchǐ ma? Wǒ xiǎng liáng yíxià yīfu. -- Méi yǒu, wǒ zhǐ yǒu zhíchǐ.	
Hast du ein Maßband? Ich möchte mal das Kleid ausmessen. – Nein, ich habe nur ein Lineal.	

33. Werkstoffe – 677

Werkstoff	cáiliào
Material + Stoff	材料
从古到今，人类使用过许多很不相同的建筑材料。	
Cóng gǔ dào jīn, rénlèi shǐyòng guo xǔduō hěn bù xiāngtóng de jiànzhù cáiliào.	
Vom Altertum bis zur Gegenwart hat die Menschheit sehr viele verschiedene Baumaterialien benutzt.	

33. Werkstoffe – 678

Lehm, Erde	ní
–	泥
长城有些地段是用泥建的，所以年代久远之后就塌了。	
Chángchéng yǒuxiē dìduàn shì yòng ní jiàn de, suǒyǐ niándài jiǔyuǎn zhīhòu jiù tā le.	
Einige Abschnitte der Großen Mauer wurden aus Lehm gebaut, deswegen zerfielen sie nach vielen Jahren.	

33. Werkstoffe – 679

Stein	shítou
Stein + (Nachsilbe)	石头

"搬起石头打自己的脚"！你要小心！

"Bān qǐ shítou dǎ zìjǐ de jiǎo"! Nǐ yào xiǎoxīn!

„Der Stein, den man (gegen jemanden) aufhebt, fällt einem auf die eigenen Füße"! Sei vorsichtig!

33. Werkstoffe – 680

Marmor	dàlǐshí
(Ortsname) + Stein	大理石

为什么这种石头叫大理石？-- 因为云南的大理出产得很多。

Wèishénme zhè zhǒng shítou jiào dàlǐshí? -- Yīnwèi Yúnnán de Dàlǐ chūchǎn de hěn duō.

Warum heißt so ein Stein „Dali"-Stein? – Weil er häufig aus Dali in (der Provinz) Yunnan stammt.

33. Werkstoffe – 681

Zement	shuǐní
Wasser + Lehm	水泥

阿虎，你买水泥干什么？-- 我家的外墙要修了。

Āhǔ, nǐ mǎi shuǐní gàn shénme? -- Wǒ jiā de wàiqiáng yào xiū le.

Ahu, wozu kaufst du Zement? – Die Außenwände meines Hauses müssen mal renoviert werden.

33. Werkstoffe – 682

Ziegelstein	zhuāntou
Ziegel + (Nachsilbe)	砖头

叶家要建新房子了。-- 噢，怪不得运来了许多砖头和沙子。

Yè jiā yào jiàn xīn fángzi le. -- Ō, guàibude yùn lái le xǔduō zhuāntou hé shāzi.

Die Familie Yè wird ein neues Haus bauen. – Ach so, deswegen sind so viele Ziegel und Sand hierher transportiert worden.

33. Werkstoffe – 683

Holz	mùtou
Holz + (Nachsilbe)	木头

你怎么跟木头人儿似的，坐在那里一句话也不说！

Nǐ zěnme gēn mùtou rénr shìde, zuò zài nàli yí jù huà yě bù shuō!

Wieso sitzt du da wie ein Holzkopf und gibst keinen Ton von dir!

33. Werkstoffe – 684

Lack	yóuqī
Öl + Lack	油漆

小孩的床要上油漆吗？-- 要上。最好上天蓝色的。

Xiǎo hái de chuáng yào shàng yóuqī ma? -- Yào shàng, zuì hǎo shàng tiānlán sè de.

Soll das Bett fürs Baby mit Lack angestrichen werden? – Ja. Am besten himmelblau.

33. Werkstoffe – 685

Kalk	shíhuī
Stein + Asche	石灰

阿根用石灰水把猪圈的里里外外都刷了一遍。

Āgēn yòng shíhuīshuǐ bǎ zhūjuàn de lǐlǐ wàiwài dōu shuā le yí biàn.

Agen hat mal die Innen- und Außenwand des Schweinestalls mit Kalkwasser gestrichen.

33. Werkstoffe – 686

Glas (Material)	bōli
(untrennbar)	玻璃

这窗玻璃怎么破了？ -- 是孩子们踢球踢的。

Zhè chuāngbōli zěnme pò le? -- Shì háizimen tī qiú tī de.

Wie ist die Fensterscheibe zerbrochen? – Die Kinder haben Ball gespielt.

33. Werkstoffe – 687

Kunststoff	sùliào
formen + Stoff	塑料

塑料真是一种万能材料。 -- 是啊，几乎哪儿都少不了它！

Sùliào zhēn shì yì zhǒng wànnéng cáiliào. -- Shì a, jīhū nǎr dōu shǎo bu liǎo tā!

Kunststoff ist wirklich ein Universalwerkstoff. – Jawohl, er fehlt fast nirgends!

33. Werkstoffe – 688

Gummi	xiàngjiāo
Kautschukbaum + Leim	橡胶

将来，橡胶会不会完全被塑料取代？ -- 我想不会。

Jiānglái, xiàngjiāo huì bu huì wánquán bèi sùliào qǔdài? -- Wǒ xiǎng bú huì.

Wird Gummi in Zukunft völlig durch Kunststoff ersetzt werden? – Ich glaube nicht.

33. Werkstoffe – 689

Metall	jīnshǔ
Gold + Gattung	金属

我觉得很奇怪：水银不是固体却也算金属？ -- 它正是金属！

Wǒ juéde hěn qíguài: shuǐyín bú shì gùtǐ què yě suàn jīnshǔ? -- Tā zhèng shì jīnshǔ!

Mir kommt es komisch vor: Quecksilber ist zwar kein Festkörper, gehört aber zu den Metallen? – Es ist ja ein Metall!

33. Werkstoffe – 690

Gold	jīn
–	金

你这个周末有空吗？ -- 没空。我姨妈和姨父庆祝金婚呢！

Nǐ zhège zhōumò yǒu kòng ma? -- Méi kòng. Wǒ yímā hé yífu qìngzhù jīnhūn ne!

Hast du am kommenden Wochenende Zeit? – Nein. Meine Tante (mütterlicherseits) und ihr Mann feiern ihre Goldene Hochzeit!

33. Werkstoffe – 691

Silber	yín
–	银
这次比赛我们省的女子排球队得了银杯。-- 祝贺你们！	
Zhè cì bǐsài wǒmen shěng de nǚzǐ páiqiúduì dé le yínbēi. -- Zhùhè nǐmen!	
Beim diesmaligen Wettkampf hat die Frauen-Volleyballmannschaft unserer Provinz einen Silberpokal gewonnen. – Herzlichen Glückwunsch!	

33. Werkstoffe – 692

Stahl	gāng
–	钢
钢都是不锈的吗？-- 不清楚。但是锅子肯定不生锈。	
Gāng dōu shì bú xiù de ma? -- Bù qīngchu. Dànshì guōzi kěndìng bù shēng xiù.	
Ist Stahl immer rostfrei? – Keine Ahnung. Aber Kochtöpfe rosten sicher nicht.	

33. Werkstoffe – 693

Eisen	tiě
–	铁
老应是只一毛不拔的铁公鸡。-- 他真这么小气吗？	
Lǎo Yīng shì zhī yì máo bù bá de tiě gōngjī. -- Tā zhēn zhème xiǎoqi ma?	
Lao Ying ist ein eiserner Hahn, dem kein einziges Haar ausgerupft werden kann (= Geizhals). – Ist er tatsächlich so knauserig?	

33. Werkstoffe – 694

Aluminium	lǚ
–	铝
这些窗框都是铝合金做的吧？-- 对，它们又坚固又美观。	
Zhèxiē chuāngkuāng dōu shì lǚhéjīn zuò de ba? -- Duì, tāmen yòu jiāngù yòu měiguān.	
Sind alle diese Fensterrahmen aus Aluminiumlegierungen gefertigt? – Ja, sie sind sowohl stabil als auch sehr schön.	

33. Werkstoffe – 695

Kupfer	tóng
–	铜
为什么这房子的屋顶是绿的？-- 因为它早先铺了一层铜。	
Wèishénme zhè fángzi de wūdǐng shì lǜ de? -- Yīnwèi tā zǎoxiān pū le yì céng tóng.	
Warum ist das Dach dieses Hauses grün? – Weil es früher mit Kupferblech abgedeckt wurde.	

33. Werkstoffe – 696

Bronze	qīngtóng
grün + Kupfer	青铜
上海博物馆里的青铜展品非常出色！	
Shànghǎi Bówùguǎn lǐ de qīngtóng zhǎnpǐn fēicháng chūsè!	
Die Bronzegegenstände, die im Shanghai Museum ausgestellt sind, sind ausgezeichnet!	

33. Werkstoffe – 697

Kohle	méi
–	煤
烧柴和烧<u>煤</u>的年代早已经过去了。现在都烧煤气了。	
Shāo chái hé shāo méi de niándài zǎo yǐjing guò qù le. Xiànzài dōu shāo méiqì le.	
Die Zeit, wo man mit Holz und Kohle kochte, ist längst vorbei. Jetzt ist Gas weit verbreitet.	

33. Werkstoffe – 698

Tonne (Gewicht)	dūn
–	吨
你买的那批钢管有多重？ -- 五<u>吨</u>。	
Nǐ mǎi de nà pī gāngguǎn yǒu duō zhòng? -- Wǔ dūn.	
Wie schwer sind die Stahlrohre, die du gekauft hast? – Fünf Tonnen.	

33. Werkstoffe – 699

Meter	mǐ
(phon.)	米
请问您有两<u>米</u>以上的竹竿吗？ -- 有，您要粗的还是细的？	
Qǐngwèn nín yǒu liǎng mǐ yǐshàng de zhúgān ma? -- Yǒu, nín yào cū de háishì xì de?	
Entschuldigung, haben Sie Bambusstangen, die länger als zwei Meter sind? – Ja, die haben wir. Wollen Sie dickere oder dünnere haben?	

33. Werkstoffe – 700

Kubikmeter	lìfāngmǐ
stehen + viereckig + (phon.)	立方米
这堆木头正好是一个<u>立方米</u>。 -- 您打算卖多少钱？	
Zhè duī mùtou zhènghǎo shì yí gè lìfāngmǐ. -- Nín dǎsuàn mài duōshao qián?	
Dieser Stapel Holz ist genau ein Kubikmeter. – Wie viel würden Sie dafür verlangen?	

34. Gebrauchsartikel – 701

Gebrauchsartikel	rìyòngpǐn
täglich + benutzen + Erzeugnis	日用品
这儿买东西方便吗？ -- 方便！校园里有个<u>日用品</u>商店。	
Zhèr mǎi dōngxi fāngbiàn ma? -- Fāngbiàn! Xiàoyuán lǐ yǒu gè rìyòngpǐn shāngdiàn.	
Kann man hier in der Nähe schnell was einkaufen? – Ja, sicherlich! Auf dem Campus gibt es einen Laden für den täglichen Bedarf.	

34. Gebrauchsartikel – 702

Gegenstand, Sache	dōngxi
Ost + West	东西
在中国，“你是什么<u>东西</u>！”这个句子是骂人的话。	
Zài Zhōngguó, “Nǐ shì shénme dōngxi!” zhège jùzi shì mà rén de huà.	
In China ist der Satz „Was bist du doch für ein Ding!“ eine Beschimpfung.	

34. Gebrauchsartikel – 703

Fenstervorhang	chuānglián
Fenster + Vorhang	窗帘
对面那一家的窗帘从来不拉开的。-- 可能主人不住在这儿。	
Duìmiàn nà yì jiā de chuānglián cónglái bù lā kāi de. -- Kěnéng zhǔrén bú zhù zài zhèr.	
Die Fenstervorhänge der Wohnung gegenüber werden nie zurückgezogen. – Möglicherweise wohnt der Besitzer gar nicht hier.	

34. Gebrauchsartikel – 704

Tischdecke	zhuōbù
Tisch + Tuch	桌布
我把花瓶碰倒了一下，桌布搞湿了，对不起！-- 没关系！	
Wǒ bǎ huāpíng pèng dǎo le yíxià, zhuōbù gǎo shī le, duìbuqǐ! -- Méi guānxi!	
Ich habe die Vase umgestoßen, dadurch ist die Tischdecke nass geworden. Entschuldigung! – Macht nichts!	

34. Gebrauchsartikel – 705

Kopfkissen	zhěntou
Kopfkissen + (Nachsilbe)	枕头
我爸爸喜欢睡高枕头。他开玩笑说：“高枕无忧！”	
Wǒ bàba xǐhuan shuì gāo zhěntou. Tā kāi wánxiào shuō: “Gāozhěn-wúyōu!”	
Mein Vater legt sich gerne ein dickes Kissen unter den Kopf. Er sagt zum Spaß: „Auf hohen Kopfkissen kann man sorglos schlafen (= sich in Sicherheit wiegen)!“	

34. Gebrauchsartikel – 706

Bettdecke	bèizi
–	被子
明天要来几位客人住我这儿。-- 你需要被子或者毛毯吗？	
Míngtiān yào lái jǐ wèi kèrén zhù wǒ zhèr. -- Nǐ xūyào bèizi huòzhě máotǎn ma?	
Morgen kommen einige Gäste zu mir, die dann auch bei mir übernachten. – Brauchst du vielleicht noch Bettdecken oder Wolldecken?	

34. Gebrauchsartikel – 707

Bettlaken	chuángdān
Bett + großes Tuch	床单
客人走了以后，我把他们用过的床单和被套都洗了一下。	
Kèrén zǒu le yǐhòu, wǒ bǎ tāmen yòng guo de chuángdān hé bèitào dōu xǐ le yíxià.	
Nachdem die Gäste gegangen waren, habe ich die von ihnen benutzten Bettlaken und Bettbezüge gewaschen.	

34. Gebrauchsartikel – 708

Moskitonetz	wénzhàng
Mücke + Zelt	蚊帐
从前，席子与蚊帐是夏天睡觉时用的重要东西。	
Cóngqián, xízi yǔ wénzhàng shì xiàtiān shuìjiào shí yòng de zhòngyào dōngxi.	
Früher waren Matten und Moskitonetze ganz wichtige Dinge, um im Sommer gut zu schlafen.	

34. Gebrauchsartikel – 709

Topf (Kochen)	guōzi
–	锅子

做饭用的大小锅子，包括炒菜锅和平底锅，都叫“锅”。

Zuò fàn yòng de dà xiǎo guōzi, bāokuò chǎocàiguō hé píngdǐguō, dōu jiào “guō”.

Die großen und kleinen Töpfe, die man zum Kochen verwendet, einschließlich des Woks und der Pfanne, heißen alle „Topf“.

34. Gebrauchsartikel – 710

Feuertopf, Fondue	huǒguō
Feuer + Topf	火锅

到了中国，你一定要跟中国人一起去吃一次很辣的火锅！

Dào le Zhōngguó, nǐ yídìng yào gēn Zhōngguórén yìqǐ qù chī yí cì hěn là de huǒguō!

In China solltest du unbedingt mit Chinesen zusammen einen sehr scharfen Feuertopf probieren!

34. Gebrauchsartikel – 711

Thermosflasche	rèshuǐpíng
warm + Wasser + Flasche	热水瓶

中国人爱喝开水和茶。-- 所以每家都有很多热水瓶。

Zhōngguórén ài hē kāishuǐ hé chá. -- Suǒyǐ měi jiā dōu yǒu hěn duō rèshuǐpíng.

Chinesen trinken gerne abgekochtes Wasser und Tee. – Deshalb hat jede Familie viele Thermosflaschen.

34. Gebrauchsartikel – 712

Küchenbeil	càidāo
Gemüse + Messer	菜刀

欧洲人初次看见中国的菜刀都会吓一跳：这么大的刀！

Ōuzhōurén chūcì kàn jiàn Zhōngguó de càidāo dōu huì xià yí tiào: Zhème dà de dāo!

Jeder Europäer, der zum ersten Mal ein chinesisches Küchenbeil sieht, erschrickt über so ein großes Messer!

34. Gebrauchsartikel – 713

Zahnbürste	yáshuā
Zahn + Bürste	牙刷

贝德不肯借我牙刷。他说女朋友和牙刷都是不能出借的！

Bèi Dé bù kěn jiè wǒ yáshuā. Tā shuō nǚpéngyou hé yáshuā dōu shì bù néng chūjiè de!

Bei De will mir seine Zahnbürste nicht ausleihen. Er sagt, die Freundin und die Zahnbürste verleiht man nicht!

34. Gebrauchsartikel – 714

Zahnpasta	yágāo
Zahn + Paste	牙膏

牙膏、牙签、剃须刀、护肤霜都装进箱子了吗？-- 当然！

Yágāo, yáqiān, tìxūdāo, hùfūshuāng dōu zhuāng jìn xiāngzi le ma? -- Dāngrán!

Sind Zahnpasta, Zahnstocher, Rasierapparat und Hautcreme schon im Koffer? – Natürlich!

34. Gebrauchsartikel – 715

Kamm	shūzi
–	梳子
男人秃顶很帅！-- 也很方便：不需要梳子了！	
Nánrén tū dǐng hěn shuài! -- Yě hěn fāngbiàn: Bù xūyào shūzi le!	
Ein Mann mit Glatze ist schick! – Eine Glatze zu haben, ist auch sehr praktisch: Man braucht keinen Kamm mehr!	

34. Gebrauchsartikel – 716

Spiegel	jìngzi
–	镜子
你衬衫纽扣没扣好，去照一下镜子吧！-- 啊，真的扣错了！	
Nǐ chènshān niǔkòu méi kòu hǎo, qù zhào yíxià jìngzi ba! -- À, zhēnde kòu cuò le!	
Du hast dein Hemd nicht richtig zugeknöpft. Schau mal in den Spiegel! – Ach, wirklich falsch geknöpft!	

34. Gebrauchsartikel – 717

Sonnencreme	fángshàishuāng
vorbeugen + sonnen + Creme	防晒霜
今天太阳好厉害！-- 是啊，要抹一点儿防晒霜。	
Jīntiān tàiyáng hǎo lìhai! -- Shì a, yào mǒ yìdiǎnr fángshàishuāng.	
Die Sonne ist heute ganz stark! – Ja, wir müssen etwas Sonnencreme auftragen.	

34. Gebrauchsartikel – 718

Seife	féizào
fett + Seife	肥皂
便宜的旅馆不提供肥皂、洗发水和沐浴液，你得自己带上！	
Piányi de lǚguǎn bù tígōng féizào, xǐfàshuǐ hé mùyùyè, nǐ děi zìjǐ dài shàng!	
In einem billigen Hotel werden keine Seife, kein Shampoo und kein Duschgel angeboten. Das musst du selbst mitbringen!	

34. Gebrauchsartikel – 719

Waschpulver	xǐyīfěn
waschen + Kleidung + Pulver	洗衣粉
用这种洗衣粉洗过的衣服有股柠檬味儿。-- 我们再买一包！	
Yòng zhè zhǒng xǐyīfěn xǐ guo de yīfu yǒu gǔ níngméng wèir. -- Wǒmen zài mǎi yì bāo!	
Die Wäsche, die mit diesem Waschpulver gewaschen ist, duftet nach Zitrone. – Kaufen wir noch eine Packung!	

34. Gebrauchsartikel – 720

Handtuch	máojīn
Feder + Tuch	毛巾
在中国，毛巾用得很多，而大的浴巾还不太普及。	
Zài Zhōngguó, máojīn yòng de hěn duō, ér dà de yùjīn hái bú tài pǔjí.	
In China wird das Handtuch sehr viel benutzt, während das große Badetuch noch nicht so verbreitet ist.	

34. Gebrauchsartikel – 721

Taschentuch	shǒupà
Hand + Taschen- tuch	手帕

您有手帕吗？-- 有，布手帕和纸巾我们都有。

Nín yǒu shǒupà ma? -- Yǒu, bù shǒupà hé zhǐjīn wǒmen dōu yǒu.

Haben Sie Taschentücher? – Ja. Wir haben Stofftaschentücher und Papiertaschentücher.

34. Gebrauchsartikel – 722

Toilettenpapier	wèishēngzhǐ
schützen + Leben + Papier	卫生纸

我旅行的时候身边总带着一卷卫生纸。-- 我也是这样。

Wǒ lǚxíng de shíhou shēn biān zǒng dài zhe yì juǎn wèishēngzhǐ. -- Wǒ yě shì zhèyàng.

Auf eine Reise nehme ich immer eine Rolle Toilettenpapier mit. – Ich mache das auch.

34. Gebrauchsartikel – 723

Bürste	shuāzi
–	刷子

哪一把刷子是擦皮鞋的？-- 那把黑的软刷子。

Nǎ yì bǎ shuāzi shì cā píxié de? -- Nà bǎ hēi de ruǎn shuāzi.

Welche Bürste ist zum Putzen der Lederschuhe? – Die weiche schwarze da.

34. Gebrauchsartikel – 724

Wassereimer	shuǐtǒng
Wasser + Eimer	水桶

小民，你有没有拿过小水桶？-- 弟弟拿去钓鱼了。

Xiǎomín, nǐ yǒu mei yǒu ná guo xiǎo shuǐtǒng? -- Dìdi ná qù diào yú le.

Xiaomin, hast du den kleinen Wassereimer weggetan? – Mein kleiner Bruder hat ihn zum Angeln mitgenommen.

34. Gebrauchsartikel – 725

Putzlappen	mābù
putzen + Tuch	抹布

我听说电器用品不可以用湿的抹布去擦，是吗？

Wǒ tīngshuō diànqì yòngpǐn bù kěyǐ yòng shī de mābù qù cā, shì ma?

Ich habe gehört, dass man Elektrogeräte nicht mit einem nassen Putzlappen putzen sollte. Stimmt das?

34. Gebrauchsartikel – 726

Besen	sàozhou
kehren + Besen	扫帚

“扫帚不到，灰尘不会自己跑掉。” -- 你当时是“扫帚“吗？

“Sàozhou bú dào, huīchén bú huì zìjǐ pǎo diào.” -- Nǐ dāngshí shì “sàozhou” ma?

„Wo der Besen (= revolutionäre Kräfte) nicht hinkommt, läuft der Staub (= Reaktionäre) nicht von selbst weg.“ – Warst du damals ein „Besen“?

34. Gebrauchsartikel – 727

Bügeleisen | yùndǒu

bügeln + schef-felförmi-ger Ge-genstand

熨斗

熨斗是我姑妈的命根子。从枕头套到短袜，她什么都熨！

Yùndǒu shì wǒ gūmā de mìng-gēnzi. Cóng zhěntoutào dào duǎnwà, tā shénme dōu yùn!

Das Bügeleisen ist die Wurzel des Lebens (= ein und alles) meiner Tante (väterlicherseits). Von Kopfkissenbezügen bis zu Socken bügelt sie alles!

34. Gebrauchsartikel – 728

Handtasche | shǒutíbāo

Hand + tragen + Tasche

手提包

珍玉说她心情不好就买包。-- 怪不得她有那么多手提包！

Zhēnyù shuō tā xīnqíng bù hǎo jiù mǎi bāo. -- Guàibude tā yǒu nàme duō shǒutíbāo!

Zhenyu sagt, dass sie immer eine Tasche kauft, wenn sie schlechte Laune hat. – Kein Wunder, dass sie so viele Handtaschen hat!

34. Gebrauchsartikel – 729

Korb | lánzi

–

篮子

你知道外婆的篮子里有什么东西吗？-- 我知道，有只猫！

Nǐ zhīdào wàipó de lánzi lǐ yǒu shénme dōngxi ma? -- Wǒ zhīdào, yǒu zhī māo!

Weißt du, was im Korb der Oma (mütterlicherseits) liegt? – Ich weiß es. Da ist eine Katze drin!

34. Gebrauchsartikel – 730

Plastikbeutel | sùliàodài

formen + Stoff + Beutel

塑料袋

不管是买进东西还是扔出垃圾，人们都要用到塑料袋。

Bù guǎn shì mǎi jìn dōngxi háishì rēng chū lājī, rénmen dōu yào yòng dào sùliàodài.

Egal, ob man etwas einkauft oder Abfälle wegschmeißt, man braucht immer Plastikbeutel.

34. Gebrauchsartikel – 731

Schnur, Seil | shéngzi

–

绳子

登山时常要用到很长的绳子。

Dēng shān shí cháng yào yòng dào hěn cháng de shéngzi.

Zum Klettern im Gebirge benötigt man häufig sehr lange Seile.

34. Gebrauchsartikel – 732

Aschenbecher | yānhuīgāng

Zigarette + Asche + Tongefäß

烟灰缸

你有烟灰缸吗？-- 有。我还有打火机、火柴、烟斗和烟草！

Nǐ yǒu yānhuīgāng ma? -- Yǒu. Wǒ hái yǒu dǎhuǒjī, huǒchái, yāndǒu hé yāncǎo!

Hast du einen Aschenbecher? – Ja. Ich habe auch Feuerzeug, Streichhölzer, Pfeife und Tabak!

35. Restaurant – 733

Restaurant fànguǎn

Essen + Halle

饭馆

在北京有日本饭馆吗？-- 有啊！还有很多别的外国饭馆。

Zài Běijīng yǒu Rìběn fànguǎn ma? -- Yǒu a! Hái yǒu hěn duō biéde wàiguó fànguǎn.

Gibt es in Beijing auch japanische Restaurants? – Ja! Und auch noch viele andere ausländische Restaurants.

35. Restaurant – 734

Wirtshaus jiǔjiā

Alkohol + Familie

酒家

除了“饭馆”，汉语里还有“饭店”、“酒家”等很多词。

Chúle „fànguǎn“, Hànyǔ lǐ hái yǒu „fàndiàn“, „jiǔjiā“ děng hěn duō cí.

Außer „fanguan“ gibt es in der chinesischen Sprache noch zahlreiche andere Wörter (für „Restaurant“) wie „fandian (= Gaststätte)“, „jiujia (= Wirtshaus)“ usw.

35. Restaurant – 735

Speisesaal cāntīng

Mahlzeit + Saal

餐厅

庄喜暖晚上常去“友谊宾馆”的餐厅弹钢琴。

Zhuāng Xǐnuǎn wǎnshang cháng qù „Yǒuyì Bīnguǎn“ de cāntīng tán gāngqín.

Zhuang Xinuan geht abends oft in den Speisesaal des „Freundschaftshotels“ zum Klavierspielen.

35. Restaurant – 736

Mensa shítáng

speisen + Halle

食堂

我曾经在一个佛学院的学生食堂吃过饭。那儿都吃素。

Wǒ céngjīng zài yí gè fóxuéyuàn de xuésheng shítáng chī guo fàn. Nàr dōu chī sù.

Ich habe einmal in der Mensa einer buddhistischen Hochschule gegessen. Dort gibt es nur vegetarische Gerichte.

35. Restaurant – 737

Teehaus chálóu

Tee + Gebäude

茶楼

坐在杭州西湖边的茶楼里，边喝茶边看风景，非常舒服！

Zuò zài Hángzhōu Xīhú biān de chálóu lǐ, biān hē chá biān kàn fēngjǐng, fēicháng shūfu!

In einem Teehaus am Westsee in Hangzhou zu sitzen, Tee zu trinken und dabei die Landschaft zu betrachten, ist sehr gemütlich!

35. Restaurant – 738

Café kāfēiguǎn

(phon.) + (phon.) + Halle

咖啡馆

十年前中国的咖啡馆还极少，最近忽然多起来了。

Shí nián qián Zhōngguó de kāfēiguǎn hái jí shǎo, zuìjìn hūrán duō qǐlai le.

Vor zehn Jahren gab es in China nur ganz wenige Cafés. In letzter Zeit sind es plötzlich viel mehr geworden.

35. Restaurant – 739

westliche Küche	xīcān
West + Mahlzeit	西餐
中国五星级饭店都有西餐厅和中餐厅，供人选择。	
Zhōngguó wǔxīngjí fàndiàn dōu yǒu xīcāntīng hé zhōngcāntīng, gōng rén xuǎnzé.	
In einem 5-Sterne-Hotel in China gibt es zur Auswahl immer einen Speisesaal mit westlicher und einen mit chinesischer Küche.	

35. Restaurant – 740

Essen; gekochter Reis	fàn
–	饭
饭来张口，衣来伸手。	
Fàn lái zhāng kǒu, yī lái shēn shǒu.	
Ist Essen da, sperrt man den Mund auf; ist Kleidung da, streckt man die Hand aus (= ein Leben wie im Schlaraffenland).	

35. Restaurant – 741

Abendessen	wǎnfàn
Abend + Essen	晚饭
中国人说：早饭吃得饱，中饭吃得好，晚饭吃得少！	
Zhōngguórén shuō: Zǎofàn chī de bǎo, zhōngfàn chī de hǎo, wǎnfàn chī de shǎo!	
Chinesen sagen: Zum Frühstück esse man sich satt, zu Mittag esse man gut, zu Abend esse man wenig!	

35. Restaurant – 742

Bankett	yànhuì
Bankett + Treffen	宴会
自从当了县长，他几乎天天晚上都有宴会，不在家吃了！	
Zìcóng dāng le xiànzhǎng, tā jīhū tiāntiān wǎnshang dōu yǒu yànhuì, bú zài jiā chī le!	
Seit er Kreisvorsteher geworden ist, geht er fast jeden Abend zu einem Bankett und isst nicht mehr zu Hause!	

35. Restaurant – 743

Selbstbedienung (Essen)	zìzhùcān
selbst + helfen + Mahlzeit	自助餐
吃自助餐挺方便的。-- 是啊，取来爱吃的东西马上就能吃！	
Chī zìzhùcān tǐng fāngbiàn de. -- Shì a, qǔ lai ài chī de dōngxi mǎshàng jiù néng chī!	
Selbstbedienung ist einfach und bequem. – Ja, man holt sich etwas, was man gerne mag, und kann es dann sofort essen!	

35. Restaurant – 744

Vorspeise (kalt)	lěngpén
kalt + Teller	冷盆
哥哥的喜筵很丰盛，每桌都上了八个冷盆、八个热炒。	
Gēge de xǐyán hěn fēngshèng, měi zhuō dōu shàng le bā gè lěngpén, bā gè rèchǎo.	
Das Hochzeitsmahl meines älteren Bruders war sehr üppig. Auf jeden Tisch kamen acht (kalte) Vorspeisen und acht (warme) Hauptgerichte.	

35. Restaurant – 745

Gericht (Essen)	cài
–	菜

您点的四菜一汤已经上齐了，请慢用！-- 谢谢！

Nín diǎn de sì cài yì tāng yǐjing shàng qí le, qǐng màn yòng! -- Xièxie!

Hier sind die vier Gerichte und die Suppe, die Sie bestellt haben. Bitte essen Sie langsam (= guten Appetit)! – Danke schön!

35. Restaurant – 746

gekochter Reis	mǐfàn
ungekoch-ter Reis + gekoch-ter Reis	米饭

中国人煮米饭只加水。听说欧洲人还要加牛奶或盐。

Zhōngguórén zhǔ mǐfàn zhǐ jiā shuǐ. Tīngshuō Ōuzhōurén hái yào jiā niúnǎi huò yán.

Chinesen kochen Reis nur mit Wasser. Ich habe gehört, dass Europäer zum Reis noch Milch oder Salz dazu geben.

35. Restaurant – 747

Reissuppe	zhōu
–	粥

彼得，中国人生了病常想喝点热粥，欧洲人呢？

Bǐdé, Zhōngguórén shēng le bìng cháng xiǎng hē diǎn rè zhōu, Ōuzhōurén ne?

Peter, wenn ein Chinese krank geworden ist, wünscht er sich oft eine heiße Reissuppe. Was wünscht sich denn ein Europäer?

35. Restaurant – 748

Nudel	miàntiáo
Mehl + Streifen	面条

有人说著名的意大利面条是马可·波罗从中国学去的。

Yǒurén shuō zhùmíng de Yìdàlì miàntiáo shì Mǎkě Bōluó cóng Zhōngguó xué qù de.

Die berühmten italienischen Spaghetti sollen von Marco Polo aus China nach Italien gebracht worden sein.

35. Restaurant – 749

chin. Maultasche	jiǎozi
–	饺子

你知道“饺子大王店”吗？-- 知道，那儿有三十多种饺子！

Nǐ zhīdào „Jiǎozi Dàwáng Diàn“ ma? -- Zhīdào, nàr yǒu sānshí duō zhǒng jiǎozi!

Kennst du das Lokal „Jiaozi-König“? – Ja, da gibt es mehr als 30 Sorten Jiaozi!

35. Restaurant – 750

chin. Dampfnudel	mántou
Dampf-nudel + (Nach-silbe)	馒头

我念大学的时候，食堂每天早晨供应馒头、粥和玉米糊。

Wǒ niàn dàxué de shíhou, shítáng měi tiān zǎochén gōngyìng mántou, zhōu hé yùmǐhú.

In meiner Studienzeit gab es in der Mensa jeden Morgen Dampfnudeln, Reissuppe und Polenta.

35. Restaurant – 751

chin. Hefekloß	bāozi
(wickeln)	包子

中国的包子有肉、菜、豆沙等不同的馅子，都很好吃。

Zhōngguó de bāozi yǒu ròu, cài, dòushā děng bùtóng de xiànzi, dōu hěn hǎochī.

Es gibt chinesische Hefeklöße mit verschiedenen Füllungen wie Fleisch, Gemüse oder süßer Bohnenpaste. Sie sind alle ausgesprochen lecker.

35. Restaurant – 752

Brot	miànbāo
Mehl + wickeln	面包

你来中国一年了，很想吃德国的什么东西？-- 黑面包。

Nǐ lái Zhōngguó yì nián le, hěn xiǎng chī Déguó de shénme dōngxi? -- Hēimiànbāo.

Du bist schon seit einem Jahr in China. Was vermisst du von dem deutschen Essen am meisten? – Das Schwarzbrot.

35. Restaurant – 753

Hamburger	hànbǎobāo
(phon.) + (phon.) + wickeln	汉堡包

风行全世界的麦当劳饭店里，最畅销的是汉堡包！

Fēngxíng quán shìjiè de Màidāngláo Fàndiàn lǐ, zuì chàngxiāo de shì hànbǎobāo!

In den McDonald's-Restaurants auf der ganzen Welt sind Hamburger das gängigste Gericht!

35. Restaurant – 754

Pizza	bǐsàbǐng
(phon.) + (phon.) + flacher Kuchen	比萨饼

中国的大城市里现在也有比萨饼饭店，生意都极好！

Zhōngguó de dà chéngshì lǐ xiànzài yě yǒu bǐsàbǐng fàndiàn, shēngyi dōu jí hǎo!

In den chinesischen Großstädten gibt es neuerdings auch Pizzerias. Das Geschäft läuft überall sehr gut!

35. Restaurant – 755

Suppe	tāng
–	汤

先来的吃肉，后来的喝汤。

Xiān lái de chī ròu, hòu lái de hē tāng.

Wer zuerst kommt, isst Fleisch, wer später kommt, trinkt Suppe (= Wer zu spät kommt, hat das Nachsehen).

35. Restaurant – 756

sauer-scharfe Suppe	suānlàtāng
sauer + scharf + Suppe	酸辣汤

做酸辣汤时，醋要放得正好！-- 对！一般都放得太少。

Zuò suānlàtāng shí, cù yào fàng de zhèng hǎo! -- Duì! Yìbān dōu fàng de tài shǎo.

Bei der Zubereitung einer sauer-scharfen Suppe muss man auf eine richtige Menge Essig aufpassen. – Richtig! Meist wird zu wenig Essig hineingetan.

35. Restaurant – 757

Wantan-Suppe — húntun

(untrenn-bar)

馄饨

馄饨是中国人很喜欢吃的东西。欧洲中餐馆里都有。

Húntun shì Zhōngguórén hěn xǐhuan chī de dōngxi. Ōuzhōu zhōngcānguǎn lǐ dōu yǒu.

Die Wantan-Suppe ist bei den Chinesen sehr beliebt. In allen chinesischen Restaurants in Europa gibt es sie auch.

35. Restaurant – 758

Nachtisch — fànhòu tiándiǎn

Essen + danach + süß + etwas

饭后甜点

从前中国饭最后一道上桌的是汤，没有饭后甜点。

Cóngqián Zhōngguó fàn zuìhòu yí dào shàng zhuō de shì tāng, méi yǒu fànhòu tiándiǎn.

Früher war der letzte Gang bei einem chinesischen Essen die Suppe. Es gab keinen Nachtisch.

35. Restaurant – 759

Kuchen — dàngāo

Ei + Kuchen

蛋糕

我在日本的时候用豆腐代替奶酪做了一回奶酪蛋糕。不错！

Wǒ zài Rìběn de shíhou yòng dòufu dàitì nǎilào zuò le yì huí nǎilào dàngāo. Búcuò!

Als ich in Japan war, habe ich einmal einen Käsekuchen mit Tofu anstatt mit Käse gemacht. War gar nicht schlecht!

35. Restaurant – 760

Imbiss, Dimsum — diǎnxin

etwas + Herz

点心

中国的点心我很爱吃！-- 特别是广东的早茶，很有特色。

Zhōngguó de diǎnxin wǒ hěn ài chī. -- Tèbié shì Guǎngdōng de zǎochá, hěn yǒutèsè.

Ich liebe chinesische Snacks! – Besonders die zum kantonesischen Frühstück. Sie sind etwas ganz Besonderes.

35. Restaurant – 761

Speisekarte — càidān

Gericht + Karte

菜单

老板，来吃饭的外国人很多，建议您搞一个英文的菜单。

Lǎobǎn, lái chī fàn de wàiguórén hěn duō, jiànyì nín gǎo yí gè Yīngwén de càidān.

Herr Wirt, in Ihr Restaurant kommen sehr viele Ausländer zum Essen. Ich schlage Ihnen vor, eine englischsprachige Speisekarte anzubieten.

35. Restaurant – 762

Teller — pánzi

–

盘子

这些明代的盘子真美！-- 今天还生产这类瓷器吗？

Zhèxiē Míngdài de pánzi zhēn měi! -- Jīntiān hái shēngchǎn zhè lèi cíqì ma?

Diese Teller aus der Ming-Dynastie sind wunderschön! – Stellt man auch heute noch solches Porzellan her?

35. Restaurant – 763

Schale, Schüssel	wǎn
–	碗
从前许多人家春节前买新饭碗，是希望明年再添孩子。	
Cóngqián xǔduō rénjiā Chūnjié qián mǎi xīn fànwǎn, shì xīwàng míngnián zài tiān háizi.	
Früher kauften viele (chinesische) Familien vor dem Frühlingsfest neue Reisschalen in der Hoffnung auf weitere Kinder im neuen Jahr.	

35. Restaurant – 764

Essstäbchen	kuàizi
–	筷子
中国孩子什么时候开始用筷子吃饭？-- 三、四岁吧。	
Zhōngguó háizi shénme shíhou kāishǐ yòng kuàizi chī fàn? -- Sān, sì suì ba.	
Ab wann benutzen chinesische Kinder Essstäbchen zum Essen? – Etwa mit drei oder vier Jahren.	

35. Restaurant – 765

Löffel	tiáogēng
mischen + dicke Suppe	调羹
西式的不锈钢调羹摔不坏，比中国的瓷调羹经用。	
Xīshì de búxiùgāng tiáogēng shuāi bu huài, bǐ Zhōngguó de cí tiáogēng jīng yòng.	
Westliche Löffel aus Edelstahl gehen nicht kaputt, daher sind sie langlebiger als chinesische Porzellan-Löffel.	

35. Restaurant – 766

Gabel	chāzi
–	叉子
鲁迪，德国人吃饭是用右手还是用左手拿叉子？ -- 左手。	
Lǔdí, Déguórén chī fàn shì yòng yòu shǒu háishì yòng zuǒ shǒu ná chāzi? -- Zuǒ shǒu.	
Rudi, hält man in Deutschland beim Essen die Gabel in der rechten oder in der linken Hand? – In der linken Hand.	

35. Restaurant – 767

Serviette	cānjīn
Mahlzeit + Tuch	餐巾
折叠成不同花样的彩色的餐巾把餐厅布置得很漂亮。	
Zhédié chéng bùtóng huāyàng de cǎisè de cānjīn bǎ cāntīng bùzhì de hěn piàoliang.	
Der Speisesaal wurde durch bunte Servietten, die zu verschiedenen Mustern gefaltet waren, sehr schön geschmückt.	

35. Restaurant – 768

Koch	chúshī
Küche + Meister	厨师
林是厨师，喜欢旅游。他每两年就换一个新的国家工作。	
Lín shì chúshī, xǐhuan lǚyóu. Tā měi liǎng nián jiù huàn yí gè xīn de guójiā gōngzuò.	
Lin ist Koch und reist sehr gern. Alle zwei Jahre geht er in ein anderes Land, um dort zu arbeiten.	

35. Restaurant – 769

Ober, Kellnerin	fúwùyuán
leisten + Dienst + Mitglied	服务员

不少饭店门口都有服务员对每位客人说“欢迎光临！”

Bù shǎo fàndiàn ménkǒu dōu yǒu fúwùyuán duì měi wèi kèrén shuō „Huānyíng guānglín!“

Am Eingang vieler (chinesischer) Restaurants steht eine Kellnerin, die jeden Gast mit „Herzlich willkommen!“ begrüßt.

35. Restaurant – 770

Trinkgeld	xiǎofèi
klein + Gebühr	小费

在中国，饭馆里要给小费吗？-- 不用给。

Zài Zhōngguó, fànguǎn lǐ yào gěi xiǎofèi ma? -- Bú yòng gěi.

Muss man in China im Restaurant Trinkgeld geben? – Nein, das ist nicht nötig.

36. Fleisch und Fisch – 771

Fleisch	ròu
–	肉

猪肉里有抗菌素，牛肉里有疯牛病。今天还能吃什么肉？

Zhūròu lǐ yǒu kàngjūnsù, niúròu lǐ yǒu fēngniúbìng. Jīntiān hái néng chī shénme ròu?

Im Schweinefleisch sind Antibiotika, im Rindfleisch sind BSE-Erreger. Welches Fleisch kann man heute noch (ohne Risiko) essen?

36. Fleisch und Fisch – 772

Wurst	xiāngcháng
duftend + Darm	香肠

您去看望中国朋友时，可以带些欧洲香肠作为礼物。

Nín qù kànwàng Zhōngguó péngyou shí, kěyǐ dài xiē Ōuzhōu xiāngcháng zuòwéi lǐwù.

Wenn Sie chinesische Freunde besuchen, können Sie als Geschenk europäische Wurst mitbringen.

36. Fleisch und Fisch – 773

Schinken	huǒtuǐ
Feuer + Bein	火腿

金华火腿很好吃，我想带一点回国。-- 德国海关许可吗？

Jīnhuá huǒtuǐ hěn hǎochī, wǒ xiǎng dài yìdiǎn huí guó. -- Déguó hǎiguān xǔkě ma?

Der Schinken aus Jinhua schmeckt sehr gut. Ich würde gerne etwas davon nach Hause mitnehmen. – Erlaubt das der deutsche Zoll?

36. Fleisch und Fisch – 774

gebratene Ente	kǎoyā
grillen + Ente	烤鸭

我认为“全聚德”的北京烤鸭味道最好。它的烤鸭最正宗。

Wǒ rènwéi „Quánjùdé“ de Běijīng kǎoyā wèidao zuì hǎo. Tā de kǎoyā zuì zhèngzōng.

Ich finde, Beijing-Enten schmecken im Quanjude-Restaurant am besten. Sie werden dort nach einem Originalrezept zubereitet.

36. Fleisch und Fisch – 775

Fisch	yú
–	鱼
中国人经常吃什么鱼？-- 草鱼、黑鱼、黄鱼、墨鱼等等。	
Zhōngguórén jīngcháng chī shénme yú? -- Cǎoyú, hēiyú, huángyú, mòyú děngděng.	
Welche Fische werden von Chinesen oft gegessen? – Graskarpfen, Schlangenkopffische, Gelbfische, Tintenfische neben vielen weiteren.	

36. Fleisch und Fisch – 776

Garnele	xiā
–	虾
盐水虾怎么做？-- 把虾放在加了姜和盐的水里煮几分钟。	
Yánshuǐxiā zěnme zuò? -- Bǎ xiā fàng zài jiā le jiāng hé yán de shuǐ lǐ zhǔ jǐ fēnzhōng.	
Wie bereitet man Salzwasser-Garnelen zu? – Man kocht sie einige Minuten in Wasser mit Ingwer und Salz.	

36. Fleisch und Fisch – 777

Reisaal	huángshàn
gelb + Reisaal	黄鳝
黄鳝、河蟹和甲鱼味道鲜美。价格虽然高，我们却常买。	
Huángshàn, héxiè hé jiǎyú wèidao xiānměi. Jiàgé suīrán gāo, wǒmen què cháng mǎi.	
Der Reisaal, der Süßwasserkrebs und die Weichschildkröte sind sehr delikat. Trotz des hohen Preises kaufen wir sie oft.	

36. Fleisch und Fisch – 778

Ei	dàn
–	蛋
您吃过茶叶蛋吗？-- 吃过，到处在卖这种蛋。我很爱吃。	
Nín chī guo cháyèdàn ma? -- Chī guo, dàochù zài mài zhè zhǒng dàn. Wǒ hěn ài chī.	
Haben Sie schon in Tee gekochte Eier gegessen? – Ja, es gibt sie überall. Und ich esse sie sehr gerne.	

37. Gemüse – 779

Gemüse	shūcài
Gemüse + Gemüse	蔬菜
紫云喜欢吃蔬菜和豆子，可她丈夫只爱大鱼大肉。	
Zǐyún xǐhuan chī shūcài hé dòuzi, kě tā zhàngfu zhǐ ài dàyú-dàròu.	
Ziyun mag Gemüse und Bohnen, aber ihr Mann liebt nur großen Fisch und großes Fleisch (= Gerichte mit viel Fisch und Fleisch).	

37. Gemüse – 780

Sellerie	qíncài
Sellerie + Gemüse	芹菜
青菜、菠菜、花菜、包心菜和芹菜在中国都很普遍。	
Qīngcài, bōcài, huācài, bāoxīncài hé qíncài zài Zhōngguó dōu hěn pǔbiàn.	
Chinesischer Grünkohl, Spinat, Blumenkohl, Weißkohl und Sellerie sind in China sehr verbreitet.	

37. Gemüse – 781

Chinakohl	dàbáicài
groß + weiß + Gemüse	大白菜

从前没有暖房的时候，北京人冬天的蔬菜只有大白菜。

Cóngqián méi yǒu nuǎnfáng de shíhou, Běijīngrén dōngtiān de shūcài zhǐ yǒu dàbáicài.

Früher, als es noch keine Treibhäuser gab, hatten die Einwohner von Beijing im Winter nur Chinakohl als Gemüse.

37. Gemüse – 782

Kartoffel	tǔdòu
Erde + Bohne	土豆

土豆在中国是种蔬菜。我炒个酸辣土豆丝给你尝尝。

Tǔdòu zài Zhōngguó shì zhǒng shūcài. Wǒ chǎo gè suānlà tǔdòusī gěi nǐ chángchang.

Kartoffeln sind in China ein Gemüse. Ich brate dir eine Portion sauer-scharfe Kartoffelstreifen zum Probieren.

37. Gemüse – 783

Tomate	xīhóngshì
West + rot + Kakipflaume	西红柿

叶米请同事吃饭，做了一个红烧羊肉和一个西红柿炒鸡蛋。

Yè Mǐ qǐng tóngshì chī fàn, zuò le yí gè hóngshāo yángròu hé yí gè xīhóngshì chǎo jīdàn.

Ye Mi lud seine Kollegen zum Essen ein. Er kochte für sie gedünstetes Lammfleisch in Sojasoße und Rühreier mit Tomaten.

37. Gemüse – 784

Zwiebel	yángcōng
ausländisch + Lauch	洋葱

酱爆牛肉这个菜里可以放一点洋葱丝和胡萝卜丝。

Jiàngbào niúròu zhège cài lǐ kěyǐ fàng yìdiǎn yángcōngsī hé húluóbosī.

Zum Rindergeschnetzelten mit Sojabohnenpaste kann man etwas Zwiebel- und Karottenstreifen hinzufügen.

37. Gemüse – 785

Gurke	huángguā
gelb + Melone	黄瓜

黄瓜和南瓜我知道。可冬瓜怎么吃？-- 它是夏天做汤吃的。

Huángguā hé nánguā wǒ zhīdào. Kě dōngguā zěnme chī? -- Tā shì xiàtiān zuò tāng chī de.

Gurken und Kürbisse kenne ich, aber wie kocht man Wachskürbisse? – Man macht daraus im Sommer eine Suppeneinlage.

37. Gemüse – 786

Paprika	yuánjiāo
rund + Gewürzpflanzen	圆椒

圆椒里维生素 C 特别多。-- 是的，所以它最好生吃。

Yuánjiāo lǐ wéishēngsù C tèbié duō. -- Shìde, suǒyǐ tā zuì hǎo shēng chī.

In Paprikaschoten ist besonders viel Vitamin C enthalten. – Ja, deswegen isst man sie am besten roh.

37. Gemüse – 787

Rettich	luóbo
Ranken-gewächs + (untrennbar)	萝卜

中医认为吃人参期间不可以喝茶，也不可以吃萝卜。

Zhōngyī rènwéi chī rénshēn qījiān bù kěyǐ hē chá, yě bù kěyǐ chī luóbo.

Die chinesische Medizin sagt, dass man während der Ginsengeinnahme keinen Tee trinken und keinen Rettich essen soll.

37. Gemüse – 788

Aubergine	qiézi
–	茄子

茄子有圆的和细长的两种。-- 我觉得细长的比较好吃。

Qiézi yǒu yuán de hé xìcháng de liǎng zhǒng. -- Wǒ juéde xìcháng de bǐjiào hǎochī.

Es gibt zwei Sorten Auberginen: runde und dünne, lange. – Ich finde die dünnen, langen besser.

37. Gemüse – 789

Pilz, Champignon	mógu
Pilz + Pilz	蘑菇

我现在去菜场，你要我带什么吗？-- 帮我买一斤蘑菇吧！

Wǒ xiànzài qù càichǎng, nǐ yào wǒ dài shénme ma? -- Bāng wǒ mǎi yì jīn mógu ba!

Ich gehe jetzt zum Markt. Soll ich dir was mitbringen? – Bitte kaufe für mich ein Pfund Champignons!

37. Gemüse – 790

Xianggu-Pilz	xiānggū
duftend + Pilz	香菇

香菇和黑木耳一般只卖干的。烹调前得在水里泡半小时。

Xiānggū hé hēimù'ěr yìbān zhǐ mài gān de. Pēngtiáo qián děi zài shuǐ lǐ pào bàn xiǎoshí.

Xianggu-Pilze und schwarze Mu'er-Pilze bekommt man normalerweise nur getrocknet. Man muss sie eine halbe Stunde vor dem Kochen einweichen.

37. Gemüse – 791

Bambusspross	sǔn
–	笋

竹子的嫩芽叫“笋”。夏天的笋不如春笋和冬笋好吃。

Zhúzi de nèn yá jiào „sǔn“. Xiàtiān de sǔn bù rú chūnsǔn hé dōngsǔn hǎochī.

Die zarten Sprossen des Bambus heißen „sun“. Die Sommerbambussprossen schmecken nicht so gut wie die Frühjahrs- und Winterbambussprossen.

37. Gemüse – 792

Tofu (Sojabohnenkäse)	dòufu
Bohne + fermentieren	豆腐

豆腐有许多品种：嫩豆腐、老豆腐、臭豆腐、油豆腐等等。

Dòufu yǒu xǔduō pǐnzhǒng: nèn dòufu, lǎo dòufu, chòu dòufu, yóu dòufu děngděng.

Es gibt sehr viele Tofusorten: zarter, härterer, stinkender, in Öl fritierter Tofu und viele mehr.

37. Gemüse – 793

Bohnensprossen	dòuyá
Bohne + Spross	豆芽

很奇怪：在欧洲只看见卖绿豆芽的，不见人卖黄豆芽！

Hěn qíguài: zài Ōuzhōu zhǐ kàn jiàn mài lǜdòuyá de, bú jiàn rén mài huángdòuyá!

Es ist eigenartig, dass in Europa nur Sprösslinge von grünen Bohnen, nicht aber Sprossen von (gelben) Sojabohnen verkauft werden!

38. Obst – 794

Obst	shuǐguǒ
Wasser + Frucht	水果

有人说，我们每天得吃五次水果。-- 那三餐饭还吃得下吗？

Yǒurén shuō, wǒmen měi tiān děi chī wǔ cì shuǐguǒ. -- Nà sān cān fàn hái chī de xià ma?

Man sagt, man soll fünfmal am Tag Obst essen. – Hätte man dann noch Lust auf drei Mahlzeiten?

38. Obst – 795

Banane	xiāngjiāo
duftend + Banane	香蕉

现在中国也有一些饭后甜点，其中“炸香蕉”最有名。

Xiànzài Zhōngguó yě yǒu yìxiē fànhòu tiándiǎn, qízhōng „zhá xiāngjiāo“ zuì yǒumíng.

Neuerdings gibt es in China auch einige Nachspeisen. Davon sind „gebratene Bananen“ die bekanntesten.

38. Obst – 796

Apfel	píngguǒ
Apfel + Frucht	苹果

饭后甜点中，我特别喜欢“拔丝苹果”或者“拔丝土豆”。

Fànhòu tiándiǎn zhōng, wǒ tèbié xǐhuan „básī píngguǒ“ huòzhě „básī tǔdòu“.

Von den (chinesischen) Nachspeisen esse ich besonders gerne „Äpfel oder Kartoffeln mit dünn gezogenen Zuckerfäden“.

38. Obst – 797

Traube	pútao
(untrennbar)	葡萄

葡萄、梨、李子和杏子都是中国老百姓常吃的水果。

Pútao, lí, lǐzi hé xìngzi dōu shì Zhōngguó lǎobǎixìng cháng chī de shuǐguǒ.

Trauben, Birnen, Pflaumen und Aprikosen sind von Chinesen häufig gegessene Obstsorten.

38. Obst – 798

Wassermelone	xīguā
Westen + Melone	西瓜

种西瓜的农民都希望夏天天气热。-- 大热天西瓜生意好呀！

Zhòng xīguā de nóngmín dōu xīwàng xiàtiān tiānqì rè. -- Dà rè tiān xīguā shēngyi hǎo ya!

Bauern, die Wassermelonen anbauen, wünschen sich im Sommer heißes Wetter. – Bei großer Hitze werden nämlich viele Melonen verkauft!

38. Obst – 799

Mandarine	júzi
–	橘子
请问您的橘子多少钱一公斤？-- 五块六！您要买多少？	
Qǐngwèn nín de júzi duōshao qián yì gōngjīn? -- Wǔ Kuài liù! Nín yào mǎi duōshao?	
Bitte, wie viel kostet ein Kilo Mandarinen? – Fünf Yuan sechzig! Wie viel möchten Sie kaufen?	

38. Obst – 800

Pfirsich	táozi
–	桃子
樱桃和猕猴桃都跟桃子没什么关系，为什么也叫“桃”？	
Yīngtáo hé míhóutáo dōu gēn táozi méi shénme guānxi, wèishénme yě jiào „táo“?	
Kirschen und Kiwis haben nichts mit Pfirsichen zu tun. Warum nennt man sie dann ebenfalls „tao (= Pfirsich)“?	

38. Obst – 801

Erdbeere	cǎoméi
Gras + Beere	草莓
她说水果生意很难做。例如草莓容易烂，一烂就没人要了。	
Tā shuō shuǐguǒ shēngyi hěn nán zuò. Lìrú cǎoméi róngyì làn, yí làn jiù méi rén yào le.	
Sie sagt, dass ein Obstgeschäft schwer zu führen sei. Erdbeeren z.B. faulen leicht. Wenn sie faul geworden sind, will sie niemand mehr kaufen.	

38. Obst – 802

Litchi-Pflaume	lìzhī
Litchi + Ast	荔枝
唐朝时，杨贵妃吃的荔枝是用快马运到京城去的。	
Tángcháo shí, Yáng Guìfēi chī de lìzhī shì yòng kuài mǎ yùn dào jīngchéng qu de.	
Die Litchi-Pflaumen, welche die kaiserliche Konkubine Yang aus der Tang-Dynastie aß, wurden mit schnellen Pferden in die Hauptstadt transportiert.	

38. Obst – 803

Ananas	bōluó
(untrennbar)	菠萝
新鲜的菠萝特别香，很好吃。-- 只是削皮太麻烦了！	
Xīnxiān de bōluó tèbié xiāng, hěn hǎochī. -- Zhǐshì xiāo pí tài máfan le!	
Frische Ananas riechen besonders gut und sind sehr lecker. – Nur das Schälen ist sehr umständlich!	

38. Obst – 804

Mango	mángguǒ
(phon.) + Frucht	芒果
这些芒果还有点硬。放几天以后就软了，还会更甜些。	
Zhèxiē mángguǒ hái yǒudiǎn yìng. Fàng jǐ tiān yǐhòu jiù ruǎn le, hái huì gèng tián xiē.	
Diese Mangos sind noch etwas hart. Lässt man sie ein paar Tage liegen, werden sie weicher und dazu noch süßer.	

39. Gewürze – 805

Gewürz	tiáowèipǐn
mischen + Ge-schmack + Er-zeugnis	调味品
中国饭馆的餐桌上有辣酱、醋等调味品给客人用。	
Zhōngguó fànguǎn de cānzhuō shàng yǒu là-jiàng, cù děng tiáowèipǐn gěi kèrén yòng.	
Auf den Tischen chinesischer Restaurants stehen für die Gäste Gewürze wie Chillipaste, Essig usw. bereit.	

39. Gewürze – 806

Öl	yóu
–	油
董大妈喜欢添油加醋。她说的话有一半是真的就不错了！	
Dǒng Dàmā xǐhuan tiānyóu-jiācù. Tā shuō de huà yǒu yíbàn shì zhēn de jiù búcuò le!	
Frau Dong tut immer gerne etwas Öl und Essig hinzu (= etwas hinzudichten). Es wäre schön, wenn nur die Hälfte von dem, was sie erzählt, wahr wäre!	

39. Gewürze – 807

Sesamöl	máyóu
Sesam + Öl	麻油
包饺子的时候，您倒一点麻油在馅子里！这样比较香。	
Bāo jiǎozi de shíhou, nín dào yìdiǎn máyóu zài xiànzi lǐ! Zhèyàng bǐjiào xiāng.	
Geben Sie beim Zubereiten von Jiaozi (= chinesische Maultaschen) noch etwas Sesamöl in die Füllung! Dann bekommen sie einen recht feinen Duft.	

39. Gewürze – 808

Salz	yán
–	盐
中国的海岸线很长，山地也多，所以海盐和岩盐都多。	
Zhōngguó de hǎi'ànxiàn hěn cháng, shāndì yě duō, suǒyǐ hǎiyán hé yányán dōu duō.	
China hat eine sehr lange Küste und viele Gebirge. Daher gibt es dort reichlich Meer- und Steinsalz.	

39 Gewürze – 809

Essig	cù
–	醋
我爱吃甜酸味道的菜。-- 那你一定常吃糖醋鱼和糖醋里脊。	
Wǒ ài chī tiánsuān wèidao de cài. -- Nà nǐ yídìng cháng chī tángcùyú hé tángcùlǐji.	
Ich liebe süßsauere Gerichte. – Dann isst du bestimmt oft süßsaueren Fisch und süßsaueres Schweinefilet.	

39. Gewürze – 810

Sojasoße	jiàngyóu
Sojaboh-nenpaste + Öl	酱油
涮羊肉时我喜欢沾芝麻酱吃。-- 我比较喜欢沾酱油。	
Shuànyángròu shí wǒ xǐhuan zhān zhīmajiàng chī. -- Wǒ bǐjiào xǐhuan zhān jiàngyóu.	
Beim Hammelfleisch-Fondue esse ich das Fleisch gerne mit Sesampaste. – Ich bevorzuge Sojasoße.	

39. Gewürze – 811

Pfeffer	hújiāo
aus dem Ausland eingeführt + Gewürzpflanzen	胡椒

除了黑胡椒、白胡椒，我做菜还用花椒。它的麻味很特别。

Chúle hēi hújiāo, bái hújiāo, wǒ zuò cài hái yòng huājiāo. Tā de má wèi hěn tèbié.

Neben schwarzem und weißem Pfeffer benutze ich zum Kochen auch noch Sichuan-Pfeffer. Er hat eine ganz besondere prickelnde Schärfe.

39. Gewürze – 812

Chilli	làjiāo
scharf + Gewürzpflanzen	辣椒

辣子鸡丁里辣椒放得很多。你能吃辣吗？ -- 能吃，没问题！

Làzi jīdīng lǐ làjiāo fàng de hěn duō. Nǐ néng chī là ma? -- Néng chī, méi wèntí!

Zu „scharfen Hühnerfleischwürfeln“ wird viel Chilli dazu gegeben. Kannst du Scharfes essen? – Ja, kein Problem!

39. Gewürze – 813

Ingwer	shēngjiāng
roh + Ingwer	生姜

生姜既是调味品，也是药。比如感冒时您可以喝姜汤去寒。

Shēngjiāng jì shì tiáowèipǐn, yě shì yào. Bǐrú gǎnmào shí nín kěyǐ hē jiāngtāng qù hán.

Ingwer ist sowohl ein Gewürz als auch eine Arznei. Bei einer Erkältung können Sie z.B. gegen eine Verkühlung einen Ingwertee trinken.

39. Gewürze – 814

Knoblauch	dàsuàn
groß + Knoblauch	大蒜

我妈烧鱼时总要放黄酒、生姜、大蒜和小葱，去腥气。

Wǒ mā shāo yú shí zǒng yào fàng huángjiǔ, shēngjiāng, dàsuàn hé xiǎocōng, qù xīngqì.

Beim Fischkochen gibt meine Mutter immer etwas Reiswein, Ingwer, Knoblauch und Schnittlauch (in den Sud), um den Fischgeruch zu beseitigen.

39. Gewürze – 815

Zucker	táng
–	糖

上海、无锡、常州一带做菜喜欢放糖，那儿的菜都甜甜的。

Shànghǎi, Wúxī, Chángzhōu yídài zuò cài xǐhuan fàng táng, nàr de cài dōu tiántián de.

In der Gegend von Shanghai, Wuxi und Changzhou verwendet man zum Kochen gerne etwas Zucker. Die dortigen Gerichte schmecken daher alle etwas süßlich.

39. Gewürze – 816

Stärke (Kochen)	diànfěn
sich niederschlagen + Pulver	淀粉

她的厨房里没有淀粉，但是有咖喱粉、番茄酱和橄榄油。

Tā de chúfáng lǐ méi yǒu diànfěn, dànshì yǒu gālífěn, fānqiéjiàng hé gǎnlǎnyóu.

In ihrer Küche gibt es keine Stärke, dafür aber Currypulver, Tomatenmark und Olivenöl.

39. Gewürze – 817

Geschmack	wèidao
Ge-schmack + Weg	味道
这菜味道很怪，甜咸酸辣麻都有。-- 这是名菜“怪味鸡”！	
Zhè cài wèidao hěn guài, tián xián suān là má dōu yǒu. -- Zhè shì míng cài „guàiwèijī“!	
Dieses Gericht schmeckt aber seltsam: süß, salzig, sauer, scharf und prickelnd. – Das ist eben das berühmte Gericht „Huhn mit dem wunderlichen Geschmack“!	

40. Getränke – 818

Getränk	yǐnliào
trinken + Stoff	饮料
明天远足，我们带什么饮料？-- 带芬达和雪碧，怎么样？	
Míngtiān yuǎnzú, wǒmen dài shénme yǐnliào? -- Dài fēndá hé xuěbì, zěnmeyàng?	
Morgen machen wir einen Ausflug. Welche Getränke nehmen wir mit? – Wie wär’s mit Fanta und Sprite?	

40. Getränke – 819

Tee	chá
–	茶
毛辛土每天晚饭后一支烟、一杯茶、一张报，觉得很舒服。	
Máo Xīntǔ měi tiān wǎnfàn hòu yì zhī yān, yì bēi chá, yì zhāng bào, juéde hěn shūfu.	
Mao Xintu raucht jeden Abend nach dem Essen eine Zigarette, trinkt eine Tasse Tee, liest die Zeitung und fühlt sich dabei sehr wohl.	

40. Getränke – 820

Kaffee	kāfēi
(phon.) + (phon.)	咖啡
很多中国人不爱喝咖啡。有人说它苦，有人说喝了睡不着。	
Hěn duō Zhōngguórén bú ài hē kāfēi. Yǒurén shuō tā kǔ, yǒurén shuō hē le shuì bu zháo.	
Viele Chinesen mögen keinen Kaffee. Manche finden ihn bitter, manche sagen, dass sie nach dem Kaffeetrinken nicht einschlafen können.	

40. Getränke – 821

abgekochtes Wasser	kāishuǐ
sieden + Wasser	开水
不少中国人早上起来后第一件事是喝一杯温热的开水。	
Bù shǎo Zhōngguórén zǎoshang qǐ lái hòu dì yí jiàn shì shì hē yì bēi wēnrè de kāishuǐ.	
Viele Chinesen trinken am Morgen nach dem Aufstehen als erstes ein Glas lauwarmes abgekochtes Wasser.	

40. Getränke – 822

Mineralwasser	kuàngquánshuǐ
Erz + Quelle + Wasser	矿泉水
冰箱里有桔子水和汽水。想喝什么？-- 你有没有矿泉水？	
Bīngxiāng lǐ yǒu júzishuǐ hé qìshuǐ. Xiǎng hē shénme? -- Nǐ yǒu mei yǒu kuàngquánshuǐ?	
Im Kühlschrank sind Orangensaft und Limonade. Was willst du trinken? – Hast du auch Mineralwasser?	

40. Getränke – 823

Coca-Cola	kěkǒukělè
(phon.) + (phon.) + (phon.) + (phon.)	可口可乐

"可口可乐"这个词太长，所以人们有时只叫它"可乐"。

„Kěkǒukělè" zhège cí tài cháng, suǒyǐ rénmen yǒushí zhǐ jiào tā „kělè".

Das Wort „Coca-Cola" ist zu lang, deshalb sagt man manchmal einfach nur „Cola".

40. Getränke – 824

Fruchtsaft	guǒzhī
Frucht + Saft	果汁

自己榨的果汁很新鲜，味道特别好。-- 你有榨汁器吗？

Zìjǐ zhà de guǒzhī hěn xīnxiān, wèidao tèbié hǎo. -- Nǐ yǒu zhàzhīqì ma?

Selbst gepresster Fruchtsaft ist frisch und schmeckt besonders gut. – Hast du einen Entsafter?

40. Getränke – 825

Kuhmilch	niúnǎi
Rind + Milch	牛奶

彩云的奶少，所以喂孩子牛奶。-- 没关系，牛奶也很好！

Cǎiyún de nǎi shǎo, suǒyǐ wèi háizi niúnǎi. -- Méi guānxi, niúnǎi yě hěn hǎo!

Caiyun hat nur wenig eigene Milch, daher gibt sie ihrem Baby Kuhmilch. – Macht doch nichts, Kuhmilch ist auch sehr gut!

40. Getränke – 826

Sojamilch	dòujiāng
Bohne + dicke Flüssig- keit	豆浆

我早晨常吃豆浆跟油条。-- 现在还有这传统的早点？

Wǒ zǎochén cháng chī dòujiāng gēn yóutiáo. -- Xiànzài hái yǒu zhè chuántǒng de zǎodiǎn?

Morgens trinke ich oft Sojamilch und esse dazu „langes Ölgebäck". – Gibt es dieses traditionelle Frühstück immer noch?

40. Getränke – 827

Kakao	kěkě
(phon.) + (phon.)	可可

超市里有可可粉卖。我们买一罐来冲热可可喝，好吗？

Chāoshì lǐ yǒu kěkěfěn mài. Wǒmen mǎi yí guàn lái chōng rè kěkě hē, hǎo ma?

Im Supermarkt wird Kakaopulver verkauft. Wollen wir nicht eine Dose kaufen, um heiße Schokolade zu machen?

40. Getränke – 828

Bier	píjiǔ
(phon.) + Alkohol	啤酒

青岛啤酒始于 1903 年。是德国人开始了中国啤酒的历史。

Qīngdǎo píjiǔ shǐ yú yī-jiǔ-líng-sān nián. Shì Déguórén kāishǐ le Zhōngguó píjiǔ de lìshǐ.

Das Qingdao-Bier wurde erstmals im Jahre 1903 gebraut. Es waren die Deutschen, durch die die chinesische Biergeschichte begonnen hat.

40. Getränke – 829

Wein	pútaojiǔ
Traube (untrennbar) + Alkohol	葡萄酒

白<u>葡萄酒</u>要喝冷的；红<u>葡萄酒</u>要喝室温的。可以倒过来吗？

Bái pútaojiǔ yào hē lěng de; hóng pútaojiǔ yào hē shìwēn de. Kěyǐ dào guòlai ma?

Weißwein trinkt man gekühlt, Rotwein bei Raumtemperatur. Darf man es auch umgekehrt machen?

40. Getränke – 830

Reiswein	huángjiǔ
gelb + Alkohol	黄酒

<u>黄酒</u>的家乡在绍兴。-- 对。那儿满城都是酒坛子和酒味儿！

Huángjiǔ de jiāxiāng zài Shàoxīng. -- Duì. Nàr mǎn chéng dōu shì jiǔtánzi hé jiǔwèir!

Die Heimat des Reisweins ist Shaoxing. – Richtig. In der ganzen Stadt sieht man dickbäuchige Weingefäße, und es riecht überall stark nach Alkohol!

40. Getränke – 831

Schnaps	shāojiǔ
brennen + Alkohol	烧酒

我尝过中国的<u>烧酒</u>，厉害极了！-- 是啊，真的能烧呢！

Wǒ cháng guo Zhōngguó de shāojiǔ, lìhai jíle! -- Shì a, zhēnde néng shāo ne!

Ich habe einmal chinesischen Schnaps probiert. Er ist sehr stark! – Ja, und er brennt auch wirklich, wenn man ihn anzündet!

40. Getränke – 832

Sekt	xiāngbīnjiǔ
Champagner (phon.) + Alkohol	香槟酒

今天是什么日子，你开<u>香槟酒</u>？-- 庆祝我们认识十周年！

Jīntiān shì shénme rìzi, nǐ kāi xiāngbīnjiǔ? -- Qìngzhù wǒmen rènshi shí zhōunián!

Was ist heute für ein Tag, dass du eine Flasche Sekt öffnest? – Ich möchte unsere 10-jährige Bekanntschaft feiern!

40. Getränke – 833

Flasche	píngzi
–	瓶子

小姐，请来四<u>瓶</u>啤酒、一壶龙井茶、六份炒面！

Xiǎojie, qǐng lái sì píng píjiǔ, yì hú Lóngjǐngchá, liù fèn chǎomiàn!

Fräulein, bitte vier Flaschen Bier, eine Kanne Drachenbrunnen-Tee und sechs Portionen gebratene Nudeln!

40. Getränke – 834

Tasse, Glas	bēizi
–	杯子

普通<u>杯子</u>可以放在洗碗机里洗，薄的酒杯还得用手洗吧？

Pǔtōng bēizi kěyǐ fàng zài xǐwǎnjī lǐ xǐ, báo de jiǔbēi hái děi yòng shǒu xǐ ba?

Normale Tassen und Gläser können in der Spülmaschine gewaschen werden, aber die dünnen Weingläser muss man doch noch per Hand waschen, oder?

41. Andere Lebensmittel – 835

Butter	huángyóu
gelb + Öl	黄油
八十、九十年代，中国市场上的黄油大都是新西兰来的。	
Bāshí, jiǔshí niándài, Zhōngguó shìchǎng shàng de huángyóu dàdōu shì Xīnxīlán lái de.	
In den achtziger und neunziger Jahren ist die Butter auf dem chinesischen Markt meistens aus Neuseeland gekommen.	

41. Andere Lebensmittel – 836

Margarine	rénzào huángyóu
Mensch+ erzeugen + gelb + Öl	人造黄油
大家都说人造黄油是植物油做的，比动物脂肪好，是吗？	
Dàjiā dōu shuō rénzào huángyóu shì zhíwùyóu zuò de, bǐ dòngwù zhīfáng hǎo, shì ma?	
Alle sagen, dass Margarine aus Pflanzenöl gesünder sei als tierisches Fett. Stimmt das?	

41. Andere Lebensmittel – 837

Joghurt	suānnǎi
sauer + Milch	酸奶
酸奶在中国刚出现时，很多人说那是坏掉的牛奶。	
Suānnǎi zài Zhōngguó gāng chūxiàn shí, hěn duō rén shuō nà shì huài diào de niúnǎi.	
Als Joghurt in China noch neu war, sagten viele Chinesen, das sei nur „verdorbene Milch“.	

41. Andere Lebensmittel – 838

Käse	nǎilào
Milch + Käse	奶酪
今天，酸奶在中国已经普及了，但是奶酪还没人要吃。	
Jīntiān, suānnǎi zài Zhōngguó yǐjing pǔjí le, dànshì nǎilào hái méi rén yào chī.	
Joghurt ist heute in China schon verbreitet, aber Käse will immer noch niemand essen.	

41. Andere Lebensmittel – 839

Sahne	nǎiyóu
Milch + Öl	奶油
这大蛋糕上白色的装饰品不是掼奶油，而是蛋白做的。	
Zhè dà dàngāo shàng bái sè de zhuāngshìpǐn bú shì guànnǎiyóu, ér shì dànbái zuò de.	
Die weiße Verzierung auf der Torte ist nicht aus Schlagsahne, sondern aus Eiweiß gemacht.	

41. Andere Lebensmittel – 840

Schokolade	qiǎokèlì
(phon.) + (phon.) + (phon.)	巧克力
易图在英国旅游时发现英国饭菜不太好，可是巧克力极好！	
Yì Tú zài Yīngguó lǚyóu shí fāxiàn Yīngguó fàncài bú tài hǎo, kěshì qiǎokèlì jí hǎo!	
Yi Tu hat auf seiner England-Reise festgestellt, dass das Essen in England nicht besonders schmackhaft, die Schokolade dafür aber ausgezeichnet ist!	

41. Andere Lebensmittel – 841

Eis(-creme)	bīngqílín
Eis + (phon.) + (phon.)	冰淇淋

那么多品种，吃什么呢？我吃香草冰淇淋！-- 我吃胡桃的。

Nàme duō pǐnzhǒng, chī shénme ne? Wǒ chī xiāngcǎo bīngqílín! -- Wǒ chī hútáo de.

Es gibt hier sehr viele (Eis-)Sorten. Was probieren wir? Ich nehme Vanille-Eis! – Ich esse Walnuss-Eis.

41. Andere Lebensmittel – 842

Keks	bǐnggān
flacher Kuchen + trocken	饼干

我爸的胃饿久了要痛，所以他身边总带着饼干，饿了吃点。

Wǒ bà de wèi è jiǔ le yào tòng, suǒyǐ tā shēn biān zǒng dài zhe bǐnggān, è le chī diǎn.

Wenn mein Vater länger Hunger hat, bekommt er Magenschmerzen. Deswegen hat er immer Kekse bei sich. So kann er Kekse essen, wenn er Hunger verspürt.

41. Andere Lebensmittel – 843

Mehl	miànfěn
Mehl + Pulver	面粉

安妮，我们今天包饺子。我去买面粉和肉末，你来切白菜！

Ānnī, wǒmen jīntiān bāo jiǎozi. Wǒ qù mǎi miànfěn hé ròumò, nǐ lái qiē báicài!

Anne, heute machen wir Jiaozi (= chinesische Maultaschen). Ich gehe Mehl und Hackfleisch kaufen, und du schneidest den Chinakohl!

41. Andere Lebensmittel – 844

Marmelade	guǒjiàng
Frucht + Paste	果酱

你吃完了吧？快把果酱瓶的盖子盖上！这儿苍蝇太多！

Nǐ chī wán le ba? Kuài bǎ guǒjiàngpíng de gàizi gài shàng! Zhèr cāngying tài duō!

Hast du schon fertig gegessen? Schließe schnell das Marmeladenglas! Es gibt hier so viele Fliegen!

41. Andere Lebensmittel – 845

Honig	fēngmì
Biene + Honig	蜂蜜

蜂蜜可以治便秘。你每天早晚都喝一杯加蜂蜜的水试试看！

Fēngmì kěyǐ zhì biànbì. Nǐ měi tiān zǎo wǎn dōu hē yì bēi jiā fēngmì de shuǐ shìshi kàn!

Honig wirkt gegen Verstopfung. Trink jeden Morgen und jeden Abend ein Glas Wasser mit Honig und schau mal, ob es dann besser wird!

41. Andere Lebensmittel – 846

kandierte Früchte	mìjiàn
Honig + kandierte Früchte	蜜饯

中国蜜饯多吗？-- 很多！比如山东的蜜枣和北京的杏脯。

Zhōngguó mìjiàn duō ma? -- Hěn duō! Bǐrú Shāndōng de mìzǎo hé Běijīng de xìngfǔ.

Gibt es in China viele kandierte Früchte? – Ja, sehr viele! Zum Beispiel kandierte Datteln aus (der Provinz) Shangdong und kandierte Aprikosen aus Beijing.

41. Andere Lebensmittel – 847

Bonbon	tángguǒ
Zucker + Frucht	糖果
贝贝儿买了几种中国糖果，准备给家里人尝尝。	
Bèibèi'ér mǎi le jǐ zhǒng Zhōngguó tángguǒ, zhǔnbèi gěi jiālǐrén chángchang.	
Bärbel hat verschiedene chinesische Bonbons für ihre Familie zu Hause zum Probieren gekauft.	

41. Andere Lebensmittel – 848

Erdnuss	huāshēng
Blume + gebären	花生
女孩们爱吃零食：花生、南瓜子、口香糖……，没个完。	
Nǚháimen ài chī língshí: huāshēng, nánguāzi, kǒuxiāngtáng ..., méi gè wán.	
(Chinesische) Mädchen naschen sehr gern: Erdnüsse, Kürbiskerne, Kaugummi ..., sie essen ohne Ende.	

41. Andere Lebensmittel – 849

Zigarette	xiāngyān
duftend + Rauch	香烟
蒋大夫，您是医生，也抽烟？--是的，每天四、五根香烟。	
Jiǎng Dàifu, nín shì yīshēng, yě chōu yān? -- Shì de, měi tiān sì, wǔ gēn xiāngyān.	
Doktor Jiang, Sie sind Arzt, rauchen Sie auch? – Ja, vier bis fünf Zigaretten pro Tag.	

42. Körper – 850

Gesundheit	jiànkāng
gesund + Wohlbefinden	健康
奶奶过生日。牛牛说：祝您健康长寿、万事如意！	
Nǎinai guò shēngri. Niúniu shuō: Zhù nín jiànkāng cháng shòu, wànshì-rúyì!	
Oma feiert ihren Geburtstag. Niuniu sagt: Ich wünsche Ihnen Gesundheit, langes Leben und dass alle 10 000 Sachen so werden, wie Sie es sich wünschen (= alles Gute)!	

42. Körper – 851

Körper	shēntǐ
Körper + Körper	身体
应老，好久不见，您身体好吗？-- 托您的福，最近不错！	
Yīng Lǎo, hǎo jiǔ bú jiàn, nín shēntǐ hǎo ma? -- Tuō nín de fú, zuìjìn búcuò!	
(Verehrter Senior) Herr Ying, wir haben uns lange nicht gesehen. Geht es Ihnen gesundheitlich gut? – Dank Ihrem Segen (= danke sehr), in letzter Zeit ging's mir gut!	

42. Körper – 852

Körpergröße	shēngāo
Körper + hoch	身高
有些中国姑娘认为身高 1.6 米以下的男人是二等残废。	
Yǒuxiē Zhōngguó gūniang rènwéi shēngāo yì mǐ liù yǐxià de nánrén shì èr děng cánfèi.	
Manche chinesische Mädchen meinen, dass Männer mit einer Körpergröße von unter 1,60 m schon Behinderte zweiten Grades wären.	

42. Körper – 853

Körpergewicht	tǐzhòng
Körper + schwer	体重

胖子坐飞机，九十公斤以上的<u>体重</u>按超重付款！-- 好主意！

Pàngzi zuò fēijī, jiǔshí gōngjīn yǐshàng de tǐzhòng àn chāo zhòng fù kuǎn!-- Hǎo zhǔyi!

Ein sehr dicker Mensch mit mehr als 90 Kilo Körpergewicht sollte im Flugzeug Übergewicht zahlen! – Eine gute Idee!

42. Körper – 854

Kopf	tóu
–	头

有的人感冒时<u>头</u>疼；有的人偏<u>头</u>痛。-- 我是一开会就<u>头</u>痛。

Yǒude rén gǎnmào shí tóu téng; yǒude rén piāntóutòng. -- Wǒ shì yì kāi huì jiù tóu tòng.

Manche Leute haben bei Erkältungen Kopfschmerzen; andere haben Migräne. – Und ich bekomme sofort Kopfweh, wenn ich an einer Sitzung teilnehmen muss.

42. Körper – 855

Kopfhaar	tóufa
Kopf + Kopfhaar	头发

我认为<u>女人头发长、见识短</u>。-- 你的思想还那么落后？

Wǒ rènwéi nǚrén tóufa cháng, jiànshi duǎn. -- Nǐ de sīxiǎng hái nàme luòhòu?

Ich finde, <u>Frauen haben zwar lange Haare, aber nur kurze Erfahrungen</u> (= einen begrenzten Horizont). – Hast du immer noch so rückständige Ansichten?

42. Körper – 856

Gehirn	nǎozi
–	脑子

他摔下来的时候头部着地引起<u>脑</u>出血，第二天就去世了。

Tā shuāi xiàlai de shíhou tóubù zháo dì yǐn qǐ nǎo chūxuè, dì èr tiān jiù qùshì le.

Beim Sturz prallte sein Kopf auf den Boden, wodurch eine Gehirnblutung entstand. Er starb schon am nächsten Tag.

42. Körper – 857

Gesicht	liǎn
–	脸

他其实没钱，却总买贵的东西。-- 想<u>打肿脸充胖子</u>吗？

Tā qíshí méi qián, què zǒng mǎi guì de dōngxi. -- Xiǎng dǎ zhǒng liǎn chōng pàngzi ma?

Er hat eigentlich kein Geld, kauft aber ständig teure Sachen. – Will er sich mit <u>geschwollen geschlagenem Gesicht als Dicker aufspielen</u> (= trotz Schlappe den Helden markieren)?

42. Körper – 858

Auge	yǎnjing
–	眼睛

她<u>眼睛长在额头上</u>！-- 她有什么理由那样高傲？

Tā yǎnjing zhǎng zài étóu shàng! -- Tā yǒu shénme lǐyóu nàyàng gāo'ào?

Ihre <u>Augen wachsen auf der Stirn</u> (= hochnäsig sein)! – Aus welchem Grund ist sie so arrogant?

42. Körper – 859

Nase	bízi
–	鼻子
你可别让他牵着鼻子走！ -- 我知道，我会小心的。	
Nǐ kě bié ràng tā qiān zhe bízi zǒu! -- Wǒ zhīdào, wǒ huì xiǎoxīn de.	
Lass dich von ihm doch nicht an der Nase herumführen! – Ich weiß. Ich passe schon auf.	

42. Körper – 860

Ohr	ěrduo
–	耳朵
爷爷年纪大了，耳朵背，你讲得响一点儿！	
Yéye niánjì dà le, ěrduo bèi, nǐ jiǎng de xiǎng yìdiǎnr!	
Opa ist schon sehr alt und auf beiden Ohren schwerhörig. Sprich etwas lauter, bitte!	

42. Körper – 861

Mund	zuǐ
–	嘴
一走出电影院，我们就七嘴八舌地议论起电影来。	
Yì zǒu chū diànyǐngyuàn, wǒmen jiù qīzuǐ-bāshé de yìlùn qǐ diànyǐng lai.	
Kaum sind wir aus dem Kino herausgekommen, diskutierten wir schon mit sieben Mündern und acht Zungen (= viel und anregend) über den Film.	

42. Körper – 862

Zahn	yáchǐ
Zahn + Zahn	牙齿
牙齿还咬着舌头呢！家里人吵几句嘴是常事，你别生气！	
Yáchǐ hái yǎo zháo shétou ne! Jiālǐrén chǎo jǐ jù zuǐ shì cháng shì, nǐ bié shēng qì!	
Sogar die Zähne können manchmal die Zunge beißen! In der Familie kann ab und zu eine kleine Streiterei vorkommen. Du solltest dich nicht darüber ärgern!	

42. Körper – 863

Bart	húzi
–	胡子
你别胡子眉毛一把抓！这几件事得按轻重缓急来办。	
Nǐ bié húzi méimáo yì bǎ zhuā! Zhè jǐ jiàn shì děi àn qīngzhòng-huǎnjí lái bàn.	
Du darfst nicht mit einem Griff nach den Brauen und dem Bart greifen (= alle Sachen gleichzeitig anpacken)! Erledige die Sachen je nach Wichtigkeit und Dringlichkeit.	

42. Körper – 864

Kehle, Gurgel, Hals	hóulóng
Kehle + (untrennbar)	喉咙
我发烧、咳嗽、流鼻涕，喉咙也很痛。 -- 可能是感冒了。	
Wǒ fā shāo, késou, liú bítì, hóulóng yě hěn tòng. -- Kěnéng shì gǎnmào le.	
Ich habe Fieber, Husten und Schnupfen, auch der Hals tut mir sehr weh. – Wahrscheinlich bist du erkältet.	

42. Körper – 865

Arm	shǒubì
Hand + Arm	手臂
你手臂上刺的龙很好看。不过，文身痛不痛？-- 还好。	
Nǐ shǒubì shàng cì de lóng hěn hǎokàn. Búguò, wénshēn tòng bu tòng? -- Hái hǎo.	
Der auf deinen Arm tätowierte Drache sieht gut aus. Sag mal, tut das Tätowieren weh? – Es geht.	

42. Körper – 866

Hand	shǒu
–	手
赵均晕了过去，同学们手忙脚乱地把她抬到医务所去。	
Zhào Jūn yūn le guòqu, tóngxuémen shǒumáng-jiǎoluàn de bǎ tā tái dào yīwùsuǒ qù.	
Zhao Jun ist ohnmächtig geworden. Die Schulkameraden haben sie mit eiligen Händen und ungeordneten Füßen (= hastig) in die Klinik getragen.	

42. Körper – 867

Finger	shǒuzhǐ
Hand + Finger	手指
他们都是大学生，水平却不一样。-- 十个手指也不一般齐！	
Tāmen dōu shì dàxuéshēng, shuǐpíng què bù yíyàng. -- Shí gè shǒuzhǐ yě bù yìbān qí!	
Sie sind alle Studenten, aber ihr Niveau ist völlig unterschiedlich. – Auch die zehn Finger (eines Menschen) sind nicht alle gleich lang!	

42. Körper – 868

Brust	xiōng
–	胸
他不信教。我问他为什么胸前挂十字架，他说眼下流行。	
Tā bú xìn jiào. Wǒ wèn tā wèishénme xiōng qián guà shízìjià, tā shuō yǎnxià liúxíng.	
Er ist Atheist. Als ich ihn fragte, warum er auf seiner Brust ein Kreuz hängen hat, antwortete er, weil das im Augenblick Mode sei.	

42. Körper – 869

Busen, Brust	rǔfáng
Milch + Haus	乳房
为了及时发现乳腺癌，妇女们每年都应该去检查一次乳房。	
Wèile jíshí fāxiàn rǔxiàn'ái, fùnǚmen měi nián dōu yīnggāi qù jiǎnchá yí cì rǔfáng.	
Um Brustkrebs rechtzeitig zu entdecken, sollten Frauen einmal im Jahr ihre Brüste untersuchen lassen.	

42. Körper – 870

Herz	xīnzàng
Herz + inneres Organ	心脏
施密特女士，您的心脏没有大的问题，您可以放心。	
Shīmìtè Nǚshì, nín de xīnzàng méi yǒu dà de wèntí, nín kěyǐ fàng xīn.	
Frau Schmidt, mit Ihrem Herzen haben Sie keine großen Probleme. Sie brauchen sich keine Sorgen zu machen.	

42. Körper – 871

Lunge	fèi
–	肺

好心当作驴肝肺。她不相信我只是想帮助她。

Hǎo xīn dàng zuò lǘ gān fèi. Tā bù xiāngxìn wǒ zhǐshì xiǎng bāngzhù tā.

Ein gutes (Menschen-)Herz für Eselsleber und -lunge halten (= eine gute Absicht für eine schlechte halten). Sie glaubt nicht, dass ich ihr nur helfen will.

42. Körper – 872

Magen	wèi
–	胃

大夫，我胃痛，想吐，很不舒服。-- 是什么东西吃坏了吗？

Dàifu, wǒ wèi tòng, xiǎng tù, hěn bù shūfu. -- Shì shénme dōngxi chī huài le ma?

Herr Doktor, mein Magen tut mir weh, mir ist speiübel, und ich fühle mich unwohl. – Haben Sie etwas Schlechtes gegessen?

42. Körper – 873

Bauch	dùzi
–	肚子

老头子，啤酒少喝点！瞧你的肚子，一天比一天大！

Lǎotóuzi, píjiǔ shǎo hē diǎn! Qiáo nǐ de dùzi, yì tiān bǐ yì tiān dà!

Alter, trink weniger Bier! Schau auf deinen Bauch, der von Tag zu Tag größer wird!

42. Körper – 874

Darm	cháng
–	肠

我十年前开扁桃体，今年开盲肠。-- 过几年还开什么？

Wǒ shí nián qián kāi biǎntáotǐ, jīnnián kāi mángcháng. -- Guò jǐ nián hái kāi shénme?

Vor zehn Jahren wurden mir die Mandeln entfernt, in diesem Jahr der Blinddarm. – Was wird man in einigen Jahren noch entfernen?

42. Körper – 875

Leber	gān
–	肝

两人在这条街上住了五十年，肝胆相照，是老哥们儿。

Liǎng rén zài zhè tiáo jiē shàng zhù le wǔshí nián, gāndǎn-xiāngzhào, shì lǎo gēmenr.

Sie beide haben in dieser Straße fünfzig Jahre lang gelebt und sind als dicke Freunde wie Leber und Galle miteinander verbunden (= aufrichtig und vertrauensvoll zueinander).

42. Körper – 876

Niere	shèn
–	肾

特别是有肾结石或者膀胱炎的人，要大量喝水。

Tèbié shì yǒu shènjiéshí huòzhě pángguāngyán de rén, yào dà liàng hē shuǐ.

Besonders diejenigen, die an Nierensteinen oder Blasenentzündung leiden, müssen ganz viel Wasser trinken.

42. Körper – 877

Rücken	bèi
–	背
<u>背</u>上有许多穴位，可以治<u>背</u>痛、胃痛、咳嗽等。	
Bèi shàng yǒu xǔduō xuéwèi, kěyǐ zhì bèitòng, wèitòng, késou děng.	
Am Rücken gibt es viele Akupunkturpunkte, über die man Rücken- und Magenschmerzen, Husten und einiges weitere heilen kann.	

42. Körper – 878

Gesäß	pìgu
Furz + Ober-schenkel	屁股
老夏自以为了不起，<u>老虎屁股摸不得</u>！	
Lǎo Xià zì yǐwéi liǎobuqǐ, lǎohǔ pìgu mō bu dé!	
Lao Xia findet sich großartig und benimmt sich <u>wie ein Tiger, der sich nicht an den Hintern fassen lässt</u> (= sich seine Autorität nicht antasten lassen)!	

42. Körper – 879

Bein	tuǐ
–	腿
他女朋友高个子、长<u>腿</u>、天鹅般的颈子，很优雅。	
Tā nǚpéngyou gāo gèzi, cháng tuǐ, tiān'é bān de jǐngzi, hěn yōuyǎ.	
Seine Freundin ist groß, hat lange Beine und einen Hals wie ein Schwan. Sie sieht sehr graziös aus.	

42. Körper – 880

Knie	xīgài
Knie + Deckel	膝盖
我的<u>膝盖</u>有毛病。每次爬山，下山的时候它们总是很痛。	
Wǒ de xīgài yǒu máobing. Měi cì pá shān, xià shān de shíhou tāmen zǒngshì hěn tòng.	
Meine Knie machen mir Probleme. Bei jeder Bergwanderung tun sie mir beim Abstieg weh.	

42. Körper – 881

Fuß	jiǎo
–	脚
平时不用功，<u>临时抱佛脚</u>！	
Píngshí bú yòng gōng, lín shí bào fó jiǎo!	
Bisher bist du nicht fleißig gewesen, <u>erst in letzter Minute umklammerst du flehend Buddhas Füße</u> (= erst unter Druck arbeiten und handeln)!	

42. Körper – 882

Knochen	gútou
Knochen + (Nach-silbe)	骨头
我是学兽医的。-- 你能分得清兔子跟猫的<u>骨头</u>吗？	
Wǒ shì xué shòuyī de. -- Nǐ néng fēn de qīng tùzi gēn māo de gútou ma?	
Ich studiere Tiermedizin. – Kannst du die Knochen eines Hasen von denen einer Katze unterscheiden?	

42. Körper – 883

Muskel	jīròu
Muskel + Fleisch	肌肉

我不爱看女子健美表演。女人应该秀气，长那么多肌肉难看！

Wǒ bú ài kàn nǚzǐ jiànměi biǎoyǎn. Nǚrén yīnggāi xiùqi, zhǎng nàme duō jīròu nánkàn!

Mir gefällt die Bodybuilding-Show der Frauen nicht. Eine Frau sollte zierlich sein. Mit so vielen kräftigen Muskeln sieht sie nicht mehr hübsch aus!

42. Körper – 884

Nerv	shénjīng
Geist + Kett-faden	神经

你真是神经病、二百五：好好的教师工作不做，要下海去！

Nǐ zhēn shì shénjīngbìng, èr-bǎi-wǔ: Hǎohao de jiàoshī gōngzuò bú zuò, yào xià hǎi qù!

Du bist wirklich verrückt und ein 250-er (= Narr): Die gute Arbeit als Lehrer willst du aufgeben und dafür ins Meer springen (= in die Wirtschaft gehen)!

42. Körper – 885

Haut	pífū
Haut + Haut	皮肤

每年一到夏天我的皮肤就倒霉了：蚊子特别爱叮我！

Měi nián yí dào xiàtiān wǒ de pífū jiù dǎoméi le: Wénzi tèbié ài dīng wǒ!

Jedes Jahr, wenn der Sommer kommt, ist meine Haut arm dran. Die Mücken lieben es besonders, mich zu stechen!

42. Körper – 886

Blut	xuè
–	血

我的小便有点儿红，会不会是里边有血？-- 得去化验一下！

Wǒ de xiǎobiàn yǒudiǎnr hóng, huì bu huì shì lǐbiān yǒu xuè? -- Děi qù huàyàn yíxià!

Mein Harn ist etwas rötlich. Liegt das vielleicht daran, dass Blut drin ist? – Dann musst du den Urin einmal untersuchen lassen!

42. Körper – 887

Stuhlgang	dàbiàn
groß + Notdurft	大便

您大便正常吗？-- 正常，每天早晨拉一次，不太干。

Nín dàbiàn zhèngcháng ma? -- Zhèngcháng, měi tiān zǎochén lā yí cì, bú tài gān.

Ist Ihr Stuhlgang in Ordnung? – Ja, in Ordnung, jeden Morgen einmal und nicht sehr trocken.

42. Körper – 888

Schweiß	hàn
–	汗

天气很闷热，我们打了十分钟羽毛球就汗如雨下了。

Tiānqì hěn mēnrè, wǒmen dǎ le shí fēnzhōng yǔmáoqiú jiù hànrú-yǔxià le.

Es war sehr schwül. Nachdem wir nur zehn Minuten Federball gespielt hatten, lief uns der Schweiß wie Regen (= in Strömen) hinunter.

42. Körper – 889

Träne	yǎnlèi
Auge + Träne	眼泪

你在哭吗？那么多的眼泪！-- 我没哭，是切洋葱切的。

Nǐ zài kū ma? Nàme duō de yǎnlèi! -- Wǒ méi kū, shì qiē yángcōng qiē de.

Weinst du etwa? So viele Tränen! – Nein, ich weine nicht, das ist nur vom Zwiebelschneiden.

43. Krankheiten – 890

Krankheit	bìng
–	病

病从口入，祸从口出。

Bìng cóng kǒu rù, huò cóng kǒu chū.

Krankheit kommt durch den Mund herein (= durch falsches Essen), aber es kommt auch Unglück aus dem Mund heraus (= durch falsche Worte).

43. Krankheiten – 891

Symptom	zhèngzhuàng
Krankheit + Erscheinung	症状

急性阑尾炎的症状是右下腹很痛，可能发烧、呕吐。

Jíxìng lánwěiyán de zhèngzhuàng shì yòu xià fú hěn tòng, kěnéng fā shāo, ǒutù.

Die Symptome der akuten Blinddarmentzündung sind: starker Bauchschmerz rechts unten, eventuell Fieber und Erbrechen.

43. Krankheiten – 892

Epidemie	chuánrǎnbìng
weitergeben + färben + Krankheit	传染病

从前有过很可怕的传染病，比如霍乱、鼠疫、伤寒等。

Cóngqián yǒu guo hěn kěpà de chuánrǎnbìng, bǐrú huòluàn, shǔyì, shānghán děng.

Früher hat es furchtbare Epidemien gegeben, z.B. Cholera, Pest, Typhus.

43. Krankheiten – 893

Erkältung	gǎnmào
spüren + quellen	感冒

流行性感冒比普通感冒厉害。不好好治，有时会死人的！

Liúxíngxìng gǎnmào bǐ pǔtōng gǎnmào lìhai. Bù hǎohao zhì, yǒushí huì sǐ rén de!

Grippe ist schlimmer als eine gewöhnliche Erkältung. Wenn man nichts dagegen unternimmt, kann sie zuweilen tödlich sein!

43. Krankheiten – 894

Lungenentzündung	fèiyán
Lunge + Entzündung	肺炎

2003 年“非典型性肺炎”闹得人都不敢出门了。

Èr-líng-líng-sān nián „fēi diǎnxíngxìng fèiyán“ nào de rén dōu bù gǎn chū mén le.

Im Jahr 2003 hat „SARS“ (in China) eine so große Unruhe ausgelöst, dass viele sich nicht mehr trauten, ihre Wohnungen zu verlassen.

43. Krankheiten – 895

Hepatitis gānyán

Leber + Entzün-dung

肝炎

肝炎、气管炎、脑膜炎和鼻炎都是由病毒引起的，是吗？

Gānyán, qìguǎnyán, nǎomóyán hé bíyán dōu shì yóu bìngdú yǐnqǐ de, shì ma?

Hepatitis, Bronchitis, Hirnhautentzündung und Nasenkatarrh werden durch Viren verursacht, stimmt das?

43. Krankheiten – 896

Ruhr lìji

Ruhr + Leiden

痢疾

医生说我得了痢疾。-- 那得彻底治疗，防止转为慢性！

Yīshēng shuō wǒ dé le lìji. -- Nà děi chèdǐ zhìliáo, fángzhǐ zhuǎn wéi mànxìng!

Der Arzt meint, dass ich Ruhr habe. – Das muss man gründlich behandeln, damit es nicht chronisch wird.

43. Krankheiten – 897

Malaria nüèji

Malaria + Leiden

疟疾

你生过疟疾吗？-- 生过。先是打寒战，然后发高热。

Nǐ shēng guo nüèji ma? -- Shēng guo. Xiān shì dǎ hánzhàn, ránhòu fā gāo rè.

Hast du mal Malaria gehabt? – Ja. Zuerst zittert man vor Kälte, und dann hat man hohes Fieber.

43. Krankheiten – 898

Geschlechtskrankheit xìngbìng

Ge-schlecht + Krank-heit

性病

要想不感染性病，一定要戴安全套！

Yào xiǎng bù gǎnrǎn xìngbìng, yídìng yào dài ānquántào!

Um sich nicht mit Geschlechtskrankheiten anzustecken, muss man unbedingt ein Kondom benutzen!

43. Krankheiten – 899

Aids àizībìng

(phon.) + (phon.) + Krank-heit

艾滋病

他妈妈怀孕时已经有艾滋病。-- 所以他生下来就有这个病！

Tā māma huáiyùn shí yǐjing yǒu àizībìng. -- Suǒyǐ tā shēng xiàlai jiù yǒu zhège bìng!

Seine Mutter hatte bereits während der Schwangerschaft Aids. – Also hat er von Geburt an schon diese Krankheit!

43. Krankheiten – 900

Durchfall fùxiè

Bauch + schnell abfließen

腹泻

大夫，我常常是先几天腹泻然后有几天便秘，已经半年了。

Dàifu, wǒ chángcháng shì xiān jǐ tiān fùxiè ránhòu yǒu jǐ tiān biànbì, yǐjing bàn nián le.

Herr Doktor, bei mir ist es oft so: ein paar Tage habe ich Durchfall und dann ein paar Tage Verstopfung. Das geht schon seit einem halben Jahr so.

43. Krankheiten – 901

Allergie	guòmǐnzhèng
über + empfind-lich + Krankheit	过敏症

您说您有过敏症。您对什么过敏？-- 我对花粉过敏。

Nín shuō nín yǒu guòmǐnzhèng. Nín duì shénme guòmǐn? -- Wǒ duì huāfěn guòmǐn.

Sie haben gesagt, dass Sie eine Allergie hätten. Wogegen sind Sie allergisch? – Gegen Pollen.

43. Krankheiten – 902

Schlaflosigkeit	shīmián
verlieren + Schlaf	失眠

您的失眠严重吗？-- 我每夜平均只能睡三、四个小时。

Nín de shīmián yánzhòng ma? -- Wǒ měi yè píngjūn zhǐ néng shuì sān, sì gè xiǎoshí.

Ist Ihre Schlaflosigkeit schlimm? – Im Durchschnitt kann ich jede Nacht nur drei bis vier Stunden schlafen.

43. Krankheiten – 903

Blutarmut	pínxuè
arm + Blut	贫血

您的贫血可能是营养不良造成的。-- 可我吃得不错呀！

Nín de pínxuè kěnéng shì yíngyǎng bùliáng zào chéng de. -- Kě wǒ chī de búcuò ya!

Ihre Blutarmut ist möglicherweise durch Unterernährung verursacht. – Aber ich esse doch nicht schlecht!

43. Krankheiten – 904

Bluthochdruck	gāoxuèyā
hoch + Blut + Druck	高血压

我妹妹年轻时就有高血压。-- 会不会是遗传的？

Wǒ mèimei niánqīng shí jiù yǒu gāoxuèyā. -- Huì bu huì shì yíchuán de?

Meine jüngere Schwester hatte schon in ihrer Jugend Bluthochdruck. – Hat sie diese Krankheit vielleicht geerbt?

43. Krankheiten – 905

Schlaganfall	zhòngfēng
getroffen werden + Wind	中风

中风能预防吗？-- 听说中风常和高血压有关系。

Zhòngfēng néng yùfáng ma? -- Tīngshuō zhòngfēng cháng hé gāoxuèyā yǒu guānxi.

Kann man einem Schlaganfall vorbeugen? – Ich habe nämlich gehört, dass er oft mit Bluthochdruck in Zusammenhang steht.

43. Krankheiten – 906

Diabetes	tángniàobìng
Zucker + Urin + Krank-heit	糖尿病

中秋节送奶奶一盒月饼好吗？-- 不，她有糖尿病，不能吃。

Zhōngqiūjié sòng nǎinai yì hé yuèbǐng hǎo ma? -- Bù, tā yǒu tángniàobìng, bù néng chī.

Sollen wir Oma zum Mondfest eine Schachtel Mondkuchen schenken? – Nein, sie hat Diabetes und kann keinen Kuchen essen.

43. Krankheiten – 907

Geschwür	kuìyáng
zusammen-brechen + Geschwür	溃疡

我有个同事生十二指肠溃疡多年了，最近开了刀。

Wǒ yǒu gè tóngshì shēng shí'èrzhǐcháng kuìyáng duō nián le, zuìjìn kāi le dāo.

Ich habe einen Kollegen, der schon seit vielen Jahren ein Zwölffingerdarmgeschwür hatte. Er wurde vor kurzem operiert.

43. Krankheiten – 908

Krebsgeschwulst	ái
–	癌

生了癌简直就像判了死刑。-- 但有些癌及时治疗能治好！

Shēng le ái jiǎnzhí jiù xiàng pàn le sǐxíng. -- Dàn yǒuxiē ái jíshí zhìliáo néng zhì hǎo!

Krebs zu haben, bedeutet nahezu das Todesurteil. – Aber einige Krebserkrankungen können doch geheilt werden, wenn man sie rechtzeitig behandelt.

43. Krankheiten – 909

Geisteskrankheit	jīngshénbìng
Geist + Geist + Krankheit	精神病

有个男人自己得了精神病，却硬要把妻子送进精神病院。

Yǒu gè nánrén zìjǐ dé le jīngshénbìng, què yìng yào bǎ qīzi sòng jìn jīngshénbìngyuàn.

Es gab einen Mann, der selbst geisteskrank war, aber unbedingt seine Ehefrau ins Irrenhaus bringen wollte.

43. Krankheiten – 910

Knochenbruch	gǔzhé
Knochen + brechen	骨折

真倒霉！骑自行车摔了下来把脚扭伤了。-- 还好没骨折！

Zhēn dǎoméi! Qí zìxíngchē shuāi le xiàlai bǎ jiǎo niǔ shāng le. -- Hái hǎo méi gǔzhé!

Ich habe großes Pech! Beim Radfahren bin ich gestürzt und habe mir den Fuß verstaucht. – Zum Glück hast du dir nichts gebrochen!

43. Krankheiten – 911

Wunde	shāngkǒu
verwunden + Öffnung	伤口

您这伤口是怎么来的？已经化脓了。-- 是割草时割伤的。

Nín zhè shāngkǒu shì zěnme lái de? Yǐjing huà nóng le. -- Shì gē cǎo shí gē shāng de.

Woher haben Sie diese Wunde? Sie ist schon vereitert. – Das ist beim Rasenmähen geschehen.

43. Krankheiten – 912

Wundstarrkrampf	pòshāngfēng
kaputt + verwunden + Wind	破伤风

刀割破了皮肤会得破伤风的。-- 我打过预防针。

Dāo gē pò le pífū huì dé pòshāngfēng de. -- Wǒ dǎ guo yùfángzhēn.

Wenn die Haut durch ein Messer verletzt wurde, kann es zu Wundstarrkrampf kommen. – Ich bin dagegen geimpft.

43. Krankheiten – 913

Behinderte(r)	cánjírén
beschädigt sein + Leiden + Mensch	残疾人
很多残疾人出生时并不残，而是后来生病才变残的。	
Hěn duō cánjírén chūshēng shí bìng bù cán, érshì hòulái shēng bìng cái biàn cán de.	
Viele Behinderte sind nicht von Geburt an behindert, sondern haben erst später ihre Behinderung infolge einer Krankheit bekommen.	

43. Krankheiten – 914

Blinde(r)	mángrén
–	盲人
开始破此案的时候，我们像盲人摸象那样看不清楚。	
Kāishǐ pò cǐ àn de shíhou, wǒmen xiàng mángrén-mōxiàng nàyàng kàn bu qīngchu.	
Bei der Aufklärung dieses Falles tappten wir am Anfang im Dunklen wie ein Blinder beim Abtasten eines Elefanten (= einen Teil fürs Ganze nehmen).	

44. Heilung – 915

Krankenhaus	yīyuàn
Medizin + Anstalt	医院
在中国，凡是大学和大工厂都有自己的医院。	
Zài Zhōngguó, fánshì dàxué hé dà gōngchǎng dōu yǒu zìjǐ de yīyuàn.	
In China gibt es an jeder Universität und in jeder großen Fabrik ein eigenes Krankenhaus.	

44. Heilung – 916

Ambulanz	ménzhěn
Tür + ärztlich untersuchen	门诊
医院里通常分门诊部和住院部两个部分。	
Yīyuàn lǐ tōngcháng fēn ménzhěnbù hé zhùyuànbù liǎng gè bùfen.	
Ein Krankenhaus ist gewöhnlich in eine ambulante und eine stationäre Abteilung unterteilt.	

44. Heilung – 917

Erste Hilfe	jíjiù
eilig + retten	急救
我们训练场边上总有个急救包，放着止痛药、绷带等。	
Wǒmen xùnliànchǎng biānshàng zǒng yǒu gè jíjiùbāo, fàng zhe zhǐtòngyào, bēngdài děng.	
An unserem Trainingsplatz gibt es immer einen Erste-Hilfe-Koffer. Da sind Schmerzmittel, Verbandszeug usw. drin.	

44. Heilung – 918

Krankenwagen	jiùhùchē
retten + hüten + Wagen	救护车
快叫救护车！一共是两个人受伤。-- 好，我立刻去打电话！	
Kuài jiào jiùhùchē! Yígòng shì liǎng gè rén shòu shāng. -- Hǎo, wǒ lìkè qù dǎ diànhuà!	
Hol schnell einen Krankenwagen! Es sind insgesamt zwei Leute verletzt worden. – Ja, ich gehe sofort anrufen!	

44. Heilung – 919

Anmeldung	guàhào
sich anmelden + Nummer	挂号
这是挂号处吧？我要挂号。-- 您是第一次来这儿吧？	
Zhè shì guàhàochù ba? Wǒ yào guàhào. -- Nín shì dì yí cì lái zhèr ba?	
Ist das hier der Schalter für die Anmeldung? Ich möchte mich anmelden. – Sie sind wohl zum ersten Mal hier?	

44. Heilung – 920

innere Medizin	nèikē
innen + Fach	内科
您挂什么科？-- 我想做一次体检。是不是挂内科？	
Nín guà shénme kē? -- Wǒ xiǎng zuò yí cì tǐjiǎn. Shì bu shì guà nèikē?	
Zu welcher Abteilung möchten Sie sich anmelden? – Ich möchte mich mal untersuchen lassen. Ist es richtig, wenn ich dann zur inneren Medizin gehe?	

44. Heilung – 921

Körpertemperatur	tǐwēn
Körper + Temperatur	体温
一周以来我每天下午体温 38 度。-- 还有别的症状吗？	
Yì zhōu yǐlái wǒ měi tiān xiàwǔ tǐwēn sānshíbā dù. -- Hái yǒu biéde zhèngzhuàng ma?	
Seit einer Woche habe ich jeden Nachmittag eine Temperatur von 38 Grad. – Haben Sie noch weitere Beschwerden?	

44. Heilung – 922

Laboruntersuchung	huàyàn
chemisch + prüfen	化验
您明天上午空腹来化验室验一下血！这是化验单。	
Nín míngtiān shàngwǔ kōng fù lái huàyànshì yàn yíxià xuè! Zhè shì huàyàndān.	
Kommen Sie morgen Vormittag nüchtern zum Labor zur Blutprobe! Das hier ist Ihr Formular für den Laborbericht.	

44. Heilung – 923

Mikroskop	xiǎnwēijìng
zeigen + winzig + Spiegel	显微镜
我很感谢这位护士，她用显微镜找到了我腹泻的病源。	
Wǒ hěn gǎnxiè zhè wèi hùshi, tā yòng xiǎnwēijìng zhǎo dào le wǒ fùxiè de bìngyuán.	
Ich bin dieser Krankenschwester sehr dankbar, dass sie mit dem Mikroskop den Erreger meiner Durchfallerkrankung entdeckt hat.	

44. Heilung – 924

EKG	xīndiàntú
Herz + Strom + Bild	心电图
有些人说光凭心电图还不够，有的心脏病它不能发现。	
Yǒuxiē rén shuō guāng píng xīndiàntú hái bú gòu, yǒude xīnzàngbìng tā bù néng fāxiàn.	
Manche Leute behaupten, dass allein das EKG (diagnostisch) nicht ausreichend sei und manche Herzkrankheiten doch nicht damit entdeckt werden könnten.	

44. Heilung – 925

Durchleuchtung	tòushì
durch-dringen + schauen	透视
X 光透视对人体有没有损伤？会不会致癌？-- 不会吧。	
X-guāng tòushì duì réntǐ yǒu mei yǒu sǔnshāng? Huì bu huì zhì ái? -- Bú huì ba.	
Schadet die Durchleuchtung mit Röntgenstrahlen dem menschlichen Körper? Kann sie Krebs auslösen? – Wohl kaum.	

44. Heilung – 926

Ultraschall	chāoshēngbō
über-schreiten + Schall + Welle	超声波
超声波查出她胆囊里有息肉。但医生说还不用开刀。	
Chāoshēngbō chá chū tā dǎnnáng lǐ yǒu xīròu. Dàn yīshēng shuō hái bú yòng kāi dāo.	
Beim Ultraschall wurde ein Polyp in ihrer Gallenblase festgestellt. Aber der Arzt hält eine Operation noch nicht für notwendig.	

44. Heilung – 927

Darmspiegelung	chángjìng
Darm + Spiegel	肠镜
为了预防肠癌，五十岁以上的人每隔几年得做一次肠镜。	
Wèile yùfáng cháng'ái, wǔshí suì yǐshàng de rén měi gé jǐ nián děi zuò yí cì chángjìng.	
Um einer Darmkrebserkrankung vorzubeugen, müssen die Menschen über 50 alle paar Jahre eine Darmspiegelung machen lassen.	

44. Heilung – 928

Kernspintomografie	hécí gòngzhèn
Kern + Magnet + zusammen + schwingen	核磁共振
核磁共振检查并不痛苦，只是觉得有点像躺在棺材里。	
Hécí gòngzhèn jiǎnchá bìng bú tòngkǔ, zhǐshì juéde yǒudiǎn xiàng tǎng zài guāncái lǐ.	
Die CT-Untersuchung (Kernspintomografie) tut gar nicht weh, man hat nur das Gefühl, als ob man in einem Sarg läge.	

44. Heilung – 929

Arzt	yīshēng
Medizin + Mensch	医生
我女儿一看见穿白大褂的就要哭，她最怕医生给她打针！	
Wǒ nǚ'ér yí kàn jiàn chuān bái dà guà de jiù yào kū, tā zuì pà yīshēng gěi tā dǎ zhēn!	
Meine Tochter weint gleich, wenn sie jemanden im weißen Kittel sieht. Sie hat nämlich große Angst, dass Ärzte ihr eine Spritze geben!	

44. Heilung – 930

Chirurg	wàikē yīshēng
außen + Fach + Medizin +Mensch	外科医生
我认识一位出色的外科医生，可他却不敢给自己的孩子开刀！	
Wǒ rènshi yí wèi chūsè de wàikē yīshēng, kě tā què bù gǎn gěi zìjǐ de háizi kāi dāo!	
Ich kenne einen ausgezeichneten Chirurgen. Er traut sich aber nicht, sein eigenes Kind zu operieren!	

44. Heilung – 931

Zahnarzt	yáyī
Zahn + Medizin	牙医
那个<u>牙医</u>补牙不给打点麻药，疼死我了！	
Nàge yáyī bǔ yá bù gěi dǎ diǎn máyào, téng sǐ wǒ le!	
Der Zahnarzt gab mir beim Plombieren kein Betäubungsmittel. Es hat furchtbar weh getan!	

44. Heilung – 932

Patient	bìngrén
krank + Mensch	病人
四号床的<u>病人</u>上哪儿去了？-- 他到花园散步去了。	
Sì hào chuáng de bìngrén shàng nǎr qù le? -- Tā dào huāyuán sàn bù qù le.	
Wo ist der Patient von Bett 4 hingegangen? – Er ist im Garten beim Spaziergang.	

44. Heilung – 933

Patientenzimmer	bìngfáng
Kran-ke(r) + Zimmer	病房
爷爷得住院，可医院的<u>病房</u>都满了。-- 我想法去<u>开后门</u>！	
Yéye děi zhù yuàn, kě yīyuàn de bìngfáng dōu mǎn le. -- Wǒ xiǎng fǎ qù kāi hòumén!	
Opa muss stationär behandelt werden, aber die Zimmer des Krankenhauses sind schon voll belegt. – Dann versuche ich, <u>eine Hintertür zu öffnen</u> (= durch Beziehungen)!	

44. Heilung – 934

Krankenschwester	hùshi
hüten + Fach-kräfte	护士
<u>护士</u>，我睡不着，能不能给一片安眠药？-- 好的。	
Hùshi, wǒ shuì bu zháo, néng bu néng gěi yí piàn ānmiányào? -- Hǎo de.	
Schwester, ich kann nicht einschlafen. Können Sie mir bitte eine Schlaftablette geben? – O.K.	

44. Heilung – 935

Operation	shǒushù
Hand + Können	手术
您丈夫的<u>手术</u>很顺利，我们给他输了 300 毫升的血。	
Nín zhàngfu de shǒushù hěn shùnlì, wǒmen gěi tā shū le sān bǎi háoshēng de xuè.	
Die Operation Ihres Mannes ist glatt verlaufen. Wir haben ihm 300 ml Blut verabreicht.	

44. Heilung – 936

Bakterie	xìjūn
winzig + Pilz	细菌
<u>细菌</u>也有好的。-- 没有“好<u>细菌</u>”你吃的饭菜就不能消化！	
Xìjūn yě yǒu hǎo de. -- Méi yǒu „hǎo xìjūn“ nǐ chī de fàncài jiù bù néng xiāohuà.	
Es gibt auch nützliche Bakterien. – Ohne die „guten Bakterien“ könnte das Essen, das du gegessen hast, nicht verdaut werden!	

44. Heilung – 937

Virus	bìngdú
Krank-heit + Gift	病毒
病毒比细菌还小，但很厉害！ -- 计算机技术里也用这个词。	
Bìngdú bǐ xìjūn hái xiǎo, dàn hěn lìhai! -- Jìsuànjī jìshù lǐ yě yòng zhège cí.	
Viren sind noch viel kleiner als Bakterien, aber äußerst gefährlich! – In der Computertechnik benutzt man dieses Wort auch.	

44. Heilung – 938

westliche Medizin	xīyī
West + Medizin	西医
中国人曾以为西医只是“头痛医头，脚痛医脚”。	
Zhōngguórén céng yǐwéi xīyī zhǐshì „tóu tòng yī tóu, jiǎo tòng yī jiǎo“.	
Früher meinten die Chinesen, dass die westliche Medizin „beim Kopfweh nur den Kopf und beim Fußweh nur den Fuß kuriert“ (= lediglich Symptome bekämpfen).	

44. Heilung – 939

chin. Medizin	zhōngyī
China + Medizin	中医
我觉得中医重视全身调理，治疗慢性病很合适。	
Wǒ juéde zhōngyī zhòngshì quán shēn tiáolǐ, zhìliáo mànxìngbìng hěn héshì.	
Ich finde, dass die chinesische Medizin für chronische Krankheiten besonders gut geeignet ist, da sie großes Gewicht auf ganzheitliche Behandlung legt.	

44. Heilung – 940

Apotheke	yàofáng
Heilmit-tel + Haus	药房
你这人参在哪儿买的？ -- 药房里。药房的人参比超市的好！	
Nǐ zhè rénshēn zài nǎr mǎi de? -- Yàofáng lǐ. Yàofáng de rénshēn bǐ chāoshì de hǎo!	
Wo hast du diesen Ginseng gekauft? – In der Apotheke. Ginseng aus der Apotheke ist besser als der vom Supermarkt!	

44. Heilung – 941

Heilmittel	yào
–	药
良药苦口利于病，忠言逆耳利于行。	
Liáng yào kǔ kǒu lì yú bìng, zhōng yán nì ěr lì yú xíng.	
Bittere Medizin heilt die Krankheit, ein hartes Wort die schlechten Manieren.	

44. Heilung – 942

Tablette	yàopiàn
Heilmit-tel + Scheibe	药片
这种药片每天服三次，每次两片。都在饭后服用！	
Zhè zhǒng yàopiàn měi tiān fú sān cì, měi cì liǎng piàn. Dōu zài fàn hòu fúyòng!	
Von diesen Tabletten nehmen Sie dreimal täglich je zwei Stück. Immer nach dem Essen!	

44. Heilung – 943

flüssige Medizin	yàoshuǐ
Heilmittel + Wasser	药水
除了药片，药剂方面还有药水、药粉、药膏、药丸等等。	
Chúle yàopiàn, yàojì fāngmiàn hái yǒu yàoshuǐ, yàofěn, yàogāo, yàowán děngděng.	
Neben Tabletten gibt es als Medikamente auch Tropfen, Pulver, Salben, Dragees usw.	

44. Heilung – 944

Injektion, Spritze	zhēn
(Nadel)	针
老康，你去医务室打针吗？ -- 是啊，我得打三天青霉素。	
Lǎo Kāng, nǐ qù yīwùshì dǎ zhēn ma? -- Shì a, wǒ děi dǎ sān tiān qīngméisù.	
Lao Kang, gehst du wegen deiner Spritze zur Klinik? – Ja, ich muss mir täglich über drei Tage Penicillin injizieren lassen.	

44. Heilung – 945

Antibiotikum	kàngjūnsù
bekämpfen + Bakterie + Element	抗菌素
急诊室里有很多病人在挂盐水。瓶子里都有抗菌素。	
Jízhěnshì lǐ yǒu hěn duō bìngrén zài guà yánshuǐ. Píngzi lǐ dōu yǒu kàngjūnsù.	
Auf der Intensivstation liegen viele Patienten mit einer Infusion. In den Flaschen sind auch Antibiotika enthalten.	

44. Heilung – 946

Vitamin	wéishēngsù
wahren + Leben + Element	维生素
哥伦布时代人们还没有认识到维生素对人体的重要性。	
Gēlúnbù shídài rénmen hái méiyǒu rènshi dào wéishēngsù duì réntǐ de zhòngyàoxìng.	
In der Zeit von Kolumbus hat man noch nicht die große Bedeutung der Vitamine für den menschlichen Körper erkannt.	

44. Heilung – 947

Akupunktur	zhēnjiǔ
Nadel + Moxibustion	针灸
针灸太奇妙了！ -- 一根细针刺入腿里能治胃病，不可思议！	
Zhēnjiǔ tài qímiào le! -- Yì gēn xì zhēn cì rù tuǐ lǐ néng zhì wèibìng, bùkě-sīyì!	
Akupunktur ist unglaublich! – Man sticht mit einer dünnen Nadel ins Bein und kann damit eine Magenkrankheit behandeln, es ist unfassbar!	

44. Heilung – 948

Massage	tuīná
schieben + fassen	推拿
推拿也与穴位有关，能治很多病。 -- 它与欧洲的按摩不一样。	
Tuīná yě yǔ xuéwèi yǒu guān, néng zhì hěn duō bìng. -- Tā yǔ Ōuzhōu de ànmó bù yíyàng.	
Die (chinesische) Massage hat auch mit den Akupunkturpunkten zu tun und kann viele Krankheiten lindern oder heilen. – Das ist also anders als die europäische Massage.	

44. Heilung – 949

chin. Heilmittel	zhōngyào
China + Heilmit- tel	中药

中药房里有各种草药和稀奇古怪的东西，比如知了和蛇皮。

Zhōngyàofáng lǐ yǒu gè zhǒng cǎoyào hé xīqí-gūguài de dōngxi, bǐrú zhīliǎo hé shé pí.

In der Apotheke für chinesische Medikamente gibt es alle Arten von Heilkräutern und seltsame Dinge wie Zikaden und abgestreifte Schlangenhaut (zu kaufen).

44. Heilung – 950

Rollstuhl	lúnyǐ
Rad + Stuhl	轮椅

双腿瘫痪以后，他买了一个轮椅，继续跟朋友们来往。

Shuāng tuǐ tānhuàn yǐhòu, tā mǎi le yí gè lúnyǐ, jìxù gēn péngyoumen láiwang.

Nachdem seine beiden Beine gelähmt waren, hat er einen Rollstuhl gekauft und erhält so den Kontakt mit seinen Freunden aufrecht.

44. Heilung – 951

Brille	yǎnjìng
Auge + Spiegel	眼镜

季老年轻时眼睛很好，现在连看电视都要戴眼镜了。

Jì Lǎo niánqīng shí yǎnjing hěn hǎo, xiànzài lián kàn diànshì dōu yào dài yǎnjìng le.

Der alte Herr Ji hatte in seiner Jugend sehr gute Augen, aber jetzt muss er sogar zum Fernsehen eine Brille aufsetzen.

44. Heilung – 952

Mundschutz	kǒuzhào
Mund + Deckel	口罩

“非典”流行的时候人人都戴口罩。所以口罩全卖光了！

„Fēidiǎn“ liúxíng de shíhou rénrén dōu dài kǒuzhào. Suǒyǐ kǒuzhào quán mài guāng le!

Als sich „SARS“ (in China) ausbreitete, trugen alle einen Mundschutz. Deshalb waren alle Mundschutz-Masken ausverkauft!

44. Heilung – 953

Wärmflasche	rèshuǐdài
warm + Wasser + Tasche	热水袋

我们南方人以前没有空调，冬天看书要捧热水袋。

Wǒmen nánfāngrén yǐqián méi yǒu kōngtiáo, dōngtiān kàn shū yào pěng rèshuǐdài.

Früher hatten wir Südchinesen keine Klimaanlage. Da mussten wir im Winter beim Lesen eine Wärmflasche benützen.

44. Heilung – 954

Krankenversicherung	yīliáo bǎoxiǎn
Medizin + heilen + sichern + Risiko	医疗保险

中国在二十年前才开始有私人的医疗保险。

Zhōngguó zài èrshí nián qián cái kāishǐ yǒu sīrén de yīliáo bǎoxiǎn.

In China hat man erst vor 20 Jahren mit der privaten Krankenversicherung begonnen.

45. Kleidung – 955

Kleidung	yīfu
Kleidung + Kleid	衣服
人是衣服马是鞍。穿上这套新衣服你神气多了！	
Rén shì yīfu mă shì ān. Chuān shàng zhè tào xīn yīfu nĭ shénqì duō le!	
Kleider machen Leute, Sättel machen Pferde. In der neuen Kleidung siehst du viel flotter aus!	

45. Kleidung – 956

Mantel	dàyī
groß + Kleidung	大衣
你看橱窗里那件大衣我穿好看吗？ -- 好看，去试试大小吧！	
Nĭ kàn chúchuāng lĭ nà jiàn dàyī wŏ chuān hăokàn ma? -- Hăokàn, qù shìshi dàxiăo ba!	
Meinst du, der Mantel im Schaufenster würde mir stehen? – Ich denke schon. Probiere mal deine Größe an!	

45. Kleidung – 957

Daunenbekleidung	yŭróngfú
Feder + Daune + Kleid	羽绒服
百货大楼在展销羽绒服，一律打八折。-- 走，我们去看看！	
Băihuò dàlóu zài zhănxiāo yŭróngfú, yílǜ dă bā zhé. -- Zŏu, wŏmen qù kànkan!	
Im Kaufhaus verkauft man im Moment viel Daunenbekleidung, mit 20% Rabatt auf alle Waren. – Los, gehen wir mal schauen!	

45. Kleidung – 958

Sun-Yatsen-Anzug	zhōngshānzhuāng
der 2. Vorname von Sun Yatsen + Anzug	中山装
中山装流行过很长时间，曾经是中国的国服。	
Zhōngshānzhuāng liúxíng guo hĕn cháng shíjiān, céngjīng shì Zhōngguó de guófú.	
Der Sun-Yatsen-Anzug wurde lange Zeit sehr gerne getragen. Er war der formelle Anzug für die ganze chinesische Nation.	

45. Kleidung – 959

westlicher Anzug	xīzhuāng
West + Anzug	西装
你西装笔挺，有什么活动吗？ -- 有个展览会今天开幕。	
Nĭ xīzhuāng bĭtĭng, yŏu shénme huódòng ma? -- Yŏu gè zhănlănhuì jīntiān kāi mù.	
Du schaust in deinem Anzug elegant aus. Gibt es einen besonderen Anlass? – Ja, heute wird eine Ausstellung eröffnet.	

45. Kleidung – 960

Oberbekleidung	shàngyī
oben + Kleidung	上衣
夹克衫是最常见的一种上衣式样，很多人都爱穿。	
Jiākèshān shì zuì cháng jiàn de yì zhŏng shàngyī shìyàng, hĕn duō rén dōu ài chuān.	
Der kurze Anorak ist eines der häufigsten Modelle der Oberbekleidung und wird (in China) von vielen Leuten sehr gerne getragen.	

45. Kleidung – 961

Pullover	máoyī
Haar + Kleidung	毛衣
她很爱打毛衣，最近给我打了一件褐色的毛衣，我很喜欢。	
Tā hěn ài dǎ máoyī, zuìjìn gěi wǒ dǎ le yí jiàn hè sè de máoyī, wǒ hěn xǐhuan.	
Sie strickt gerne. Letztens hat sie mir einen braunen Pullover gestrickt, der mir sehr gut gefällt.	

45. Kleidung – 962

Hemd, Bluse	chènshān
Futter + Hemd	衬衫
你的衬衫好像不是格子的就是条子的。-- 一色的我也有啊。	
Nǐ de chènshān hǎoxiàng bú shì gézi de jiù shì tiáozi de. -- Yí sè de wǒ yě yǒu a.	
Deine Hemden scheinen alle entweder kariert oder gestreift zu sein. – Nein, einfarbige habe ich auch.	

45. Kleidung – 963

T-Shirt	tǐxùshān
(phon.) + (phon.) + Hemd	体恤衫
体恤衫上印的汉字你能念吗？-- 当然！比如这是“黄河”。	
Tǐxùshān shàng yìn de hànzì nǐ néng niàn ma? -- Dāngrán! Bǐrú zhè shì „Huánghé“.	
Kannst du die chinesischen Schriftzeichen auf dem T-Shirt lesen? – Natürlich! Das heißt z.B. der „Gelbe Fluss“.	

45. Kleidung – 964

Hose	kùzi
–	裤子
裤子被雨淋湿了。-- 快去换条干的！	
Kùzi bèi yǔ lín shī le. -- Kuài qù huàn tiáo gān de!	
Durch den Regen ist meine Hose nass geworden. – Zieh dir schnell eine trockene an!	

45. Kleidung – 965

Jeans	niúzǎikù
Rind + Junge (= Cowboy) + Hose	牛仔裤
牛仔裤都是蓝颜色的吗？-- 不，黑、白、红、绿也都有。	
Niúzǎikù dōu shì lán yánsè de ma? -- Bù, hēi, bái, hóng, lǜ yě dōu yǒu.	
Sind alle Jeans blau? – Nein, es gibt auch schwarze, weiße, rote oder grüne.	

45. Kleidung – 966

Rock	qúnzi
–	裙子
姑娘们的裙子是一年比一年短。-- 今年流行迷你裙！	
Gūniangmen de qúnzi shì yì nián bǐ yì nián duǎn. -- Jīnnián liúxíng míniqún!	
Die Röcke der Mädchen werden von Jahr zu Jahr kürzer. – Und dieses Jahr sind Miniröcke modern!	

45. Kleidung – 967

Damenkleid — liányīqún

verbin-den + Kleidung + Rock

连衣裙

香兰，你怎么老穿长裤？你腰身好，去买件连衣裙嘛！

Xiānglán, nǐ zěnme lǎo chuān cháng kù? Nǐ yāoshēn hǎo, qù mǎi jiàn liányīqún ma!

Xianglan, warum trägst du immer nur lange Hosen? Du hast eine gute Figur. Kauf dir doch auch einmal ein Kleid!

45. Kleidung – 968

Qipao-Tracht — qípáo

Fahne + langes Kleid

旗袍

今天中国还有人穿旗袍吗？-- 有啊，例如饭店的女服务员。

Jīntiān Zhōngguó hái yǒu rén chuān qípáo ma? -- Yǒu a, lìrú fàndiàn de nǚ fúwùyuán.

Trägt heute in China noch jemand Qipao? – Ja, z.B. die weiblichen Hotel- oder Restaurantangestellten.

45. Kleidung – 969

Weste — bèixīn

Rücken + Herz

背心

西蒙去泰国旅行之前特地买了一件有很多口袋的背心。

Xīměng qù Tàiguó lǚxíng zhīqián tèdì mǎi le yí jiàn yǒu hěn duō kǒudài de bèixīn.

Vor seiner Thailandreise hat Simon sich extra eine Weste mit vielen Taschen gekauft.

45. Kleidung – 970

Uniform — zhìfú

System + Kleid

制服

我觉得女人穿制服特别帅。-- 那你很喜欢女警察喽？

Wǒ juéde nǚrén chuān zhìfú tèbié shuài. -- Nà nǐ hěn xǐhuan nǚ jǐngchá lou?

Ich finde Frauen in Uniform besonders schick. – Gefallen dir also Polizistinnen gut?

45. Kleidung – 971

Arbeitskleidung — gōngzuòfú

Arbeit + tun + Kleid

工作服

新来的工人都发了工作服和安全帽了吗？-- 都发了。

Xīn lái de gōngrén dōu fā le gōngzuòfú hé ānquánmào le ma? -- Dōu fā le.

Sind an alle neuen Arbeiter Arbeitskleidung und Schutzhelme ausgehändigt worden? – Ja.

45. Kleidung – 972

Unterwäsche — nèiyī

innen + Kleidung

内衣

一个欧洲朋友对我说，她买了些丝绸内衣，准备送女友。

Yí gè Ōuzhōu péngyou duì wǒ shuō, tā mǎi le xiē sīchóu nèiyī, zhǔnbèi sòng nǚyǒu.

Eine europäische Freundin sagte mir, dass sie seidene Unterwäsche gekauft habe, die sie ihren Freundinnen schenken wolle.

45. Kleidung – 973

Kragen	lǐngzi
–	领子

旗袍的特点是：很高的立领、两边开衩、纽扣只在右边。

Qípáo de tèdiǎn shì: hěn gāo de lìlǐng, liǎng biān kāi chà, niǔkòu zhǐ zài yòubiān.

Die charakteristischen Merkmale von einem Qipao-Kleid sind ein hoher Stehkragen, an beiden Seiten Schlitze und Knöpfe nur auf der rechten Seite.

45. Kleidung – 974

Ärmel	xiùzi
–	袖子

这件衣服袖子太长，请您改短一点。-- 好的。您明天来取！

Zhè jiàn yīfu xiùzi tài cháng, qǐng nín gǎi duǎn yìdiǎn. -- Hǎode. Nín míngtiān lái qǔ!

Die Ärmel an diesem Kleid sind zu lang. Bitte machen Sie sie etwas kürzer. – Gut. Kommen Sie morgen zum Abholen vorbei!

45. Kleidung – 975

Knopf	niǔkòu
Knopf + zuknöp-fen	纽扣

我的一粒纽扣掉下来了。你有针线吗？-- 正巧我包里有。

Wǒ de yí lì niǔkòu diào xiàlai le. Nǐ yǒu zhēn xiàn ma? -- Zhèngqiǎo wǒ bāo lǐ yǒu.

Mir ist ein Knopf abgerissen. Hast du Nadel und Faden dabei? – Ja, zufällig habe ich Nähzeug in meiner Tasche.

45. Kleidung – 976

Reißverschluss	lāliàn
ziehen + Kette	拉链

我旅行袋的拉链坏了，哪儿能修？-- 那边那位师傅能修。

Wǒ lǚxíngdài de lāliàn huài le, nǎr néng xiū? -- Nàbiān nà wèi shīfu néng xiū.

Der Reißverschluss an meiner Reisetasche ist kaputt gegangen. Wo kann man ihn reparieren lassen? – Der Herr da drüben kann ihn ausbessern.

45. Kleidung – 977

Tasche	kǒudài
Öffnung + Tasche	口袋

哎呀，我裤子口袋有个洞，硬币都掉了！-- 赶快补一下！

Āiyā, wǒ kùzi kǒudài yǒu gè dòng, yìngbì dōu diào le! -- Gǎnkuài bǔ yíxià!

Oje, in meiner Hosentasche ist ein Loch. Ich habe alle Münzen verloren! – Wir müssen das Loch schnell stopfen!

45. Kleidung – 978

Baumwollstoff	miánbù
Baum-wolle + Stoff	棉布

这些衬衣是棉布的吧？-- 对，是全棉的。

Zhèxiē chènyī shì miánbù de ba? -- Duì, shì quán mián de.

Sind diese Blusen aus Baumwollstoff? – Ja, sie sind aus 100% Baumwolle.

45. Kleidung – 979

Wolle	yángmáo
Schaf + Haar	羊毛

纯<u>羊毛</u>的毛衣可以在洗衣机里洗吗？ -- 最好不要这样。

Chún yángmáo de máoyī kěyǐ zài xǐyījī lǐ xǐ ma? -- Zuì hǎo bú yào zhèyàng.

Darf man einen Pullover aus reiner Wolle in der Waschmaschine waschen? – Am besten tut man das nicht.

45. Kleidung – 980

Seide	sīchóu
Seide + Seidenstoff	丝绸

劳拉，你有没有沿着<u>丝绸</u>之路旅游过？ -- 还没有呢。

Láolā, nǐ yǒu mei yǒu yánzhe Sīchóu-Zhīlù lǚyóu guo? -- Hái méiyǒu ne.

Laura, hast du schon eine Reise entlang der Seidenstraße gemacht? – Nein, noch nicht.

45. Kleidung – 981

Leinenstoff	yàmábù
Unterart + Hanf + Stoff	亚麻布

<u>亚麻布</u>衣服最近多起来了。-- 大概又要流行了。

Yàmábù yīfu zuìjìn duō qǐlai le. -- Dàgài yòu yào liúxíng le.

In letzter Zeit sieht man immer mehr Kleidungsstücke aus Leinen. – Vielleicht wird Leinen wieder modern.

45. Kleidung – 982

Leder	pígé
Haut + Leder	皮革

我们商店出售的<u>皮革</u>服装全是真皮的。

Wǒmen shāngdiàn chūshòu de pígé fúzhuāng quán shì zhēn pí de.

In unserem Geschäft wird nur Lederbekleidung aus echtem Leder verkauft.

45. Kleidung – 983

Kunstfaser	huàxiān
Chemie + Faser	化纤

我不喜欢<u>化纤</u>衣服。-- 可是它不会皱，不要熨，干得也快。

Wǒ bù xǐhuan huàxiān yīfu. -- Kěshì tā bú huì zhòu, bú yào yùn, gān de yě kuài.

Ich mag keine Kleidung aus Kunstfasern. – Aber sie knittert nicht, ist bügelfrei und trocknet schnell.

45. Kleidung – 984

Boutique	shízhuāngdiàn
Zeit + Kleidung + Laden	时装店

听说叶日路里有很多<u>时装店</u>。-- 想去吗？我陪你去！

Tīngshuō Yèrìlù lǐ yǒu hěn duō shízhuāngdiàn. -- Xiǎng qù ma? Wǒ péi nǐ qù.

Ich habe gehört, dass es in der Yeri-Straße sehr viele Boutiquen gibt. – Möchtest du hin? Ich begleite dich!

45. Kleidung – 985

Schneider	cáifeng
zuschnei- den + nähen	裁缝

中国有很多裁缝店。-- 定做衣服便宜吗？

Zhōngguó yǒu hěn duō cáifengdiàn. -- Dìng zuò yīfu piányi ma?

In China gibt es sehr viele Schneidereien. – Ist es billig, wenn man Kleidung nach Maß anfertigen lässt?

45. Kleidung – 986

Nadel	zhēn
–	针

英英休息了一会儿，拿起针开始绣第二朵花。

Yīngying xiūxi le yíhuìr, ná qǐ zhēn kāishǐ xiù dì èr duǒ huā.

Yingying hat eine kurze Pause gemacht. Sie nimmt die Nadel wieder zur Hand und beginnt, eine zweite Blume zu sticken.

45. Kleidung – 987

Garn, Faden	xiàn
–	线

绣花用的线一般是丝线，有的粗一点儿，有的很细。

Xiùhuā yòng de xiàn yìbān shì sīxiàn, yǒude cū yìdiǎnr, yǒude hěn xì.

Stickgarn ist normalerweise aus Seide. Die Fäden können ziemlich dick oder auch sehr dünn sein.

45. Kleidung – 988

Hut, Mütze	màozi
–	帽子

田易对齐民说她艺术水平高。-- 他给她戴高帽子呢！

Tián Yì duì Qí Mín shuō tā yìshù shuǐpíng gāo. -- Tā gěi tā dài gāo màozi ne!

Tian Yi sagte zu Qi Min, dass sie ein hohes künstlerisches Niveau besitze. – Er hat ihr einen hohen Hut aufgesetzt (= nur ein Kompliment machen)!

45. Kleidung – 989

Schal, Halstuch	wéijīn
um- schließen + Tuch	围巾

现在是春天了，商店里挂的都是丝绸围巾，没有厚的了。

Xiànzài shì chūntiān le, shāngdiàn lǐ guà de dōu shì sīchóu wéijīn, méi yǒu hòu de le.

Es ist schon Frühling. In den Geschäften hängen jetzt nur seidene Halstücher und keine dicken Schals mehr.

45. Kleidung – 990

Krawatte	lǐngdài
Kragen + Band	领带

钟先生回到家里第一件事是把那讨厌的领带先解下来。

Zhōng Xiānsheng huí dào jiā lǐ dì yí jiàn shì shì bǎ nà tǎoyàn de lǐngdài xiān jiě xiàlai.

Wenn Herr Zhong nach Hause kommt, nimmt er als erstes immer die unangenehme Krawatte ab.

45. Kleidung – 991

Gürtel	pídài
Leder + Band	皮带
嘿，这些皮带这么贵！ -- 买一根可以吃半个月饭了！	
Hēi, zhèxiē pídài zhème guì! -- Mǎi yì gēn kěyǐ chī bàn gè yuè fàn le!	
Was, so teuer sind diese Gürtel! – Von dem Geld für einen solchen Gürtel könnte man einen halben Monat lang essen!	

45. Kleidung – 992

Handschuh	shǒutào
Hand + umhüllen	手套
地上这只手套不知道是谁掉的？ -- 把它交给门卫吧！	
Dì shàng zhè zhī shǒutào bù zhīdào shì shuí diào de? -- Bǎ tā jiāo gěi ménwèi ba!	
Wer könnte den Handschuh hier auf dem Boden verloren haben? – Gib ihn beim Pförtner ab!	

45. Kleidung – 993

Schuh	xiézi
–	鞋子
我还想买双高跟鞋。--你已经有三十双鞋子，还不够？	
Wǒ hái xiǎng mǎi shuāng gāo gēn xié. -- Nǐ yǐjing yǒu sānshí shuāng xiézi, hái bú gòu?	
Ich möchte noch ein Paar Schuhe mit hohen Absätzen kaufen. – Du hast doch schon 30 Paar Schuhe. Reicht das noch nicht?	

45. Kleidung – 994

Lederschuh	píxié
Leder + Schuh	皮鞋
小周在擦他的皮鞋。-- 他要跟女朋友跳舞去呢！	
Xiǎo Zhōu zài cā tā de píxié. -- Tā yào gēn nǚpéngyou tiào wǔ qù ne!	
Xiao Zhou putzt seine Lederschuhe. – Er will mit seiner Freundin tanzen gehen!	

45. Kleidung – 995

Stiefel	xuēzi
–	靴子
你喜欢尖头的靴子吗？ -- 不，我比较喜欢圆头的。	
Nǐ xǐhuan jiān tóu de xuēzi ma? -- Bù, wǒ bǐjiào xǐhuan yuán tóu de.	
Magst du Stiefel, die vorne spitz sind? – Nein, mir gefallen sie besser, wenn sie vorne rund sind.	

45. Kleidung – 996

Sandale	liángxié
kühl + Schuh	凉鞋
您这儿来过一个穿红裙子、红凉鞋的小女孩吗？	
Nín zhèr lái guo yí gè chuān hóng qúnzi, hóng liángxié de xiǎo nǚhái ma?	
War ein kleines Mädchen mit rotem Rock und roten Sandalen bei Ihnen?	

45. Kleidung – 997

Hausschuh	tuōxié
schleppen + Schuh	拖鞋
你买那么多拖鞋干什么？-- 给客人们穿呀！	
Nĭ măi nàme duō tuōxié gàn shénme? -- Gĕi kèrénmen chuān ya!	
Wozu hast du so viele Hausschuhe gekauft? – Für unsere Gäste!	

45. Kleidung – 998

Schuhcreme	xiéyóu
Schuh + Öl	鞋油
白的、绿的、黄的皮鞋要用什么鞋油？-- 用无色的。	
Bái de, lǜ de, huáng de píxié yào yòng shénme xiéyóu? -- Yòng wú sè de.	
Welche Schuhcreme soll man für weiße, grüne und gelbe Lederschuhe verwenden? – Farblose.	

45. Kleidung – 999

Schuster	xiéjiàng
Schuh + Handwerker	鞋匠
您当鞋匠很多年了吧？-- 是啊，这里老老少少我全认识！	
Nín dāng xiéjiàng hĕn duō nián le ba? -- Shì a, zhèli lăolăo-shàoshào wŏ quán rènshi!	
Sie sind wohl schon seit sehr vielen Jahren Schuster? – Ja, deshalb kenne ich alle Leute hier, junge wie alte!	

45. Kleidung – 1000

Socke	duănwà
kurz + Strumpf	短袜
很多年轻人穿着运动鞋而没有穿短袜。-- 这叫“酷”！	
Hĕn duō niánqīngrén chuān zhe yùndòngxié ér méiyŏu chuān duănwà. -- Zhè jiào „kù“!	
Viele junge Leute tragen Sportschuhe ohne Socken. – Das nennt man dann „cool“!	

45. Kleidung – 1001

Strumpfhose	liánkùwà
verbinden + Hose + Strumpf	连裤袜
连裤袜的花纹很有趣！-- 有的像鱼网，有的像斑马！	
Liánkùwà de huāwén hĕn yŏuqù! -- Yŏude xiàng yúwăng, yŏude xiàng bānmă!	
Die Muster auf den Strumpfhosen sind lustig! – Manche ähneln Fischernetzen, andere Zebras!	

46. Kosmetika und Schmuck – 1002

Kosmetikartikel	huàzhuāngpĭn
ändern + schminken + Erzeugnis	化妆品
赚女人的钱很容易。-- 很贵的化妆品也有人买。	
Zhuàn nǚrén de qián hĕn róngyì. -- Hĕn guì de huàzhuāngpĭn yĕ yŏu rén măi.	
Frauen das Geld aus der Tasche zu ziehen, ist ganz leicht. – Selbst sehr teure Kosmetika finden Käuferinnen.	

46. Kosmetika und Schmuck – 1003

Lippenstift	kǒuhóng
Mund + rot	口红
黑紫色的口红，银灰色的指甲油……，化妆品的颜色真怪！	
Hēizǐ sè de kǒuhóng, yínhuī sè de zhījiayóu ... , huàzhuāngpǐn de yánsè zhēn guài!	
Dunkelpurpurroter Lippenstift, silbergrauer Nagellack ... , die Farben vieler Kosmetikartikel finde ich echt komisch!	

46. Kosmetika und Schmuck – 1004

Rouge	yānzhi
Rouge + Fett	胭脂
你今天的气色不错！-- 是假的，我抹了一点儿胭脂。	
Nǐ jīntiān de qìsè búcuò! -- Shì jiǎ de, wǒ mǒ le yìdiǎnr yānzhi.	
Deine Gesichtsfarbe ist heute sehr frisch! – Das täuscht, ich habe etwas Rouge aufgelegt.	

46. Kosmetika und Schmuck – 1005

Augenbrauenstift	méibǐ
Braue + Schreibgerät	眉笔
漂亮的眉毛使脸生动，化妆台上少不了眉笔！	
Piàoliang de méimáo shǐ liǎn shēngdòng, huàzhuāngtái shàng shǎo bu liǎo méibǐ!	
Schöne Augenbrauen machen das Gesicht lebendig, deshalb darf auf keinem Schminktisch der Augenbrauenstift fehlen!	

46. Kosmetika und Schmuck – 1006

Nagelknipser	zhījiadāo
Finger + Nagel + Messer	指甲刀
你身边有没有指甲刀？-- 有，你要用吗？	
Nǐ shēn biān yǒu mei yǒu zhījiadāo? -- Yǒu, nǐ yào yòng ma?	
Hast du einen Nagelknipser dabei? – Ja, willst du ihn haben?	

46. Kosmetika und Schmuck – 1007

Parfum	xiāngshuǐ
duftend + Wasser	香水
红榴说她喜欢用男人香水。她嫌女人香水气味太甜。	
Hóngliú shuō tā xǐhuan yòng nánrén xiāngshuǐ. Tā xián nǚrén xiāngshuǐ qìwèi tài tián.	
Hongliu sagt, dass sie Männer-Parfums liebe. Ihr seien Frauen-Parfums zu süßlich.	

46. Kosmetika und Schmuck – 1008

Schönheitsklinik	měiróngyuàn
schön + Aussehen + Anstalt	美容院
报上说美容院生意极好！-- 你想做美容手术吗？	
Bào shàng shuō měiróngyuàn shēngyi jí hǎo! -- Nǐ xiǎng zuò měiróng shǒushù ma?	
In der Zeitung steht, dass das Geschäft in den Schönheitskliniken boomt! – Würdest du eine Schönheitsoperation durchführen lassen?	

46. Kosmetika und Schmuck – 1009

Schmucksachen	shǒushi
Kopf + schmü-cken	首饰
你觉得博物馆里的古代首饰怎么样？-- 比今天的漂亮。	
Nǐ juéde bówùguǎn lǐ de gǔdài shǒushi zěnme-yàng? -- Bǐ jīntiān de piàoliang.	
Wie findest du den antiken Schmuck im Muse-um? – Ich finde ihn schöner als heutigen.	

46. Kosmetika und Schmuck – 1010

Fingerring	jièzhǐ
Ring + Finger	戒指
你看这枚戒指多精细！-- 上面那颗闪亮的是钻石吧？	
Nǐ kàn zhè méi jièzhǐ duō jīngxì! -- Shàngmiàn nà kē shǎn liàng de shì zuànshí ba?	
Schau, wie fein der Ring ist! – Ist der glänzen-de Stein darauf ein Diamant?	

46. Kosmetika und Schmuck – 1011

Ohrring	ěrhuán
Ohr + Ring	耳环
有的人说，男人戴耳环不好看，也很奇怪。你认为呢？	
Yǒude rén shuō, nánrén dài ěrhuán bù hǎokàn, yě hěn qíguài. Nǐ rènwéi ne?	
Manche Leute behaupten, dass Männer mit Ohrringen nicht gut und sehr komisch ausse-hen. Was meinst du dazu?	

46. Kosmetika und Schmuck – 1012

Halskette	xiàngliàn
Hals + Kette	项链
这条项链非常漂亮，是什么做的？-- 是琥珀做的。	
Zhè tiáo xiàngliàn fēicháng piàoliang, shì shénme zuò de? -- Shì hǔpò zuò de.	
Diese Halskette ist sehr hübsch. Aus welchem Material ist sie? – Aus Bernstein.	

46. Kosmetika und Schmuck – 1013

Perle	zhēnzhū
kostbar + Perle	珍珠
妈妈，这串珍珠项链是我在中国买的，我想送给你！	
Māma, zhè chuàn zhēnzhū xiàngliàn shì wǒ zài Zhōngguó mǎi de, wǒ xiǎng sòng gěi nǐ!	
Mama, diese Perlenkette habe ich in China ge-kauft. Ich möchte sie dir schenken!	

46. Kosmetika und Schmuck – 1014

Jade	yù
–	玉
我有一副白玉手镯，是外婆送给我的。	
Wǒ yǒu yí fù bái yù shǒuzhuó, shì wàipó sòng gěi wǒ de.	
Ich besitze ein Paar Armreife aus weißer Jade. Sie wurden mir von meiner Oma (mütterli-cherseits) geschenkt.	

47. Flugzeug – 1015

Verkehrsmittel	jiāotōng gōngjù
s. kreuzen + durch-gehen + Arbeit + Gerät	交通工具

旧日的人力车，今天在中国已不再是交通工具了。

Jiùrì de rénlìchē, jīntiān zài Zhōngguó yǐ bú zài shì jiāotōng gōngjù le.

Die Rikscha der alten Zeit, die von Menschen gezogen wurde, ist im heutigen China kein Verkehrsmittel mehr.

47. Flugzeug – 1016

Flugzeug	fēijī
fliegen + Maschi-ne	飞机

我这是第一次坐飞机，有一点怕。-- 不用怕，飞机很安全。

Wǒ zhè shì dì yí cì zuò fēijī, yǒu yìdiǎn pà. -- Bú yòng pà, fēijī hěn ānquán.

Ich fliege heute zum ersten Mal und habe ein wenig Angst. – Keine Angst! Das Flugzeug ist sehr sicher.

47. Flugzeug – 1017

Flughafen	fēijīchǎng
fliegen + Maschi-ne + Platz	飞机场

上海有几个飞机场？-- 两个。一个在西面，一个在东面。

Shànghǎi yǒu jǐ gè fēijīchǎng? -- Liǎng gè. Yí gè zài xīmiàn, yí gè zài dōngmiàn.

Wie viele Flughäfen gibt es in Shanghai? – Zwei. Einen im Westen und einen im Osten.

47. Flugzeug – 1018

Check-in	dēngjī shǒuxù
steigen + Maschine + Hand + fortführen	登机手续

起飞前两小时开始办理登机手续，请您尽早到机场！

Qǐfēi qián liǎng xiǎoshí kāishǐ bànlǐ dēngjī shǒuxù, qǐng nín jìn zǎo dào jīchǎng!

Zwei Stunden vor dem Start fangen wir mit dem Einchecken an. Kommen Sie bitte möglichst früh zum Flughafen!

47. Flugzeug – 1019

Sicherheitskontrolle	ānquán jiǎnchá
sicher + ganz + in-spizieren + kontrollie-ren	安全检查

机场的安全检查很严格。-- 是啊，比如随身不可以带小刀。

Jīchǎng de ānquán jiǎnchá hěn yángé. -- Shì a, bǐrú suí shēn bù kěyǐ dài xiǎo dāo.

Die Sicherheitskontrollen auf dem Flughafen sind sehr streng. – Ja, man darf z.B. nicht mal ein kleines Taschenmesser bei sich führen.

47. Flugzeug – 1020

Flugticket	jīpiào
Maschi-ne + Ticket	机票

这是我的机票和护照。-- 谢谢！这是您的登机卡。

Zhè shì wǒ de jīpiào hé hùzhào. -- Xièxie! Zhè shì nín de dēngjīkǎ.

Hier sind mein Flugticket und mein Reisepass. – Danke! Dies hier ist Ihre Bordkarte.

47. Flugzeug – 1021

Gepäck	xíngli
gehen + Pflaume	行李
有一次，米勒先生到了中国，他的行李却被运到巴西去了。	
Yǒu yí cì, Mīlè Xiānsheng dào le Zhōngguó, tā de xíngli què bèi yùn dào Bāxī qù le.	
Einmal, als Herr Müller in China ankam, war sein Gepäck nach Brasilien verfrachtet worden.	

47. Flugzeug – 1022

Koffer	xiāngzi
–	箱子
我的箱子超重三公斤，可是那位小姐没让我付钱。	
Wǒ de xiāngzi chāo zhòng sān gōngjīn, kěshì nà wèi xiǎojie méi ràng wǒ fù qián.	
Mein Koffer hat drei Kilo Übergewicht, aber die Dame (am Check-in) hat von mir keine Gebühren dafür verlangt.	

47. Flugzeug – 1023

Wartehalle (Flughafen)	hòujītīng
warten + Maschine + Saal	候机厅
天气不好，飞机不能准时起飞。候机厅里挤满了旅客。	
Tiānqì bù hǎo, fēijī bù néng zhǔnshí qǐfēi. Hòujītīng lǐ jǐ mǎn le lǚkè.	
Wegen des schlechten Wetters können die Maschinen nicht pünktlich starten. Die Wartehallen sind schon überfüllt.	

47. Flugzeug – 1024

Hubschrauber	zhíshēng fēijī
direkt + steigen + fliegen + Maschine	直升飞机
李东是摄影师。他有时候在直升飞机上拍地面景色。	
Lǐ Dōng shì shèyǐngshī. Tā yǒushíhou zài zhíshēng fēijī shàng pāi dìmiàn jǐngsè.	
Li Dong ist Fotograf. Er fotografiert ab und zu von einem Hubschrauber aus die Landschaft unter ihm.	

47. Flugzeug – 1025

Stewardess	kōngzhōng xiǎojie
Luft + Mitte + klein + ältere Schwester	空中小姐
空中小姐可以飞到各地玩玩。-- 哪里，她们没时间玩。	
Kōngzhōng xiǎojie kěyǐ fēi dào gè dì wánwan. -- Nǎli, tāmen méi shíjiān wán.	
Stewardessen können überallhin fliegen und sich amüsieren. – Ach wo! Sie haben doch keine Zeit zum Bummeln.	

47. Flugzeug – 1026

Passagier	chéngkè
fahren + Gast	乘客
广播里在说什么？-- 机长在告诉乘客们飞行的路线。	
Guǎngbō lǐ zài shuō shénme? -- Jīzhǎng zài gàosu chéngkèmen fēixíng de lùxiàn.	
Was wird da durchgesagt? – Der Flugkapitän informiert gerade die Passagiere über die Flugroute.	

48. Eisenbahn – 1027

Zug	huǒchē
Feuer + Wagen	火车

多拉打算坐火车从柏林去北京。-- 路上要坐几天？

Dōlā dǎsuàn zuò huǒchē cóng Bólín qù Běijīng. -- Lù shàng yào zuò jǐ tiān?

Dora plant, mit dem Zug von Berlin nach Beijing zu fahren. – Wie lange ist man dafür unterwegs?

48. Eisenbahn – 1028

Eisenbahn	tiělù
Eisen + Weg	铁路

火车怎么停了？-- 前面一段铁路被大水冲坏，在抢修呢。

Huǒchē zěnme tíng le? -- Qiánmiàn yí duàn tiělù bèi dàshuǐ chōng huài, zài qiǎngxiū ne.

Wieso hält der Zug? – Das Hochwasser hat vor uns eine Gleisstrecke weggespült. Sie wird gerade so schnell wie möglich repariert.

48. Eisenbahn – 1029

Bahnhof	huǒchēzhàn
Feuer + Wagen + stehen	火车站

埃里希今天下午到。我去火车站接他，你去吗？-- 好！

Āilǐxī jīntiān xiàwǔ dào. Wǒ qù huǒchēzhàn jiē tā, nǐ qù ma? -- Hǎo!

Erich kommt heute Nachmittag an. Ich gehe zum Bahnhof, um ihn abzuholen, kommst du mit? – Ja, sehr gern!

48. Eisenbahn – 1030

Bahnsteig, Gleis	zhàntái
stehen + Terrasse	站台

去乌鲁木齐的火车停在第几站台？-- 第四站台。

Qù Wūlǔmùqí de huǒchē tíng zài dì jǐ zhàntái? -- Dì sì zhàntái.

Auf welchem Gleis steht der Zug nach Urumqi? – Auf Gleis 4.

48. Eisenbahn – 1031

Ausgang	chūkǒuchù
ausgehen + Mund + Stelle	出口处

到了南京会有人接你吗？-- 有一位朋友在出口处等我。

Dào le Nánjīng huì yǒu rén jiē nǐ ma? -- Yǒu yí wèi péngyou zài chūkǒuchù děng wǒ.

Wirst du in Nanjing von jemandem abgeholt? – Ja, ein Freund wartet am Ausgang auf mich.

48. Eisenbahn – 1032

Fahrkartenschalter	shòupiàochù
verkaufen + Ticket + Stelle	售票处

我们旅馆也能订火车票。-- 太好了！售票处要排长队。

Wǒmen lǚguǎn yě néng dìng huǒchēpiào. -- Tài hǎo le! Shòupiàochù yào pái cháng duì.

In unserem Hotel kann man auch Zugkarten reservieren lassen. – Wunderbar! Am Schalter (im Bahnhof) müsste man lange Schlange stehen.

48. Eisenbahn – 1033

Liegeplatz (Schlafwagen)	wòpù
liegen + Bett	卧铺
我要两张去哈尔滨的卧铺票。-- 您要硬卧还是软卧？	
Wǒ yào liǎng zhāng qù Hā'ěrbīn de wòpùpiào. -- Nín yào yìngwò háishì ruǎnwò?	
Ich möchte zwei Liegeplatz-Karten nach Harbin. – Wollen Sie harte oder weiche Liegeplätze?	

48. Eisenbahn – 1034

oberes Bett	shàngpù
oben + Bett	上铺
我想要两张硬卧票，最好一张上铺，一张中铺。	
Wǒ xiǎng yào liǎng zhāng yìngwòpiào, zuìhǎo yì zhāng shàngpù, yì zhāng zhōngpù.	
Ich möchte zwei Fahrkarten für harte Liegeplätze, am liebsten je eine für das obere und das mittlere Bett.	

48. Eisenbahn – 1035

Sitzplatz	zuòwèi
Sitz + Platz	座位
对不起，这个座位是我的。-- 啊，我坐错了一排！	
Duìbuqǐ, zhège zuòwèi shì wǒ de. -- À, wǒ zuò cuò le yì pái!	
Entschuldigung, das ist mein Sitzplatz. – Ach, ich habe mich in die falsche Reihe gesetzt.	

48. Eisenbahn – 1036

weicher Sitzplatz	ruǎnzuò
weich + Sitz	软座
我们去苏州是坐硬座还是软座？-- 软座吧！那儿宽敞些。	
Wǒmen qù Sūzhōu shì zuò yìngzuò háishì ruǎnzuò? -- Ruǎnzuò ba! Nàr kuānchǎng xiē.	
Sollen wir harte oder weiche Sitzplätze nach Suzhou nehmen? – Lieber weiche! Dort gibt es mehr Platz.	

48. Eisenbahn – 1037

Express-Zug	tèkuài
besonders + schnell	特快
去昆明的特快也要十五个小时呢。-- 我们还是坐飞机吧？	
Qù Kūnmíng de tèkuài yě yào shí-wǔ gè xiǎoshí ne. -- Wǒmen háishì zuò fēijī ba?	
Ein Express nach Kunming braucht immer noch 15 Stunden. – Da fliegen wir lieber, oder?	

48. Eisenbahn – 1038

Schnellzug	kuàichē
schnell + Wagen	快车
从这儿到建德有快车吗？-- 没有，每天只有四趟慢车。	
Cóng zhèr dào Jiàndé yǒu kuàichē ma? -- Měi yǒu, měi tiān zhǐ yǒu sì tàng mànchē.	
Fährt von hier aus ein Schnellzug nach Jiande? – Nein, es gibt nur viermal täglich einen Bummelzug.	

48. Eisenbahn – 1039

Zugnummer	chēcì
Wagen + Rangordnung	车次

在中国的候车厅里，乘客们得按照车次坐下等车。

Zài Zhōngguó de hòuchētīng lǐ, chéngkèmen děi ànzhào chēcì zuò xià děng chē.

In einem chinesischen Wartesaal (im Bahnhof) sollten die Fahrgäste bei der entsprechenden Zugnummer Platz nehmen, bis sie in den Zug gelassen werden.

48. Eisenbahn – 1040

Waggon	chēxiāng
Wagen + abgeteilter Raum	车厢

对不起，10 号车厢在哪儿？ -- 在后头！这儿才 4 号车厢。

Duìbuqǐ, shí hào chēxiāng zài nǎr? -- Zài hòutou! Zhèr cái sì hào chēxiāng.

Entschuldigung, wo ist Wagen 10? – Hinten! Hier ist erst Wagen 4.

48. Eisenbahn – 1041

Speisewagen	cānchē
speisen + Wagen	餐车

餐车里供应什么？ -- 供应炒菜、米饭、面条，还有饮料。

Cānchē lǐ gōngyìng shénme? -- Gōngyìng chǎocài, mǐfàn, miàntiáo, hái yǒu yǐnliào.

Was wird im Speisewagen angeboten? – Wokgerichte, Reis, Nudeln und noch Getränke.

48. Eisenbahn – 1042

Güterzug	huòchē
Ware + Wagen	货车

牛强说他爸爸当年是躺在拉煤的货车里去新疆的。

Niú Qiáng shuō tā bàba dāngnián shì tǎng zài lā méi de huòchē lǐ qù Xīnjiāng de.

Niu Qiang sagt, dass sein Vater damals mit einem Güterzug, der Kohle geladen hatte, nach Xinjiang gefahren ist.

48. Eisenbahn – 1043

Lokführer	huǒchē sījī
Feuer + Wagen + führen + Maschine	火车司机

一位当火车司机的朋友曾请我去坐了一次火车头，很有趣！

Yí wèi dāng huǒchē sījī de péngyou céng qǐng wǒ qù zuò le yí cì huǒchētóu, hěn yǒuqù!

Ein Freund, der als Lokführer arbeitet, hat mich einmal eingeladen, in seiner Lokomotive mitzufahren. Das war sehr interessant!

48. Eisenbahn – 1044

Schaffner	chéngwùyuán
fahren + dienen + Mitglied	乘务员

鲁鹿是乘务员，她说火车上很多故事可写成小说。

Lǔ Lù shì chéngwùyuán, tā shuō huǒchē shàng hěn duō gùshi kě xiě chéng xiǎoshuō.

Lu Lu ist Schaffnerin. Sie sagt, dass man über die vielen Geschichten, die in ihrem Zug passiert sind, Romane schreiben könnte.

49. Auto – 1045

Auto qìchē

Dampf + Wagen

汽车

现在中国有一股"汽车热"。很多人家都想买车。

Xiànzài Zhōngguó yǒu yì gǔ „qìchērè". Hěn duō rénjiā dōu xiǎng mǎi chē.

Im Moment gibt es in China ein „Auto-Fieber". Viele Familien wollen ein Auto kaufen.

49. Auto – 1046

Taxi chūzūchē

ausgehen + mieten + Wagen

出租车

可是我觉得坐出租车要比自己有车来得省事和省钱。

Kěshì wǒ juéde zuò chūzūchē yào bǐ zìjǐ yǒu chē lái de shěng shì hé shěng qián.

Ich denke aber, es ist viel einfacher und billiger, mit dem Taxi zu fahren, als ein eigenes Auto zu besitzen.

49. Auto – 1047

Lastkraftwagen kǎchē

(phon.) + Wagen

卡车

汉斯，听说星期天在德国不许开卡车，是真的吗？

Hànsī, tīngshuō xīngqītiān zài Déguó bù xǔ kāi kǎchē, shì zhēn de ma?

Hans, ich habe gehört, dass am Sonntag in Deutschland keine Lastwagen fahren dürfen. Stimmt das?

49. Auto – 1048

Motor mǎdá

(phon.) + (phon.)

马达

马良是我们学校的长跑冠军，他有个外号叫"小马达"。

Mǎ Liáng shì wǒmen xuéxiào de chángpǎo guànjūn, tā yǒu gè wàihào jiào „Xiǎo Mǎdá".

Ma Liang ist Meister im Langstreckenlauf an unserer Schule. Er hat den Spitznamen: „kleiner Motor".

49. Auto – 1049

Bremse shāchē

abbremsen + Wagen

刹车

我没及时踩刹车，结果车头超出停车线一米。

Wǒ méi jíshí cǎi shāchē, jiéguǒ chētóu chāo chū tíngchēxiàn yì mǐ.

Ich habe nicht rechtzeitig gebremst, folglich ist der Wagen vorne einen Meter über die Stopplinie hinausgefahren.

49. Auto – 1050

Hupe, Trompete lǎba

(untrennbar)

喇叭

在中国的马路上，喇叭声要比在欧洲的吵得多。

Zài Zhōngguó de mǎlù shàng, lǎba shēng yào bǐ zài Ōuzhōu de chǎo de duō.

Auf Chinas Straßen ist der Lärm der Autohupen viel lauter als in Europa.

49. Auto – 1051

Rad	lúnzi
–	轮子

现在这个时候开车去长白山，轮子上得加防滑链。

Xiànzài zhège shíhou kāi chē qù Chángbáishān, lúnzi shàng děi jiā fánghuálián.

Wenn Sie zu dieser Jahreszeit mit dem Auto ins Changbaishan-Gebirge fahren, müssen Sie Schneeketten auf die Räder montieren.

49. Auto – 1052

Reifen	lúntāi
Rad + Embryo	轮胎

中国长途车后边常挂着一个轮胎。-- 大概是作备用的。

Zhōngguó chángtúchē hòubiān cháng guà zhe yí gè lúntāi. -- Dàgài shì zuò bèiyòng de.

In China hängt hinten an einem Fernbus oft ein Reifen. – Wahrscheinlich ist das der Ersatzreifen.

49. Auto – 1053

Benzin	qìyóu
Dampf + Öl	汽油

自行车不需要汽油，还能锻炼身体。-- 可它不很安全。

Zìxíngchē bù xūyào qìyóu, hái néng duànliàn shēntǐ. -- Kě tā bù hěn ānquán.

Das Fahrrad braucht kein Benzin und man kann damit noch den Körper trainieren. – Aber es ist nicht so sicher.

49. Auto – 1054

Tankstelle	jiāyóuzhàn
hinzufügen + Öl + stehen	加油站

请把烟掐了！加油站里不能抽烟。

Qǐng bǎ yān qiā le! Jiāyóuzhàn lǐ bù néng chōu yān.

Drücken Sie bitte Ihre Zigarette aus! An einer Tankstelle darf nicht geraucht werden.

49. Auto – 1055

Garage	chēkù
Wagen + Lagerhaus	车库

住房附近没有车库，你买了车停哪儿呢？-- 停在路边。

Zhùfáng fùjìn méi yǒu chēkù, nǐ mǎi le chē tíng nǎr ne? -- Tíng zài lù biān.

In der Nähe deines Wohnhauses gibt es keine Garagen. Wo wirst du dein Auto parken, wenn du es gekauft hast? – Am Straßenrand.

49. Auto – 1056

Parkplatz	tíngchēchǎng
anhalten + Wagen + Platz	停车场

市里有不收费的停车场吗？-- 废话！停车场都收费。

Shì lǐ yǒu bù shōu fèi de tíngchēchǎng ma? -- Fèihuà! Tíngchēchǎng dōu shōu fèi.

Gibt es in der Stadt kostenfreie Parkplätze? – Quatsch! Überall auf den Parkplätzen wird Geld kassiert.

49. Auto – 1057

Kilometer	gōnglǐ
amtlich + Li (= 500 Meter)	公里
你买的那辆旧车已经开过多少公里了？ -- 五万公里。	
Nǐ mǎi de nà liàng jiù chē yǐjing kāi guo duōshao gōnglǐ le? -- Wǔ wàn gōnglǐ.	
Wie viele Kilometer hatte der Gebrauchtwagen, den du gekauft hast? – 50 000 km.	

49. Auto – 1058

Geschwindigkeit	sùdù
Tempo + Grad	速度
这段路上只能按步行速度开车。 -- 简直跟蜗牛爬似的！	
Zhè duàn lù shàng zhǐ néng àn bùxíng sùdù kāi chē. -- Jiǎnzhí gēn wōniú pá shìde!	
Auf dieser Strecke darf man nur mit Schrittgeschwindigkeit fahren. – Fast so langsam wie eine Schnecke!	

49. Auto – 1059

Autobahn	gāosù gōnglù
hoch + Tempo + öffentlich + Straße	高速公路
中国高速公路上的最高速度限为每小时 110 公里。	
Zhōngguó gāosù gōnglù shàng de zuì gāo sùdù xiàn wéi měi xiǎoshí yì bǎi shí gōnglǐ.	
Die Höchstgeschwindigkeit auf chinesischen Autobahnen ist auf 110 km/h begrenzt.	

49. Auto – 1060

Landstraße	gōnglù
öffentlich + Straße	公路
我曾坐车穿过塔克拉玛干沙漠。笔直的公路望不到头！	
Wǒ céng zuò chē chuān guò Tǎkèlāmǎgān shāmò. Bǐzhí de gōnglù wàng bu dào tóu!	
Ich fuhr einmal mit dem Bus durch die Taklamakan-Wüste. Die schnurgerade Landstraße erstreckte sich endlos!	

49. Auto – 1061

Brücke (Straße)	lìjiāoqiáo
stehen + sich kreuzen + Brücke	立交桥
自从建了一些立交桥以后，市内的交通畅通了不少。	
Zìcóng jiàn le yìxiē lìjiāoqiáo yǐhòu, shì nèi de jiāotōng chàngtōng le bù shǎo.	
Nachdem einige Brücken gebaut wurden, ist der Verkehr in der Innenstadt viel flüssiger geworden.	

49. Auto – 1062

Unterführung	dìdào
Boden + Weg	地道
您想去马路对面吗？请走地道！ -- 地道入口在哪儿呢？	
Nín xiǎng qù mǎlù duìmiàn ma? Qǐng zǒu dìdào! -- Dìdào rùkǒu zài nǎr ne?	
Wollen Sie auf die andere Straßenseite? Dann gehen Sie bitte durch die Unterführung! – Wo ist denn der Eingang zur Unterführung?	

49. Auto – 1063

Stau	dǔchē
verstop-fen + Wagen	堵车

前头堵车，我们从右边巷子里绕过去吧？

Qiántou dǔchē, wǒmen cóng yòubiān xiàngzi lǐ rào guòqu ba?

Da vorne ist ein Stau. Wir machen einen Umweg rechts durch die Gassen, einverstanden?

49. Auto – 1064

Verkehrsregel	jiāotōng guīzé
s. kreuzen + durch-gehen + Regel + Satzung	交通规则

很多外国人说中国人不太遵守交通规则，你看呢？

Hěn duō wàiguórén shuō Zhōngguórén bú tài zūnshǒu jiāotōng guīzé, nǐ kàn ne?

Viele Ausländer sagen, dass Chinesen nicht so sehr auf die Verkehrsregeln achten. Wie siehst du die Sache?

49. Auto – 1065

Unfall	shìgù
Sache + Ereignis	事故

行人们说，这场事故是由一辆吉普车引起的。

Xíngrénmen shuō, zhè chǎng shìgù shì yóu yí liàng jípǔchē yǐnqǐ de.

Die Fußgänger behaupten, der Unfall sei durch einen Jeep verursacht worden.

49. Auto – 1066

Kreuzung	shízì lùkǒu
zehn + Schrift-zeichen + Straße + Mund	十字路口

十字路口的后边有个烤鸭店，您看见那个招牌吗？

Shízì lùkǒu de hòubiān yǒu gè kǎoyādiàn, nín kàn jiàn nàge zhāopái ma?

Hinter der Kreuzung ist ein Restaurant für Beijing-Ente. Sehen Sie das Ladenschild dort?

49. Auto – 1067

Ampel	hónglǜdēng
rot + grün + Lampe	红绿灯

红绿灯坏了，来了个警察。-- 大热天指挥交通够辛苦的！

Hónglǜdēng huài le, lái le gè jǐngchá. -- Dà rè tiān zhǐhuī jiāotōng gòu xīnkǔ de!

Die Ampeln sind kaputt, daher ist ein Polizist da. – Es ist recht anstrengend, bei so heißem Wetter den Verkehr zu regeln!

49. Auto – 1068

Führerschein	jiàshǐzhèng
steuern + fahren + Ausweis	驾驶证

思古的驾驶证被收走了。-- 听说他酒后开车撞树上了。

Sīgǔ de jiàshǐzhèng bèi shōu zǒu le. -- Tīngshuō tā jiǔ hòu kāi chē zhuàng shù shàng le.

Sigu wurde der Führerschein entzogen. – Ich habe gehört, dass er betrunken gegen einen Baum gefahren ist.

50. Andere Verkehrsmittel – 1069

Fahrrad	zìxíngchē
selber + gehen + Wagen	自行车
在中国，自行车上一般没有车灯。-- 要是路灯坏了呢？	
Zài Zhōngguó, zìxíngchē shàng yìbān méi yǒu chēdēng. -- Yàoshì lùdēng huài le ne?	
In China haben Fahrräder normalerweise kein Licht. – Was passiert, wenn die Straßenlaternen defekt sind?	

50. Andere Verkehrsmittel – 1070

Kette	liàntiáo
Kette + Streifen	链条
看你的手，这么脏！ -- 自行车链条半路上掉下来了。	
Kàn nǐ de shǒu, zhème zāng! -- Zìxíngchē liàntiáo bànlù shàng diào xiàlai le.	
Schau mal, deine Hände sind so schmutzig! – Unterwegs ist mir die Fahrradkette gerissen.	

50. Andere Verkehrsmittel – 1071

Luftpumpe	dǎqìtǒng
schlagen + Luft + Röhre	打气筒
轮胎没气了，打气筒在哪儿？ -- 在我手里，我来打。	
Lúntāi méi qì le, dǎqìtǒng zài nǎr? -- Zài wǒ shǒu lǐ, wǒ lái dǎ.	
Im Reifen ist keine Luft mehr. Wo ist die Luftpumpe? – Bei mir. Ich pumpe mal.	

50. Andere Verkehrsmittel – 1072

Kutsche	mǎchē
Pferd + Wagen	马车
汉语里有个成语说一辆马车走错了方向却不肯回头。	
Hànyǔ lǐ yǒu gè chéngyǔ shuō yí liàng mǎchē zǒu cuò le fāngxiàng què bù kěn huítóu.	
Im Chinesischen gibt es eine Redensart, die besagt: Eine Kutsche, die in eine falsche Richtung fährt, ist dennoch nicht bereit, umzukehren.	

50. Andere Verkehrsmittel – 1073

Dreirad (Transport)	sānlúnchē
drei + Rad + Wagen	三轮车
三轮车在中国很重要，搬大东西都要用到它。	
Sānlúnchē zài Zhōngguó hěn zhòngyào, bān dà dōngxi dōu yào yòng dào tā.	
Das Dreirad ist in China ganz wichtig. Man benutzt es zum Transport großer Gegenstände.	

50. Andere Verkehrsmittel – 1074

Motorrad	mótuōchē
(phon.) + (phon.) + Wagen	摩托车
我儿子说他坚决不买摩托车是因为不想撞死！	
Wǒ érzi shuō tā jiānjué bù mǎi mótuōchē shì yīnwèi bù xiǎng zhuàng sǐ!	
Mein Sohn sagt, er ist fest entschlossen, kein Motorrad zu kaufen, weil er nicht tödlich verunglücken will!	

50. Andere Verkehrsmittel – 1075

U-Bahn	dìtiě
Boden + Eisen	地铁

北京有一条环形的地铁线路。-- 可以坐在里面兜圈子玩吗？

Běijīng yǒu yì tiáo huánxíng de dìtiě xiànlù. -- Kěyǐ zuò zài lǐmiàn dōu quānzi wán ma?

In Beijing gibt es einen U-Bahn-Ring. – Kann man damit zum Vergnügen im Kreis herumfahren?

50. Andere Verkehrsmittel – 1076

öffentlicher Bus	gōnggòng qìchē
öffentlich + gemeinsam + Dampf + Wagen	公共汽车

在杭州七十岁以上的老人坐公共汽车只要一毛钱。

Zài Hángzhōu qīshí suì yǐshàng de lǎorén zuò gōnggòng qìchē zhǐ yào yì Máo qián.

In Hangzhou brauchen alte Leute über 70 für eine Fahrt mit öffentlichen Bussen lediglich 10 Fen zu bezahlen.

50. Andere Verkehrsmittel – 1077

Trolleybus, O-Bus	wúguǐ diànchē
ohne + Schiene + Strom + Wagen	无轨电车

在中国无轨电车很多，而有轨电车相当少见。

Zài Zhōngguó wúguǐ diànchē hěn duō, ér yǒuguǐ diànchē xiāngdāng shǎo jiàn.

In China gibt es sehr viele Oberleitungsbusse, während Straßenbahnen ganz selten zu sehen sind.

50. Andere Verkehrsmittel – 1078

Fernbus	chángtúchē
lang + Strecke + Wagen	长途车

上海到南京的长途车每天都有很多班次。

Shànghǎi dào Nánjīng de chángtúchē měi tiān dōu yǒu hěn duō bāncì.

Zwischen Shanghai und Nanjing verkehren jeden Tag sehr viele planmäßige Fernbusse.

50. Andere Verkehrsmittel – 1079

Buslinie	lù
(Weg)	路

去你家，交通方便吗？-- 你坐318路电车可以直接到我家。

Qù nǐ jiā, jiāotōng fāngbiàn ma? -- Nǐ zuò sān-yī-bā lù diànchē kěyǐ zhíjiē dào wǒ jiā.

Ist es einfach, zu dir nach Hause zu kommen? – Mit dem Trolleybus der Linie 318 kannst du direkt zu mir kommen.

50. Andere Verkehrsmittel – 1080

Bushaltestelle	qìchēzhàn
Dampf + Wagen + stehen	汽车站

这么晚还有车吗？-- 一定还有！汽车站里很多人在等车。

Zhème wǎn hái yǒu chē ma? -- Yídìng hái yǒu! Qìchēzhàn lǐ hěn duō rén zài děng chē.

Fährt so spät noch ein Bus? – Sicherlich! An der Haltestelle warten noch viele Leute auf den Bus.

50. Andere Verkehrsmittel – 1081

Endstation	zhōngdiǎnzhàn
Ende + Punkt + stehen	终点站

去光明电影院要坐几站？-- 坐到终点站！

Qù Guāngmíng Diànyǐngyuàn yào zuò jǐ zhàn? -- Zuò dào zhōngdiǎnzhàn!

Wie viele Stationen muss ich fahren, um zum Guangming-Kino zu kommen? – Fahren Sie bis zur Endstation!

50. Andere Verkehrsmittel – 1082

Monatskarte	yuèpiào
Monat + Ticket	月票

我买了月票，想到处玩玩。-- 月票上要贴照片吗？

Wǒ mǎi le yuèpiào, xiǎng dàochù wánwan. -- Yuèpiào shàng yào tiē zhàopiàn ma?

Ich habe mir eine Monatskarte besorgt und will damit überall herum fahren. – Braucht man für die Monatskarte ein Foto?

50. Andere Verkehrsmittel – 1083

Fahrer, Pilot	jiàshǐyuán
steuern + fahren + Mitglied	驾驶员

开飞机、开出租车、开电车的人汉语里都可叫“驾驶员”。

Kāi fēijī, kāi chūzūchē, kāi diànchē de rén Hànyǔ lǐ dōu kě jiào „jiàshǐyuán“.

Die Menschen, die Flugzeuge, Taxis, Trolleybusse usw. steuern, kann man in der chinesischen Sprache als „jiashiyuan“ bezeichnen.

50. Andere Verkehrsmittel – 1084

Schiff, Boot	chuán
–	船

春花脚踏两只船，决不定嫁给哪个男人比较好。

Chūnhuā jiǎo tà liǎng zhī chuán, jué bu dìng jià gěi nǎge nánrén bǐjiào hǎo.

Chunhua steht gleichzeitig auf zwei Booten (= zwei Dinge im Spiel haben). Sie ist sich unschlüssig, welchen (von den beiden Männern) sie heiraten soll.

50. Andere Verkehrsmittel – 1085

Fähre	dùchuán
überqueren + Boot	渡船

大桥建成后，这条河上的渡船就要“退休”了。

Dà qiáo jiàn chéng hòu, zhè tiáo hé shàng de dùchuán jiù yào „tuìxiū“ le.

Nach Fertigstellung der großen Brücke wird die Fähre auf diesem Fluss bald in den „Ruhestand“ treten.

50. Andere Verkehrsmittel – 1086

Passagierschiff	kèlún
Gast + Rad	客轮

迈尔先生，我建议您乘坐长江客轮，观看一下山景。

Mài'ěr Xiānsheng, wǒ jiànyì nín chéngzuò Chángjiāng kèlún, guānkàn yíxià shānjǐng.

Herr Mayer, ich schlage Ihnen vor, eine Yangtsefahrt mit einem Passagierschiff zu machen, um sich die Gebirgslandschaft anzuschauen.

50. Andere Verkehrsmittel – 1087

Frachtschiff	huòchuán
Ware + Boot	货船
德国市场上的很多东西是用货船从中国运来的。	
Déguó shìchăng shàng de hĕn duō dōngxi shì yòng huòchuán cóng Zhōngguó yùn lái de.	
Sehr viele Waren auf dem deutschen Markt wurden mit Frachtschiffen aus China eingeführt.	

50. Andere Verkehrsmittel – 1088

Rettungsring	jiùshēngquān
retten + Leben + Ring	救生圈
上了船我们先去看救生圈挂在哪儿！ -- 你怕掉水里吗？	
Shàng le chuán wŏmen xiān qù kàn jiùshēngquān guà zài năr! -- Nĭ pà diào shuĭ lĭ ma?	
An Bord schauen wir zuerst, wo die Rettungsringe hängen! – Hast du Angst, ins Wasser zu fallen?	

50. Andere Verkehrsmittel – 1089

Hafen	găngkŏu
Hafen + Mund	港口
香港是“香的港口”？ -- 早先有很多香料运到这儿来。	
Xiānggăng shì „xiāng de găngkŏu“? -- Zăoxiān yŏu hĕn duō xiāngliào yùn dào zhèr lái.	
Heißt Hongkong „duftender Hafen“? – Ja, weil früher viele Gewürze hierher transportiert wurden.	

50. Andere Verkehrsmittel – 1090

Kai, Anlegeplatz	mătou
stapeln + (Nachsilbe)	码头
傍晚，码头边停下许多渔船，有的船上开始做饭了。	
Bàngwăn, mătou biān tíng xià xŭduō yúchuán, yŏude chuán shàng kāishĭ zuò fàn le.	
Gegen Abend legten viele Fischerboote am Kai an. Auf einigen Booten begann man schon damit, das Abendessen zu kochen.	

50. Andere Verkehrsmittel – 1091

Brücke (Wasser)	qiáo
–	桥
船到桥头自会直。到了美国，她肯定能适应！	
Chuán dào qiáo tóu zì huì zhí. Dào le Mĕiguó, tā kĕndìng néng shìyìng!	
Wenn sich ein Boot einer Brücke nähert, wird es sich von selbst gerade richten (= kein Problem). In Amerika wird sie sich bestimmt gut einleben!	

50. Andere Verkehrsmittel – 1092

Kapitän	chuánzhăng
Schiff + Chef	船长
你看见船长了吗？ -- 看见了。他一把大胡子，活像个海盗！	
Nĭ kàn jiàn chuánzhăng le ma? -- Kàn jiàn le. Tā yì bă dà húzi, huó xiàng gè hăidào!	
Hast du den Kapitän schon gesehen? – Ja, ich habe ihn bereits gesehen. Mit dem Vollbart sieht er wie ein Seeräuber aus!	

51. Tourismus – 1093

Reisebüro	lǚxíngshè
reisen + gehen + Verein	旅行社
最近几年，在欧洲办起了很多为中国人旅欧服务的旅行社。	
Zuìjìn jǐ nián, zài Ōuzhōu bàn qǐ le hěn duō wèi Zhōngguórén lǚ Ōu fúwù de lǚxíngshè.	
In den letzten Jahren sind in Europa viele Reisebüros aufgemacht worden, die für Chinesen Europa-Reisen veranstalten.	

51. Tourismus – 1094

Reisegruppe	lǚyóutuán
reisen + bereisen + Gruppe	旅游团
我父母曾经跟旅游团一起去中国游玩，到过桂林。	
Wǒ fùmǔ céngjīng gēn lǚyóutuán yìqǐ qù Zhōngguó yóuwán, dào guo Guìlín.	
Meine Eltern haben einmal mit einer Reisegruppe eine China-Reise gemacht und waren so auch in Guilin.	

51. Tourismus – 1095

Reiseführer (Mensch)	dǎoyóu
führen + bereisen	导游
他们说，中国导游的外语都说得不错。	
Tāmen shuō, Zhōngguó dǎoyóu de wàiyǔ dōu shuō de búcuò.	
Sie sagen, dass die chinesischen Reiseführer recht gut Fremdsprachen sprechen können.	

51. Tourismus – 1096

Plan	jìhuà
rechnen + planen	计划
彼得有一个中国旅游计划，打算一个月内跑十个省。	
Bǐdé yǒu yí gè Zhōngguó lǚyóu jìhuà, dǎsuàn yí gè yuè nèi pǎo shí gè shěng.	
Peter hat einen Plan für eine China-Reise. Er will innerhalb eines Monats zehn chinesische Provinzen besuchen.	

51. Tourismus – 1097

Reisepass	hùzhào
schützen + Bescheinigung	护照
我护照的有效期快到期了。-- 你可以去什么地方延长？	
Wǒ hùzhào de yǒuxiàoqī kuài dào qī le. -- Nǐ kěyǐ qù shénme dìfang yáncháng?	
Mein Reisepass läuft bald ab. – Wo kannst du ihn verlängern lassen?	

51. Tourismus – 1098

Visum	qiānzhèng
Etikett + Ausweis	签证
我想申请旅游签证。-- 请您填一下这张表格！	
Wǒ xiǎng shēnqǐng lǚyóu qiānzhèng. -- Qǐng nín tián yíxià zhè zhāng biǎogé!	
Ich möchte ein Touristenvisum beantragen. – Bitte füllen Sie das Formular aus!	

51. Tourismus – 1099

Zollamt	hǎiguān
Meer + zu-machen	海关

我叔叔从意大利回来时带了八瓶酒，海关人员却没查到他！

Wǒ shūshu cóng Yìdàlì huí lái shí dài le bā píng jiǔ, hǎiguān rényuán què méi chá dào tā!

Als mein Onkel von Italien (nach China) zurückflog, hatte er acht Flaschen Wein dabei. Der Zollbeamte hat ihn aber zum Glück nicht kontrolliert!

51. Tourismus – 1100

Stadtplan, Landkarte	dìtú
Boden + Bild	地图

我有一次在大同坐出租车，司机竟看不懂地图！你信不信？

Wǒ yǒu yí cì zài Dàtóng zuò chūzūchē, sījī jìng kàn bu dǒng dìtú! Nǐ xìn bu xìn?

Einmal nahm ich in Datong ein Taxi. Der Fahrer konnte erstaunlicherweise den Stadtplan nicht lesen! Kannst du dir das vorstellen?

51. Tourismus – 1101

Rucksack	bèibāo
Rücken + Tasche	背包

你的背包怎么那么满！-- 帐篷、睡袋、水壶都得带吧？

Nǐ de bèibāo zěnme nàme mǎn! -- Zhàngpeng, shuìdài, shuǐhú dōu děi dài ba?

Warum ist dein Rucksack so voll? – Zelt, Schlafsack und Wasserflasche muss man doch mitnehmen, oder?

51. Tourismus – 1102

Fotoapparat	xiàngjī
Aussehen + Gerät	相机

我差不多每十年买个新相机。-- 那现在该买数码相机了。

Wǒ chàbuduō měi shí nián mǎi gè xīn xiàngjī. -- Nà xiànzài gāi mǎi shùmǎ xiàngjī le.

Ich kaufe fast alle zehn Jahre eine neue Kamera. – Dann solltest du dir jetzt eine Digitalkamera zulegen.

51. Tourismus – 1103

Film (Foto)	jiāojuǎn
Leim + Rolle	胶卷

东林喜欢柯达胶卷，他说洗印出来的照片会带点金色。

Dōnglín xǐhuan Kēdá jiāojuǎn, tā shuō xǐ yìn chūlai de zhàopiàn huì dài diǎn jīn sè.

Donglin gefallen die Kodak-Filme ganz gut. Er sagt, die entwickelten Fotos bekommen einen goldenen Farbton.

51. Tourismus – 1104

Foto	zhàopiàn
bestrahlen + dünne Scheibe	照片

我认识一位摄影师，他拍的人像照片都特别好。

Wǒ rènshi yí wèi shèyǐngshī, tā pāi de rénxiàng zhàopiàn dōu tèbié hǎo.

Ich kenne einen Fotografen, dessen Porträtaufnahmen besonders gut sind.

51. Tourismus – 1105

Landschaft	fēngjǐng
Wind + Anblick	风景
漓江的山水风景特别美，建议您去那儿乘船作个一日游。	
Líjiāng de shān shuǐ fēngjǐng tèbié měi, jiànyì nín qù nàr chéng chuán zuò gè yí rì yóu.	
Die Berg- und Flusslandschaft am Lijiang-Fluss ist besonders schön. Ich schlage Ihnen vor, dorthin mit dem Schiff eine Tagesreise zu machen.	

51. Tourismus – 1106

Sehenswürdigkeit	míngshèng gǔjī
namhaft + Herrlichkeit + alt + Spur	名胜古迹
名胜古迹是越古越好。-- 你去看过西安的兵马俑了吗？	
Míngshèng gǔjī shì yuè gǔ yuè hǎo. -- Nǐ qù kàn guo Xī'ān de bīngmǎyǒng le ma?	
Je älter die Sehenswürdigkeiten sind, desto interessanter sind sie. – Hast du dir schon die Terrakottasoldaten und -pferde von Xi'an angesehen?	

51. Tourismus – 1107

Palast	gōng
–	宫
北京有那么多的宫、殿、塔、亭。-- 一个月也看不过来！	
Běijīng yǒu nàme duō de gōng, diàn, tǎ, tíng. -- Yí gè yuè yě kàn bu guòlai!	
In Beijing gibt es so viele Paläste, Schlösser, Pagoden, Pavillons usw. – Ein Monat reicht nicht, sie alle anzuschauen!	

51. Tourismus – 1108

Ruine	yízhǐ
hinter-lassen + Standort	遗址
中国现在还有一些古城遗址，例如新疆的高昌古城。	
Zhōngguó xiànzài hái yǒu yìxiē gǔ chéng yízhǐ, lìrú Xīnjiāng de Gāochāng gǔ chéng.	
In China sind noch einige Stadtruinen aus der alten Zeit zu sehen, z.B. die alte Stadt Gaochang in Xinjiang.	

51. Tourismus – 1109

Gedenkstein	shíbēi
Stein + Denkmal	石碑
西安的碑林博物馆有一千多块刻有文字和图像的石碑。	
Xī'ān de Bēilín Bówùguǎn yǒu yì qiān duō kuài kè yǒu wénzì hé túxiàng de shíbēi.	
Im Gedenktafel-Museum von Xi'an sind mehr als 1000 Gedenksteine mit geschnitzten Schriftzeichen und Bildern zu sehen.	

51. Tourismus – 1110

Museum	bówùguǎn
umfang-reich + Ding + Halle	博物馆
你去过山西平遥吗？-- 去过。整个城像是一个博物馆！	
Nǐ qù guo Shānxī Píngyáo ma? -- Qù guo. Zhěng gè chéng xiàng shì yí gè bówùguǎn!	
Warst du mal in Pingyao in (der Provinz) Shanxi? – Ja. Die ganze Stadt ist wie ein Museum!	

51. Tourismus – 1111

Ausstellung	zhǎnlǎnhuì
ausstellen + besichtigen + Treffen	展览会

美术陈列馆里现在有个微雕展览会。-- 我们明天去吧？

Měishù Chénlièguǎn lǐ xiànzài yǒu gè wēidiāo zhǎnlǎnhuì. -- Wǒmen míngtiān qù ba?

In der Pinakothek gibt es jetzt eine Ausstellung von Mikrogravuren. – Gehen wir morgen hin?

51. Tourismus – 1112

Eintrittskarte	ménpiào
Tür + Karte	门票

对很多中国的寺庙来说，门票是一项重要的收入。

Duì hěn duō Zhōngguó de sìmiào láishuō, ménpiào shì yí xiàng zhòngyào de shōurù.

Die Eintrittskarten sind für viele chinesische Klöster und Tempel ein wichtiges Einkommen.

51. Tourismus – 1113

Archäologie	kǎogǔxué
prüfen + Altertum + Fach	考古学

阿敏是德国考古学家。他很想去中国参加考古挖掘工作。

Āmǐn shì Déguó kǎogǔxuéjiā. Tā hěn xiǎng qù Zhōngguó cānjiā kǎogǔ wājué gōngzuò.

Armin ist deutscher Archäologe. Er wünscht sich sehr, in China mal an einer archäologischen Ausgrabung teilzunehmen.

51. Tourismus – 1114

Dynastie	cháodài
Dynastie + Periode	朝代

你对中国的哪个朝代比较了解？-- 我想是唐朝吧。

Nǐ duì Zhōngguó de nǎ gè cháodài bǐjiào liǎojiě? -- Wǒ xiǎng shì Tángcháo ba.

Welche chinesische Dynastie kennst du besser? – Ich glaube die Tang-Dynastie.

51. Tourismus – 1115

Kaiser	huángdì
Kaiser + höchstes Wesen	皇帝

天高皇帝远。这个小山村很偏远，没人来管我们。

Tiān gāo huángdì yuǎn. Zhège xiǎo shāncūn hěn piānyuǎn, méi rén lái guǎn wǒmen.

Der Himmel ist hoch, der Kaiser ist weit. Dieses kleine Bergdorf liegt so abgeschieden, dass niemand hierher kommt, uns zu kontrollieren.

52. Sport – 1116

Sport	yùndòng
befördern + bewegen	运动

你喜欢运动吗？-- 我喜欢练气功。气功算不算体育运动？

Nǐ xǐhuan yùndòng ma? -- Wǒ xǐhuan liàn qìgōng. Qìgōng suàn bu suàn tǐyù yùndòng?

Treibst du gern Sport? – Ich übe gern Qigong. Aber zählt Qigong zu Sport?

52. Sport – 1117

Stadion	tǐyùchǎng
Körper + erziehen + Platz	体育场
西蒙，明天体育场有足球比赛。-- 是谁跟谁踢呀？	
Xīměng, míngtiān tǐyùchǎng yǒu zúqiú bǐsài. -- Shì shuí gēn shuí tī ya?	
Simon, morgen gibt es im Stadion ein Fußballspiel. – Wer spielt gegen wen?	

52. Sport – 1118

Schwimmbad	yóuyǒngchí
schwimmen + Schwimmen + Teich	游泳池
我们校园里有操场、健身房和游泳池供大家使用。	
Wǒmen xiàoyuán lǐ yǒu cāochǎng, jiànshēnfáng hé yóuyǒngchí gōng dàjiā shǐyòng.	
Im Campus unserer Universität gibt es Sportplätze, eine Sporthalle und ein Schwimmbad für alle.	

52. Sport – 1119

Olympiade	Àoyùnhuì
(phon.) + Sport + Treffen	奥运会
下届奥运会在北京举行。出租车司机现在已经在学英语了。	
Xià jiè Àoyùnhuì zài Běijīng jǔxíng. Chūzūchē sījī xiànzài yǐjing zài xué Yīngyǔ le.	
Die nächste Olympiade findet in Beijing statt. Die Taxifahrer lernen jetzt schon Englisch.	

52. Sport – 1120

Mannschaft	duì
(Menschengruppe)	队
今天的排球比赛是八一队对北京队。-- 你希望哪个队赢？	
Jīntiān de páiqiú bǐsài shì Bāyīduì duì Běijīngduì. -- Nǐ xīwàng nǎge duì yíng?	
Beim heutigen Volleyballspiel kämpft die Mannschaft „1. August" gegen die von Beijing. – Welcher Mannschaft wünschst du den Sieg?	

52. Sport – 1121

Sportler	yùndòngyuán
befördern + bewegen + Mitglied	运动员
田华是登山运动员，全身上下没有一丁点儿肥肉！	
Tián Huá shì dēng shān yùndòngyuán, quán shēn shàng xià méi yǒu yìdīngdiǎnr féi ròu!	
Tian Hua ist Bergsportler. An seinem ganzen Körper ist kein Gramm Fett!	

52. Sport – 1122

Trainer	jiàoliàn
lehren + trainieren	教练
中国足球队请过一位德国教练。-- 他用德语训练队员吗？	
Zhōngguó zúqiúduì qǐng guo yí wèi Déguó jiàoliàn. -- Tā yòng Déyǔ xùnliàn duìyuán ma?	
Die chinesische Fußballmannschaft hatte einmal einen deutschen Trainer engagiert. – Hat er im Training mit der Mannschaft deutsch gesprochen?	

52. Sport – 1123

Wettkampf	bǐsài
vergleichen + wettkämpfen	比赛

比赛的时候，裁判要是不公正，观众们就会叫起来。

Bǐsài de shíhou, cáipàn yàoshì bù gōngzhèng, guānzhòngmen jiù huì jiào qǐlai.

Wenn der Schiedsrichter bei einem Wettkampf nicht gerecht ist, werden die Zuschauer laut protestieren.

52. Sport – 1124

Meisterschaftstitel	guànjūn
höchste Stelle + Armee	冠军

中国游泳队在今年的国际比赛中拿了好几个冠军。

Zhōngguó yóuyǒngduì zài jīnnián de guójì bǐsài zhōng ná le hǎojǐ gè guànjūn.

Die chinesische Schwimmmannschaft hat beim diesjährigen internationalen Wettkampf mehrere Meisterschaftstitel gewonnen.

52. Sport – 1125

Fußball	zúqiú
Fuß + Ball	足球

我觉得看篮球比赛比看足球比赛有劲，进的球多！你说呢？

Wǒ juéde kàn lánqiú bǐsài bǐ kàn zúqiú bǐsài yǒujìn, jìn de qiú duō! Nǐ shuō ne?

Ich finde ein Basketballspiel viel interessanter als ein Fußballspiel. Da gelingt ein Korbwurf viel öfter als ein Torschuss! Und was denkst du?

52. Sport – 1126

Tischtennis	pīngpāngqiú
(Onomatopöie) + (Onomatopöie) + Ball	乒乓球

中国人打球是：球越小打得越好。-- 所以乒乓球世界第一！

Zhōngguórén dǎ qiú shì: qiú yuè xiǎo dǎ de yuè hǎo. -- Suǒyǐ pīngpāngqiú shìjiè dì yī!

Für den chinesischen Ballsport gilt: Je kleiner der Ball ist, desto besser spielen die Chinesen. – Deshalb sind sie beim Tischtennis die Nr. 1 in der Welt!

52. Sport – 1127

Schläger	qiúpāi
Ball + klopfen	球拍

羽毛球球拍与网球球拍有什么不同？-- 不知道！

Yǔmáoqiú qiúpāi yǔ wǎngqiú qiúpāi yǒu shénme bùtóng? -- Bù zhīdào!

Welchen Unterschied gibt es zwischen einem Federball- und einem Tennisschläger? – Keine Ahnung!

52. Sport – 1128

Leichtathletik	tiánjìng
Feld + Pfad	田径

马福爱好田径运动，跳高、跳远、百米跑都非常出色。

Mǎ Fú àihào tiánjìng yùndòng, tiàogāo, tiàoyuǎn, bǎimǐpǎo dōu fēicháng chūsè.

Ma Fu liebt Leichtathletik. Im Hochsprung, Weitsprung und 100-Meter-Lauf ist er hervorragend.

52. Sport – 1129

Turnen	tǐcāo
Körper + drillen	体操

自由体操、高低杠、吊环等这些项目大概很难评分吧？

Zìyóu tǐcāo, gāodīgàng, diàohuán děng zhèxiē xiàngmù dàgài hěn nán píng fēn ba?

Die Leistung beim Bodenturnen, Stufenbarren, an den Ringen usw. ist wahrscheinlich sehr schwer zu bewerten, oder?

52. Sport – 1130

Boxen	quánjī
Faust + zuschla- gen	拳击

我最不爱看拳击，两个人打得鼻青脸肿，没意思！

Wǒ zuì bú ài kàn quánjī, liǎng gè rén dǎ de bí-qīng-liǎnzhǒng, méi yìsi!

Was ich gar nicht gern anschaue, ist Boxen. Zwei Menschen schlagen sich die Nase grün und das Gesicht dick (= grün und blau): völlig uninteressant!

52. Sport – 1131

Wushu-Kampfkunst	wǔshù
militä- risch + Können	武术

中国的武术虽然也有对打，但一般不会伤人。

Zhōngguó de wǔshù suīrán yě yǒu duìdǎ, dàn yìbān bú huì shāng rén.

In der chinesischen Wushu-Kampfkunst gibt es zwar auch Kampfszenen, aber da wird normalerweise niemand verletzt.

52. Sport – 1132

chin. Schattenboxen	tàijíquán
höchst + Pol + Faust	太极拳

老师们在学校的运动会上表演打太极拳。

Lǎoshīmen zài xuéxiào de yùndònghuì shàng biǎoyǎn dǎ tàijíquán.

Auf dem Sportfest unserer Schule führen die Lehrer das chinesische Schattenboxen vor.

53. Medien – 1133

Medien	méitǐ
Vermitt- ler + Körper	媒体

我想，今天每一个人多多少少都跟媒体有点儿关系。

Wǒ xiǎng, jīntiān měi yí gè rén duōduō-shǎo-shǎo dōu gēn méitǐ yǒu diǎnr guānxi.

Ich denke, dass heute jeder Mensch mehr oder weniger etwas mit den Medien zu tun hat.

53. Medien – 1134

Zeitung	bàozhǐ
Zeitung + Papier	报纸

哪儿可以订报纸？我想订“光明日报”。-- 去邮局订吧！

Nǎr kěyǐ dìng bàozhǐ? Wǒ xiǎng dìng „Guāng-míng Rìbào“. -- Qù yóujú dìng ba!

Wo kann man Zeitungen abonnieren? Ich möchte nämlich eine „Guangming Tageszeitung“ abonnieren. – Gehen Sie zum Postamt!

53. Medien – 1135

Zeitschrift	zázhì
divers + schriftliche Aufzeichnung	杂志
请问这些<u>杂志</u>要多少钱一本？ -- 十块到二十块之间。	
Qǐng wèn zhèxiē zázhì yào duōshao qián yì běn? -- Shí Kuài dào èrshí Kuài zhījiān.	
Bitte, wie viel kostet jeweils ein Exemplar von diesen Zeitschriften? – Zwischen 10 und 20 Yuan.	

53. Medien – 1136

Artikel, Text	wénzhāng
Schrift + Kapitel	文章
我每天看报只看大标题，没有时间看大块<u>文章</u>。	
Wǒ měi tiān kàn bào zhǐ kàn dà biāotí, méi yǒu shíjiān kàn dà kuài wénzhāng.	
Beim täglichen Zeitungslesen schaue ich nur auf die Schlagzeilen. Ich habe keine Zeit für die langen Artikel.	

53. Medien – 1137

Journalist	jìzhě
aufzeichnen + Mensch	记者
我很想当<u>记者</u>。-- <u>记者</u>们天天<u>东奔西跑</u>搞采访，太累！	
Wǒ hěn xiǎng dāng jìzhě. -- Jìzhěmen tiāntiān <u>dōngbēn-xīpǎo</u> gǎo cǎifǎng, tài lèi!	
Ich möchte sehr gerne Journalist werden. – Journalisten <u>hasten</u> täglich <u>nach Ost und nach West</u> (= von Pontius zu Pilatus rennen), um zu interviewen. Das ist zu anstrengend!	

53. Medien – 1138

Radiostation	guǎngbō diàntái
breit + senden + Strom + Tisch	广播电台
中国每个城市都有<u>广播电台</u>。播音员都说普通话。	
Zhōngguó měi gè chéngshì dōu yǒu guǎngbō diàntái. Bōyīnyuán dōu shuō Pǔtōnghuà.	
In China hat jede Stadt eine eigene Radiostation. Die Ansager sprechen alle Mandarin.	

53. Medien – 1139

Fernsehsender	diànshìtái
Strom + anschauen + Tisch	电视台
在中国的宾馆里，现在也能收到外国<u>电视台</u>的节目。	
Zài Zhōngguó de bīnguǎn lǐ, xiànzài yě néng shōu dào wàiguó diànshìtái de jiémù.	
In (guten) chinesischen Hotels kann man jetzt auch ausländische Fernsehsender empfangen.	

53. Medien – 1140

Fernsehturm	diànshìtǎ
Strom + anschauen + Pagode	电视塔
上海<u>电视塔</u>上面可以了望、喝茶、吃饭，而且还有宾馆。	
Shànghǎi diànshìtǎ shàngmiàn kěyǐ liàowàng, hē chá, chī fàn, érqiě hái yǒu bīnguǎn.	
Oben im Shanghaier Fernsehturm kann man in die Ferne sehen, Tee trinken und essen, außerdem gibt es dort auch noch ein Hotel.	

53. Medien – 1141

Programm	jiémù
Abschnitt + einzelner Punkt	节目
父子两人都爱看体育节目，常常看得废寝忘食。	
Fù zǐ liǎng rén dōu ài kàn tǐyù jiémù, chángcháng kàn de fèiqǐn-wàngshí.	
Vater und Sohn sehen beide sehr gern Sportsendungen. Oft vergessen sie darüber zu essen und zu schlafen.	

53. Medien – 1142

Neuigkeit	xīnwén
neu + hören	新闻
陈奇晚上七点一定看新闻节目，雷打不动。	
Chén Qí wǎnshang qī diǎn yídìng kàn xīnwén jiémù, léidǎ-búdòng.	
Dass Chen Qi abends um 7 Uhr stets die Nachrichten sieht, kann kein Donner erschüttern (= in keinem Fall ändern).	

54. Literatur – 1143

Literatur	wénxué
Schrift + Fach	文学
中国人爱看外国文学吗？-- 爱看。名著都译成汉语了。	
Zhōngguórén ài kàn wàiguó wénxué ma? -- Ài kàn. Míng zhù dōu yì chéng Hànyǔ le.	
Lesen Chinesen gern ausländische Literatur? – Ja, sehr gerne. Alle berühmten Werke sind ins Chinesische übersetzt worden.	

54. Literatur – 1144

Roman	xiǎoshuō
klein + reden	小说
白农礼是"书蛀虫"，拿起一本小说就忘了自己在哪儿了。	
Bái Nónglǐ shì „shū zhùchóng", ná qǐ yì běn xiǎoshuō jiù wàng le zìjǐ zài nǎr le.	
Bai Nongli ist ein „Bücherwurm". Sobald er einen Roman in die Hand genommen hat, weiß er nicht mehr, wo er ist.	

54. Literatur – 1145

Gedicht	shīgē
Gedicht + Lied	诗歌
安娜，你觉得中国诗歌好懂不好懂？-- 古诗不太好懂。	
Ānnà, nǐ juéde Zhōngguó shīgē hǎodǒng bu hǎodǒng? -- Gǔ shī bú tài hǎodǒng.	
Anna, sind für dich die chinesischen Gedichte leicht zu verstehen oder nicht? – Die klassischen Gedichte sind nicht so leicht.	

54. Literatur – 1146

Biografie	zhuànjì
Biografie + aufzeichnen	传记
他的书架上什么书都有：回忆录、传记、童话、菜谱等等。	
Tā de shūjià shàng shénme shū dōu yǒu: huíyìlù, zhuànjì, tónghuà, càipǔ děngděng.	
In seinem Bücherregal stehen alle möglichen Bücher: Memoiren, Biografien, Märchen, Kochbücher usw.	

54. Literatur – 1147

Inhalt	nèiróng
innen + fassen	内容

小说“西游记”的内容是讲猴王保护唐僧去西天的故事。

Xiǎoshuō „Xīyóujì“ de nèiróng shì jiǎng hóuwáng bǎohù Tángsēng qù xītiān de gùshi.

Im Inhalt des Romans „Reise nach Westen“ geht es um den Affenkönig, der einen Mönch aus der Tang-Zeit auf seiner Reise nach Westen schützt.

54. Literatur – 1148

Buch	shū
–	书

这本书是侦探故事还是爱情故事？-- 两者都有。

Zhè běn shū shì zhēntàn gùshi háishì àiqíng gùshi? -- Liǎng zhě dōu yǒu.

Ist dieses Buch ein Krimi oder eine Liebesgeschichte? – Beides ist drin.

54. Literatur – 1149

Seite (Buch)	yè
–	页

长篇小说“红楼梦”有一千多页呢。-- 你看到第几页了？

Cháng piān xiǎoshuō „Hónglóumèng“ yǒu yì qiān duō yè ne. -- Nǐ kàn dào dì jǐ yè le?

Der Roman „Der Traum der roten Kammer“ hat über 1000 Seiten. – Auf der wievielten Seite bist du schon?

54. Literatur – 1150

Zeile	háng
–	行

第七行第四个字，我觉得它印错了。-- 啊，你说得对！

Dì qī háng dì sì gè zì, wǒ juéde tā yìn cuò le. -- À, nǐ shuō de duì!

Das vierte Schriftzeichen in der siebten Zeile scheint mir ein Druckfehler zu sein. – Ah ja, du hast recht!

54. Literatur – 1151

Verlag	chūbǎnshè
erscheinen + Auflage + Verein	出版社

这套百科全书是哪个出版社出版的？-- 商务印书馆。

Zhè tào bǎikē quánshū shì nǎge chūbǎnshè chūbǎn de? -- Shāngwù Yìnshūguǎn.

Welcher Verlag hat diese Enzyklopädie herausgegeben? – Der Shangwu-Verlag.

54. Literatur – 1152

Bibliothek	túshūguǎn
Bild + Buch + Halle	图书馆

我想以后常来图书馆借书。今天能不能办个借书证？

Wǒ xiǎng yǐhòu cháng lái túshūguǎn jiè shū. Jīntiān néng bu néng bàn gè jièshūzhèng?

Ich habe vor, in Zukunft oft in die Bibliothek zu kommen, um mir Bücher auszuleihen. Können Sie mir heute einen Leserausweis ausstellen?

54. Literatur – 1153

Schriftsteller	zuòjiā
machen + Spezia-list	作家

几年前，有一位华人作家得了诺贝尔文学奖。-- 他叫什么？

Jĭ nián qián, yŏu yí wèi huárén zuòjiā dé le Nuòbèi'ĕr Wénxuéjiăng. -- Tā jiào shénme?

Vor ein paar Jahren hat ein Schriftsteller chinesischer Abstammung den Nobelpreis für Literatur bekommen. – Wie heißt er?

55. Kunst – 1154

Kultur	wénhuà
zivil + werden	文化

西方的汉学家们对中国古老的文化也很有研究。

Xīfāng de hànxuéjiāmen duì Zhōngguó gŭlăo de wénhuà yĕ hĕn yŏu yánjiū.

Auch die westlichen Sinologen haben die alte chinesische Kultur sehr gut erforscht.

55. Kunst – 1155

Kunst	yìshù
Kunst + Können	艺术

学校里能学习不同的艺术。但是哪儿可以学到生活的艺术？

Xuéxiào lĭ néng xuéxí bùtóng de yìshù. Dànshì năr kĕyĭ xué dào shēnghuó de yìshù?

In der Schule kann man verschiedene Künste lernen. Wo aber kann man die Kunst des Lebens lernen?

55. Kunst – 1156

Tuschmalerei	shuĭmòhuà
Wasser + Tusche + malen	水墨画

中国的水墨画不强调写实，而是强调写意。

Zhōngguó de shuĭmòhuà bù qiángdiào xiĕ shí, érshì qiángdiào xiĕ yì.

Die chinesische Tuschmalerei strebt nicht so sehr danach, realistisch zu malen, sondern danach, den Gedanken und das Gefühl des Malers zu zeigen.

55. Kunst – 1157

Bild, Gemälde	huà
–	画

在欧洲，画都放在画框里，而中国画大都要裱起来。

Zài Ōuzhōu, huà dōu fàng zài huàkuāng lĭ, ér Zhōngguó huà dàdōu yào biăo qĭlai.

In Europa werden Gemälde gerahmt; Bilder der chinesischen Malerei werden aber meistens (auf Bildrollen) aufgezogen.

55. Kunst – 1158

Aquarell	shuĭcăihuà
Wasser + bunt + malen	水彩画

妈妈，这学期美术课要学水彩画，你给我买点水彩颜料吧！

Māma, zhè xuéqī mĕishùkè yào xué shuĭcăihuà, nĭ gĕi wŏ măi diăn shuĭcăi yánliào ba!

Mutti, in diesem Semester lernen wir im Kunstunterricht Aquarell-Malen. Kauf mir bitte einige Aquarellfarben!

55. Kunst – 1159

Ölmalerei	yóuhuà
Öl + malen	油画

我们美院有油画系。学生的作品很不错！-- 我能看看吗？

Wŏmen mĕiyuàn yŏu yóuhuàxì. Xuésheng de zuòpĭn hĕn búcuò. -- Wŏ néng kànkan ma?

An unserer Kunstakademie gibt es eine Fakultät für Ölmalerei. Die Werke der Studenten sind gar nicht schlecht! – Darf ich sie mal sehen?

55. Kunst – 1160

Farbe	yánsè
Farbe + Farbe	颜色

我们今天看到的敦煌壁画的颜色已经跟从前不一样了。

Wŏmen jīntiān kàn dào de Dūnhuáng bìhuà de yánsè yĭjing gēn cóngqián bù yíyàng le.

Die Farben der Dunhuang-Wandmalereien, die wir heute sehen, sind nicht mehr dieselben wie früher.

55. Kunst – 1161

Kalligrafie	shūfă
schreiben + Methode	书法

托马斯，你练过书法吗？-- 练过，我们学校里有书法课。

Tuōmăsī, nĭ liàn guo shūfă ma? -- Liàn guo, wŏmen xuéxiào lĭ yŏu shūfăkè.

Thomas, hast du mal Kalligrafie geübt? – Ja, an unserer Universität gab es Kalligrafieunterricht.

55. Kunst – 1162

Skulptur, Statue	diāoxiàng
schnitzen + Statue	雕像

河南省的龙门石窟有十万座左右大大小小的雕像。

Hénánshĕng de Lóngmén Shíkū yŏu shí wàn zuò zŏuyòu dàdàxiăoxiăo de diāoxiàng.

In den Longmen-Grotten der Provinz Henan stehen ca. 100 000 größere und kleinere Skulpturen.

55. Kunst – 1163

Maler (Kunst)	huàjiā
malen + Spezialist	画家

齐白石是中国最著名的画家之一。他画的虾特有情趣。

Qí Báishí shì Zhōngguó zuì zhùmíng de huàjiā zhīyī. Tā huà de xiā tè yŏu qíngqù.

Qi Baishi war einer der bekanntesten chinesischen Maler. Die von ihm gemalten Krabben sind besonders entzückend.

55. Kunst – 1164

Musik	yīnyuè
Ton + Musik	音乐

书上说动物也懂音乐。-- 那么成语“对牛弹琴”不对了？

Shū shàng shuō dòngwù yĕ dŏng yīnyuè. -- Nàme chéngyŭ „duìniú-tánqín“ bú duì le?

Im Buch steht, dass Tiere auch Musik verstehen. – Stimmt nun die Redensart „einer Kuh Musik vorspielen“ (= in den Wind reden) nicht mehr?

55. Kunst – 1165

Konzert	yīnyuèhuì
Ton + Musik + Treffen	音乐会

中国的电视台每年都转播维也纳的新年音乐会。

Zhōngguó de diànshìtái měi nián dōu zhuǎnbō Wéiyěnà de xīnnián yīnyuèhuì.

Die chinesischen Fernsehsender übertragen jedes Jahr das Neujahrskonzert aus Wien.

55. Kunst – 1166

Musikinstrument	yuèqì
Musik + Gerät	乐器

中学时，我们学校有个学生乐队。我开始接触西方乐器。

Zhōngxué shí, wǒmen xuéxiào yǒu gè xuésheng yuèduì. Wǒ kāishǐ jiēchù xīfāng yuèqì.

Als ich auf die Mittelschule ging, gab es in unserer Schule eine Schülerkapelle. Da kam ich zum ersten Mal mit den westlichen Musikinstrumenten in Berührung.

55. Kunst – 1167

Klavier	gāngqín
Stahl + Saiteninstrument	钢琴

你会弹钢琴吗？-- 我不会，不过我会弹琵琶，弹得还可以。

Nǐ huì tán gāngqín ma? -- Wǒ bú huì, búguò wǒ huì tán pípa, tán de hái kěyǐ.

Kannst du Klavier spielen? – Nein, aber ich kann (chinesische) Pipa-Laute spielen, und zwar gar nicht schlecht.

55. Kunst – 1168

Geige	xiǎotíqín
klein + tragen + Saiteninstrument	小提琴

我的孩子上个月开始学习拉小提琴，跟拉锯子似的难听。

Wǒ de háizi shàng gè yuè kāishǐ xuéxí lā xiǎotíqín, gēn lā jùzi shìde nántīng.

Mein Kind hat im letzten Monat angefangen, Geige zu lernen. Das klingt so grässlich wie Sägen.

55. Kunst – 1169

Erhu-Geige	èrhú
zwei + aus dem Ausland eingeführt	二胡

玛丽，送你一张激光唱片，是二胡独奏的中国民乐。

Mǎlì, sòng nǐ yì zhāng jīguāng chàngpiàn, shì èrhú dú zòu de Zhōngguó mínyuè.

Marie, ich schenke dir eine CD. Darauf ist chinesische Volksmusik mit Erhu-Solo zu hören.

55. Kunst – 1170

Flöte	dízi
–	笛子

远处传来笛子的声音，悠扬柔和，像在说一个故事。

Yuǎn chù chuán lái dízi de shēngyīn, yōuyáng róuhé, xiàng zài shuō yí gè gùshi.

Aus der Ferne kam eine Flötenstimme, so melodisch und zart, als ob sie eine Geschichte erzählt.

55. Kunst – 1171

Dirigent	zhǐhuī
Finger + schwingen	指挥
老麦是一个乐团的指挥。但文革时他不可以搞欧洲音乐。	
Lǎo Mài shì yí gè yuètuán de zhǐhuī. Dàn Wéngé shí tā bù kěyǐ gǎo Ōuzhōu yīnyuè.	
Lao Mai ist Dirigent eines Orchesters. In der Kulturrevolution durfte er aber keine europäische Musik machen.	

55. Kunst – 1172

Sinfonie	jiāoxiǎngqǔ
sich kreuzen + ertönen + Melodie	交响曲
当老麦又能听到贝多芬的交响曲时，他的眼泪流了下来。	
Dāng Lǎo Mài yòu néng tīng dào Bèiduōfēn de jiāoxiǎngqǔ shí, tā de yǎnlèi liú le xiàlai.	
Als Lao Mai wieder Beethovens Sinfonien anhören konnte, liefen ihm die Tränen herunter.	

55. Kunst – 1173

Musiker	yīnyuèjiā
Ton + Musik + Spezialist	音乐家
现在老麦的儿子也是音乐家，他吹黑管。	
Xiànzài Lǎo Mài de érzi yě shì yīnyuèjiā, tā chuī hēiguǎn.	
Jetzt ist Lao Mais Sohn auch Musiker. Er spielt Klarinette.	

55. Kunst – 1174

Schlagerstar	gēxīng
Lied + Stern	歌星
从合唱队员、吉他手发展到歌星，小田用了五年时间。	
Cóng héchàngduìyuán, jítāshǒu fāzhǎn dào gēxīng, Xiǎo Tián yòng le wǔ nián shíjiān.	
Um vom Chormitglied über Gitarrist zum Schlagerstar zu werden, hat Xiao Tian ganze fünf Jahre gebraucht.	

55. Kunst – 1175

(Musik-)CD	jīguāng chàngpiàn
erregen + Licht + singen + dünne Scheibe	激光唱片
老路第一次听激光唱片时十分惊讶：一点杂音也没有！	
Lǎo Lù dì yí cì tīng jīguāng chàngpiàn shí shífēn jīngyà: Yìdiǎn záyīn yě méi yǒu!	
Als Lao Lu zum ersten Mal eine CD anhörte, war er sehr erstaunt: Da gibt es gar keine Nebengeräusche!	

55. Kunst – 1176

Oper	gējù
Lied + Theater	歌剧
演出一部歌剧很不容易。-- 是啊，要有好乐队、好歌手。	
Yǎnchū yí bù gējù hěn bù róngyì. -- Shì a, yào yǒu hǎo yuèduì, hǎo gēshǒu.	
Eine Oper aufzuführen, ist gar nicht einfach. – Ja, man braucht ein gutes Orchester und gute Sänger.	

55. Kunst – 1177

Tanz	wŭdăo
tanzen + hüpfen	舞蹈

你喜欢看舞蹈表演吗？-- 很喜欢，特别是喜欢看芭蕾舞。

Nĭ xĭhuan kàn wŭdăo biăoyăn ma? -- Hĕn xĭhuan, tèbié shì xĭhuan kàn bāléiwŭ.

Schaust du gern Tanzaufführungen an? – Ja, sehr gern. Ich sehe mit besonderer Begeisterung Ballettaufführungen an.

55. Kunst – 1178

Beijing-Oper	jīngjù
Beijing + Theater	京剧

京剧、川剧、越剧等都是中国的歌剧，也叫“地方戏”。

Jīngjù, Chuānjù, Yuèjù dĕng dōu shì Zhōngguó de gējù, yĕ jiào „dìfangxì“.

Die Beijing-Oper, Sichuan-Oper, Yue-Oper usw. sind chinesische Opern. Sie heißen auch „Lokalopern“.

55. Kunst – 1179

Theater	huàjù
Worte + Theater	话剧

话剧在中国是比较年轻的舞台艺术，只有一百年的历史。

Huàjù zài Zhōngguó shì bĭjiào niánqīng de wŭtái yìshù, zhĭ yŏu yìbăi nián de lìshĭ.

Das Theater ist in China eine noch junge Bühnenkunstform und hat erst eine hundertjährige Geschichte.

55. Kunst – 1180

Theatergebäude	jùchăng
Theater + Platz	剧场

方剑阳在欧洲旅行时看到不少古代的露天剧场。

Fāng Jiànyáng zài Ōuzhōu lǚxíng shí kàn dào bù shăo gŭdài de lùtiān jùchăng.

Fang Jianyang hat auf seiner Europa-Reise viele antike Amphitheater gesehen.

55. Kunst – 1181

Kinofilm	diànyĭng
Strom + Schatten	电影

有一部讲中国电影业开端的片子，它叫“西洋镜”。

Yŏu yí bù jiăng Zhōngguó diànyĭngyè kāiduān de piānzi, tā jiào „Xīyángjìng“.

Es gibt einen Film, der den Anfang des chinesischen Kinos zeigt. Der Titel heißt „Westlicher Guckkasten“.

55. Kunst – 1182

Kino	diànyĭngyuàn
Strom + Schatten + Anstalt	电影院

现在看电影很贵。-- 有的电影院要五十块钱一张票！

Xiànzài kàn diànyĭng hĕn guì. -- Yŏude diànyĭngyuàn yào wŭshí Kuài qián yì zhāng piào.

Ein Kinobesuch ist sehr teuer geworden. – Manche Kinos verlangen 50 Yuan für eine Karte!

55. Kunst – 1183

Spielfilm	gùshipiān
ehemalig + Sache + Film	故事片
中国已经有一些故事片在国外的电影节上得了奖。	
Zhōngguó yǐjing yǒu yìxiē gùshipiān zài guówài de diànyǐngjié shàng dé le jiǎng.	
Einige chinesische Spielfilme haben auf den ausländischen Filmfestivals Preise gewonnen.	

55. Kunst – 1184

Dokumentarfilm	jìlùpiān
aufzeichnen + aufnehmen + Film	记录片
你喜欢看讲述二十世纪历史的记录片吗？-- 很喜欢！	
Nǐ xǐhuan kàn jiǎngshù èrshí shìjì lìshǐ de jìlùpiān ma? -- Hěn xǐhuan!	
Siehst du dir gern Dokumentarfilme über die Geschichte des 20. Jahrhunderts an? – Ja, sehr gern!	

55. Kunst – 1185

Kongfu-Film	gōngfupiān
Leistung + Fähigkeit + Film	功夫片
功夫片里，人在墙上行走，还能飞到屋顶。-- 全是特技！	
Gōngfupiān lǐ, rén zài qiáng shàng xíngzǒu, hái néng fēi dào wūdǐng. -- Quán shì tèjì!	
In Kongfu-Filmen gehen die Menschen die Wände hoch und können auch aufs Dach fliegen. – Das sind bloß Trickaufnahmen!	

55. Kunst – 1186

Regisseur	dǎoyǎn
leiten + aufführen	导演
听说中国导演分代？-- 是的，现在是第五、第六代导演在忙。	
Tīngshuō Zhōngguó dǎoyǎn fēn dài? -- Shìde, xiànzài shì dì wǔ, dì liù dài dǎoyǎn zài máng.	
Ich habe gehört, dass chinesische Regisseure in Generationen aufgeteilt sind. – Ja, jetzt sind die Regisseure der fünften und sechsten Generation sehr aktiv.	

55. Kunst – 1187

Schauspieler	yǎnyuán
aufführen + Mitglied	演员
“活着”绝了！-- 主角演员竟能从苦难中演出幽默！	
„Huó zhe“ jué le! -- Zhǔjiǎo yǎnyuán jìng néng cóng kǔnàn zhōng yǎn chū yōumò!	
Der Film „Leben“ ist großartig! – Der Schauspieler der Hauptrolle hat sein Leben voller Elend mit viel Humor dargestellt!	

55. Kunst – 1188

Publikum	guānzhòng
schauen + Massen	观众
有的电影院有情侣座，是给成对儿的观众坐的包厢。	
Yǒude diànyǐngyuàn yǒu qínglǚzuò, shì gěi chéng duìr de guānzhòng zuò de bāoxiāng.	
Manche Kinos haben sogenannte Sitzplätze für Liebende. Das sind Kino-Logen für Liebespaare.	

56. Sonstige Aktivitäten und Spiele – 1189

Tanzsaal	wǔtīng
Tanz + Saal	舞厅
迪斯科舞厅和卡拉 OK 这些年里都赚饱了钱。	
Dísīkē wǔtīng hé kălā-o-k zhèxiē nián lǐ dōu zhuàn bǎo le qián.	
Diskotheken und Karaoke-Lokale haben in den letzten Jahren sehr viel Geld verdient.	

56. Sonstige Aktivitäten und Spiele – 1190

Abendveranstaltung	wǎnhuì
Abend + Treffen	晚会
每年一次的春节晚会是全国老百姓都爱看的电视节目。	
Měi nián yí cì de Chūnjié wǎnhuì shì quán guó lǎobǎixìng dōu ài kàn de diànshì jiémù.	
Die jährliche Abendveranstaltung zum Frühlingsfest ist das Lieblingsprogramm des ganzen (chinesischen) Volkes.	

56. Sonstige Aktivitäten und Spiele – 1191

Sketch	xiǎopǐn
klein + Erzeugnis	小品
而春节晚会上特别受大家喜爱的是幽默小品。	
Ér Chūnjié wǎnhuì shàng tèbié shòu dàjiā xǐ'ài de shì yōumò xiǎopǐn.	
Und was auf den Abendveranstaltungen zum Frühlingsfest von allen besonders gern gemocht wird, sind kurze lustige Sketche.	

56. Sonstige Aktivitäten und Spiele – 1192

chin. Kabarett	xiàngsheng
miteinander + Stimme	相声
相声常讽刺不良现象，多由两位演员对讲。	
Xiàngsheng cháng fěngcì bù liáng xiànxiàng, duō yóu liǎng wèi yǎnyuán duì jiǎng.	
Das chinesische Kabarett nimmt oft Missstände satirisch aufs Korn, meistens in Form eines Wortwechsels zwischen zwei Schauspielern.	

56. Sonstige Aktivitäten und Spiele – 1193

Zirkus	mǎxìtuán
Pferd + Theaterspiel + Gruppe	马戏团
马戏团里表演一些什么？-- 马术、走钢丝、空中飞人等。	
Mǎxìtuán lǐ biǎoyǎn yìxiē shénme? -- Mǎshù, zǒu gāngsī, kōngzhōng fēirén děng.	
Was alles führt ein Zirkus vor? – Pferdedressur, Seiltanz, Luftakrobaten usw.	

56. Sonstige Aktivitäten und Spiele – 1194

Akrobatik	zájì
divers + Handfertigkeit	杂技
劳拉，你昨天看的杂技表演怎么样？-- 精彩极了！	
Láolā, nǐ zuótiān kàn de zájì biǎoyǎn zěnmeyàng? -- Jīngcǎi jíle!	
Laura, wie war gestern die Akrobatikvorführung? – Herrlich!	

56. Sonstige Aktivitäten und Spiele – 1195

Zauberei	móshù
Dämon + Kunst	魔术

兰琳，你学过魔术。你会从空帽子里变出鸽子吗？-- 我会！

Lánlín, nǐ xué guo móshù. Nǐ huì cóng kōng màozi lǐ biàn chū gēzi ma? -- Wǒ huì!

Lanlin, du hast Zauberei gelernt. Kannst du aus einem leeren Hut eine Taube hervorzaubern? – Ja, das kann ich.

56. Sonstige Aktivitäten und Spiele – 1196

Brettspiel, Schach	qí
–	棋

公园里、大街旁，常可见三五成群的男人坐在一起下棋。

Gōngyuán lǐ, dà jiē páng, cháng kě jiàn sānwǔchéngqún de nánrén zuò zài yìqǐ xià qí.

Im Park oder am Straßenrand sieht man oft Männer, die zu dritt oder zu fünft (= in kleinen Gruppen) zusammensitzen und Schach spielen.

56. Sonstige Aktivitäten und Spiele – 1197

Mah-Jongg	májiàng
Pockennarbe + befehligen	麻将

有一些人没日没夜地打麻将，真打疯了！

Yǒu yìxiē rén méirì-méiyè de dǎ májiàng, zhēn dǎ fēng le!

Manche Leute spielen ohne Tag und ohne Nacht (= Tag und Nacht) Mah-Jongg. Die sind wirklich verrückt!

56. Sonstige Aktivitäten und Spiele – 1198

Spielkarte	pūkè
(phon.) + (phon.)	扑克

在中国因为有人赌钱，所以禁过麻将，但从没禁过扑克。

Zài Zhōngguó yīnwèi yǒu rén dǔ qián, suǒyǐ jìn guo májiàng, dàn cóng méi jìn guo pūkè.

In China war Mah-Jongg verboten, weil manche um Geld spielten. Aber Spielkarten waren nie verboten.

56. Sonstige Aktivitäten und Spiele – 1199

Ballon	qìqiú
Luft + Ball	气球

女孩爱玩娃娃，男孩爱玩风筝；气球和灯笼大家都爱玩。

Nǚhái ài wán wáwa, nánhái ài wán fēngzheng; qìqiú hé dēnglong dàjiā dōu ài wán.

Mädchen spielen gern mit Puppen, Jungs lieber mit Drachen; aber mit Ballons und Papierlaternen spielen alle gern.

56. Sonstige Aktivitäten und Spiele – 1200

Feuerwerk	yànhuǒ
Flamme + Feuer	焰火

春节期间放焰火和爆竹是爱热闹的中国人的老传统。

Chūnjié qījiān fàng yànhuǒ hé bàozhú shì ài rènao de Zhōngguórén de lǎo chuántǒng.

Feuerwerk und Knallkörper am Frühlingsfest abzubrennen, ist ein alter Brauch der Chinesen, die es gerne heiß und laut (= sehr spektakulär) haben.

DEUTSCH-CHINESISCHES REGISTER

Abend 晚上 60
Abendessen 晚饭 124
Abendveranstaltung 晚会 199
Abgas 废气 30
abgekochtes Wasser 开水 137
Ablauf, Siphon 下水道 103
Abschlusszeugnis 文凭 94
Abwasser 废水 30
Acker, Feld 农田 69
Adresse 地址 2
Affe 猴子 35
Afrika 非洲 45
Ägypten 埃及 45
Aids 艾滋病 150
Akrobatik 杂技 199
Aktie 股票 71
Akupunktur 针灸 158
Allergie 过敏症 151
alter Mensch 老人 5
ältere Schwester 姐姐 10
älterer Bruder 哥哥 9
Altersheim 养老院 6
Altertum 古代 54
Aluminium 铝 116
Ambulanz 门诊 153
Amerika 美洲 45
Ampel 红绿灯 178
Analphabet 文盲 96
Ananas 菠萝 134
anfangs 最初 56
Anforderung 要求 19
Angelegenheit, Sache 事情 19
Angestellte(r) 职员 73
Anmeldung 挂号 154
Ansichtskarte 明信片 83
Antenne 天线 108
Antibiotikum 抗菌素 158
Apfel 苹果 133
Apotheke 药房 157
Aquarell 水彩画 193
Äquator 赤道 42
Arabien 阿拉伯 45
Arbeit 工作 3
Arbeiter 工人 68
Arbeitskleidung 工作服 162
Arbeitslose(r) 失业者 76
Archäologie 考古学 186
Architekt 建筑师 102
Arm 手臂 145
Armbanduhr 手表 61
Armee 军队 77
Ärmel 袖子 163
Artikel, Text 文章 190
Arzt 医生 155
Aschenbecher 烟灰缸 122
Asien 亚洲 44
Astronaut 宇航员 22
Aubergine 茄子 132
Audiokassette 磁带 47
Aufsatz 作文 49
Aufzug, Lift 电梯 100
Auge 眼睛 143
Augenbrauenstift 眉笔 168
Ausgang 出口处 172
Ausland 外国 62
ausländischer Student 留学生 95
Aussehen 外貌 4
Außerirdische(r) 外星人 22
Aussprache 发音 47
Ausstellung 展览会 186
Auto 汽车 175
Autobahn 高速公路 177
Axt 斧头 112

Backofen 烤箱 111
Badewanne 浴缸 104
Badezimmer 洗澡间 104
Bahnhof 火车站 172
Bahnsteig, Gleis 站台 172
Bakterie 细菌 156
bald 不久 56
Balkon 阳台 104
Ballon 气球 200
Bambus 竹子 40
Bambusspross 笋 132
Banane 香蕉 133
Bank 银行 85
Bankett 宴会 124
Bargeld 现金 85
Bart 胡子 144
Batterie 电池 108
Bauch 肚子 146
Bauer 农民 70
Baum 树 38
Baumrinde 树皮 39
Baumstamm 树干 39
Baumwollstoff 棉布 163
Baustelle 工地 66
Beamte(r), Funktionär 官 64
Becken 盆地 26
Bedingung 条件 20
Begabung, Genie 天才 18
Behinderte(r) 残疾人 153
Beijing-Oper 京剧 197
Bein 腿 147
Bekannte(r) 熟人 13
Benzin 汽油 176
Berg 山 26
Beruf 职业 3
Besen 扫帚 121
Bett 床 105
Bettdecke 被子 118
Bettlaken 床单 118
Beutel, Tasche 袋 90
Bevölkerung 人口 62
Beziehung 关系 12
Bibliothek 图书馆 192
Biene 蜜蜂 37
Bier 啤酒 138

Bild, Gemälde 画 193
Biografie 传记 191
Blatt (Baum) 叶子 41
Bleistift 铅笔 97
Blinde(r) 盲人 153
Blitz 闪电 25
Blume 花 40
Blut 血 148
Blutarmut 贫血 151
Bluthochdruck 高血压 151
Bodenerosion 水土流失 30
Bohnensprossen 豆芽 133
Bonbon 糖果 142
Botschaft (Amt) 大使馆 63
Boutique 时装店 164
Boxen 拳击 189
Braut 新娘 16
Bremse 刹车 175
Brettspiel, Schach 棋 200
Brief 信 82
Briefkasten 邮箱 84
Briefmarke 邮票 84
Briefträger 邮递员 84
Briefumschlag 信封 83
Brille 眼镜 159
Bronze 青铜 116
Brot 面包 126
Brücke (Straße) 立交桥 177
Brücke (Wasser) 桥 182
Brunnen 井 28
Brust 胸 145
Buch 书 192
Bücherregal 书架 106
Buddha 菩萨 49
Buddhismus 佛教 49
buddhist. Mönch 和尚 50
Bügeleisen 熨斗 122
Bürgermeister 市长 82
Bürgersteig 人行道 81
Büro 办公室 96
Bürste 刷子 121
Busen, Brust 乳房 145
Bushaltestelle 汽车站 180
Buslinie 路 180
Butter 黄油 140

Café 咖啡馆 123
(Musik-)CD 激光唱片 196
Charakter (Person) 性格 4
Check-in 登机手续 170
Chilli 辣椒 136
chin. Dampfnudel 馒头 125
chin. Hefekloß 包子 126
chin. Heilmittel 中药 159
chin. Kabarett 相声 199
chin. Maultasche 饺子 125
chin. Medizin 中医 157
chin. Schattenboxen 太极拳 189
chin. Schriftzeichen 汉字 48
China 中国 44
Chinakohl 大白菜 131
Chinesisch 汉语 46
Chinesisch 中文 46
Chirurg 外科医生 155
Christentum 基督教 50
Chrysantheme 菊花 40
Coca-Cola 可口可乐 138
Computer 电脑 96

Dach 房顶 99
Damenkleid 连衣裙 162
Darm 肠 146
Darmspiegelung 肠镜 155
Datei 文件 96
Datum 日期 59
Daunenbekleidung 羽绒服 160
Deich, Damm 堤坝 29
Delphin 海豚 37
Demokratie 民主 64
Deutsch 德语 46
Deutschland 德国 43
Diabetes 糖尿病 151
Dialekt 方言 47
diesen Monat 这个月 58
dieses Jahr 今年 57
Dirigent 指挥 196
Doktor (akad. Titel) 博士 95
Dokumentarfilm 纪录片 198
Dolmetscher 翻译 49
Donner 雷 24
Dorf 村子 68
Drache (Fabeltier) 龙 35
Dreirad (Transport) 三轮车 179
Droge 毒品 76
Drucker 打印机 97
Drucksache 印刷品 83
Dünger 肥料 69
Durchfall 腹泻 150
Durchleuchtung 透视 155
DVD-Spieler 影碟机 109
Dynastie 朝代 186

Ebene 平原 26
Ehe 婚姻 8
Ehefrau 妻子 8
Ehemann 丈夫 8
Ei 蛋 130
Eindruck 印象 19
das einfache Volk 老百姓 74
Einfluss 影响 19
(Arbeits-)Einheit 单位 75
Einkommen 收入 3
Einschreibbrief 挂号信 83
Eintrittskarte 门票 186
Einzelkind 独生子女 11
Einzelzimmer 单人房间 81
Eis(-creme) 冰淇淋 141
Eis 冰 24
Eisen 铁 116
Eisenbahn 铁路 172
EKG 心电图 154
Elektriker 电工 111
elektrischer Reiskocher 电饭锅 111
elektrisches Licht 电灯 108
Elektrizität 电 107
Elektrogerät 电器 107
Elektroherd 电炉 110
E-Mail 电子邮件 96
Endstation 终点站 181
England 英国 43
Englisch 英语 46
Enkel 孙子 10
Enkelin 孙女 10

Epidemie 传染病 149
Erdbeben 地震 31
Erdbeere 草莓 134
Erdkugel 地球 21
Erdnuss 花生 142
Erfahrung 经验 18
Ergebnis 结果 20
Erhu-Geige 二胡 195
Erkältung 感冒 149
Ernte 收成 70
Erste Hilfe 急救 153
Essen, gekochter Reis 饭 124
Essig 醋 135
Essstäbchen 筷子 128
Etage, Stockwerk 层楼 99
Ethnie, Völker 民族 6
EU 欧盟 43
Euro 欧元 86
Europa 欧洲 43
Export 出口 70
Express-Zug 特快 173

Fabrik 工厂 65
Fabrikdirektor 厂长 67
Fach, Studiengang 专业 92
Fähigkeit 能力 18
Fähre 渡船 181
Fahrer, Pilot 驾驶员 181
Fahrrad 自行车 179
Fallschirm 降落伞 79
Familie 家庭 7
Familienangehörige(r) 家里人 8
Familienname 姓 1
Farbe 颜色 194
Feiertag , Fest 节日 15
Feind 敌人 78
Fenster 窗子 101
Fenstervorhang 窗帘 118
Fernbus 长途车 180
Ferner Osten 远东 42
Ferngespräch 长途电话 84
Fernsehapparat 电视机 108
Fernsehsender 电视台 190
Fernsehturm 电视塔 190
Feuchtigkeit 湿度 23
Feuer 火 32
Feuertopf, Fondue 火锅 119
Feuerwerk 焰火 200
Film (Foto) 胶卷 184
Finger 手指 145
Fingerring 戒指 169
Firma 公司 72
Fisch 鱼 130
Fläche 面积 62
Flasche 瓶子 139
Fleisch 肉 129
Flöte 笛子 195
Flughafen 飞机场 170
Flugticket 机票 170
Flugzeug 飞机 170
Flur, Korridor 走廊 100
Fluss 河 28
flüssige Medizin 药水 158
Foto 照片 184
Fotoapparat 相机 184
Frachtschiff 货船 182
Frankreich 法国 44
Frau, Dame 女士 14
Frau 女人 2
Fräulein 小姐 14
Freiheit 自由 74
Fremdsprache 外语 46
Freund 朋友 12
Freundin 女朋友 12
Friedhof 墓地 82
Friseursalon 理发店 81
Fruchtsaft 果汁 138
früher 从前 55
Frühling 春天 57
Frühlingsfest 春节 15
Führerschein 驾驶证 178
Fuß 脚 147
Fußball 足球 188
Fußboden 地板 101
Fußgängerzone 步行街 80

Gabel 叉子 128
Garage 车库 176
Garantiezeit 保修期 89
Garn, Faden 线 165
Garnele 虾 130
Garten 花园 41
Gasse 巷子 80
Gast 客人 13
gebratene Ente 烤鸭 129
Gebrauchsartikel 日用品 117
Geburtenregelung 计划生育 11
Geburtstag 生日 16
Gedenkstein 石碑 185
Gedicht 诗歌 191
Gefahr 危险 32
Gefängnis 监狱 77
Gefühl 感觉 17
Gegenstand, Sache 东西 117
gegenüber 对面 53
Gehalt, Lohn 工资 3
Gehirn 脑子 143
Geige 小提琴 195
Geist, Teufel 鬼 51
Geisteskrankheit 精神病 152
gekochter Reis 米饭 125
Geld 钱 86
Geliebte(r) 情人 13
Gemüse 蔬菜 130
General 将军 77
Generation 代 10
Genosse 同志 14
Gepäck 行李 171
gerade, eben 刚才 55
Gericht (Essen) 菜 125
Gesäß 屁股 147
Geschäftsinhaber 老板 73
Geschenk 礼物 16
Geschichte (Historie) 历史 93
Geschlecht 性别 1
Geschlechtskrankheit 性病 150
Geschmack 味道 137
Geschwindigkeit 速度 177
Geschwür 溃疡 152
Gesellschaft 社会 73
Gesetz, Recht 法律 65
Gesicht 脸 143

gestern 昨天 59
Gesundheit 健康 142
Getränk 饮料 137
Gewerkschaft 工会 76
Gewitter 雷阵雨 25
Gewohnheit 习惯 4
Gewürz 调味品 135
Glas (Material) 玻璃 115
Glaubensfreiheit 信仰自由 51
Gleichberechtigung 平等 74
gleichzeitig 同时 56
Glück 幸福 17
Glühbirne 灯泡 108
Gold 金 115
Gott 上帝 50
Gottheit, Götter 神 51
Grad 度 23
Gramm 克 89
Grammatik 语法 48
Gras 草 41
Großbrand 火灾 32
Großvater (väterlicherseits) 祖父 8
Grundschule 小学 91
Gummi 橡胶 115
Gurke 黄瓜 131
Gürtel 皮带 166
Güterzug 货车 174

Hafen 港口 182
Hagel 冰雹 24
Halskette 项链 169
Hamburger 汉堡包 126
Hammer 榔头 112
Hand 手 145
Handel 贸易 70
Handschuh 手套 166
Handtasche 手提包 122
Handtuch 毛巾 120
Handwerker 工匠 68
Handy 手机 84
Han (Mensch) 汉族人 7
Hauptstadt 首都 62
Haus 房子 99
Hausaufgabe 作业 94
Hausfrau 家庭妇女 11
Haushälterin 保姆 12
Hausschuh 拖鞋 167
Haut 皮肤 148
Heft 本子 98
Heilmittel 药 157
Heimatort 家乡 4
Heizung 暖气 102
Held 英雄 78
Hemd, Bluse 衬衫 161
Hepatitis 肝炎 150
Herbst 秋天 57
Herr 先生 14
Herz 心脏 145
heute 今天 59
Himmel 天空 21
Hobby 爱好 18
Hochebene 高原 26
Hochschul-Aufnahmeprüfung 高考 93
Hochzeitsfeier 婚礼 16
Hocker 凳子 107
Hof 院子 99
Holz 木头 114
Homosexuelle(r) 同性恋者 13
Honig 蜂蜜 141
Hörverständnis 听力 49
Hose 裤子 161
Hotel 旅馆 81
Hubschrauber 直升飞机 171
Huhn 鸡 33
Hund 狗 33
Hupe, Trompete 喇叭 175
Hut, Mütze 帽子 165

Idee 主意 19
Imbiss, Dimsum 点心 127
Import 进口 70
in letzter Zeit 最近 55
Indien 印度 45
Industrie 工业 65
Ingenieur 工程师 67
Ingwer 生姜 136
Inhalt 内容 192
Injektion, Spritze 针 158
innen 里面 53
innere Medizin 内科 154
Insel 岛 29
Intellektuelle(r) 知识分子 94
Interesse 兴趣 17
Internet 互联网 96
Italien 意大利 44

Jade 玉 169
Jäger 猎人 37
Jahr 年 57
... Jahre alt 岁 1
Jahrhundert 世纪 56
Japan 日本 44
Jeans 牛仔裤 161
jetzt 现在 55
Joghurt 酸奶 140
Journalist 记者 190
Jugend 青年 5
Jugendliche(r) 年轻人 5
junger Mann 小伙子 5
jüngere Schwester 妹妹 10
jüngerer Bruder 弟弟 10

Kabel, Leitung 电线 107
Kaffee 咖啡 137
Käfig 笼子 36
Kai, Anlegeplatz 码头 182
Kaiser 皇帝 186
Kakao 可可 138
Kaktus 仙人掌 40
Kalk 石灰 115
Kalligrafie 书法 194
Kamel 骆驼 34
Kamm 梳子 120
Kanal 运河 28
kandierte Früchte 蜜饯 141
Kaninchen, Hase 兔子 33
Kapitalismus 资本主义 74
Kapitän 船长 182
Kartoffel 土豆 131
Käse 奶酪 140
Kasse 付款处 89
Kassettenrecorder 录音机 109
Katastrophe 灾难 31

Katze 猫 33
Kaufhaus 百货大楼 87
Kaufmann 商人 73
Kehle, Gurgel, Hals 喉咙 144
Keim, Spross 芽 41
Keks 饼干 141
Keller 地下室 99
Kenntnis, Wissen 知识 92
Kernspintomografie 核磁共振 155
Kerze 蜡烛 51
Kette 链条 179
Kiefer 松树 39
Kilogramm 公斤 89
Kilometer 公里 177
Kind 孩子 4
Kindergarten 幼儿园 4
Kino 电影院 197
Kinofilm 电影 197
Kirche 教堂 51
Klasse, Kurs 班 92
Klassenzimmer 教室 92
Klavier 钢琴 195
Kleiderschrank 衣橱 105
Kleidung 衣服 160
kleiner Privatbetrieb 个体户 72
Klimaanlage 空调 110
Knie 膝盖 147
Knoblauch 大蒜 136
Knochen 骨头 147
Knochenbruch 骨折 152
Knopf 纽扣 163
Koch 厨师 128
Koffer 箱子 171
Kohle 煤 117
Kollege 同事 12
Kommilitone 同学 12
Kommunismus 共产主义 73
Konferenz, Sitzung 会议 71
Kongfu-Film 功夫片 198
Konservenbüchse 罐头 90
Kontakt, Verbindung 联系 14
Konto 户头 85
Konzert 音乐会 195
Kopf 头 143
Kopfhaar 头发 143
Kopfhörer 耳机 109
Kopfkissen 枕头 118
Kopiergerät 复印机 97
Korb 篮子 122
Körper 身体 142
Körpergewicht 体重 143
Körpergröße 身高 142
Körpertemperatur 体温 154
Kosmetikartikel 化妆品 167
Kragen 领子 163
Krankenhaus 医院 153
Krankenschwester 护士 156
Krankenversicherung 医疗保险 159
Krankenwagen 救护车 153
Krankheit 病 149
Krawatte 领带 165
Krebsgeschwulst 癌 152
Kreditkarte 信用卡 85
Kreuzung 十字路口 178
Krieg 战争 77
Kriegsschiff 军舰 79
Krise 危机 72
Krokodil 鳄鱼 37
Kubikmeter 立方 117
Küche 厨房 103
Kuchen 蛋糕 127
Küchenbeil 菜刀 119
Kugel, Patrone 子弹 79
Kugelschreiber 圆珠笔 97
Kühlschrank 冰箱 110
Kuhmilch 牛奶 138
Kultur 文化 193
Kunde 顾客 91
Kunst 艺术 193
Kunstfaser 化纤 164
Kunststoff 塑料 115
Kupfer 铜 116
Kurz-Lebenslauf 简历 3
Kutsche 马车 179
kWh (Haushalt) 度 107

Laboruntersuchung 化验 154
Lack 油漆 114
Laden, Geschäft 商店 87
Ladentisch 柜台 88
Lager, Speicher 仓库 65
Land, Staat 国家 62
ländliche Gegend 农村 68
Landschaft 风景 185
Landstraße 公路 177
landwirtsch. Gerät 农具 69
Landwirtschaft 农业 68
Lärm, Geräusch 噪音 30
Lastkraftwagen 卡车 175
Lebensalter 年纪 1
Lebenserwartung 寿命 6
Lebensstandard 生活水平 3
Leber 肝 146
Leder 皮革 164
Lederschuh 皮鞋 166
Lehm, Erde 泥 113
Lehrbuch 课本 94
Lehrer 老师 95
Leichtathletik 田径 188
Leinenstoff 亚麻布 164
Leitungswasser 自来水 103
Lenkrakete 导弹 79
letzte Woche 上个星期 58
Licht, Strahl 光线 30
Liebe 爱情 17
Liegeplatz (Schlafwagen) 卧铺 173
links 左边 53
Lippenstift 口红 168
Litchi-Pflaume 荔枝 134
Liter 升 90
Literatur 文学 191
Locher 打洞机 98
Löffel 调羹 128
Lokführer 火车司机 174
Löwe 狮子 35
Luft 空气 29
Luftpostbrief 航空信 82
Luftpumpe 打气筒 179
Lunge 肺 146
Lungenentzündung 肺炎 149

Mädchen 姑娘 5
Magen 胃 146
Mah-Jongg 麻将 200
Malaria 疟疾 150
Maler (Kunst) 画家 194
man 人们 2
Manager 经理 72
Mandarine 桔子 134
Mango 芒果 134
Mann 男人 2
Mannschaft 队 187
Mantel 大衣 160
Margarine 人造黄油 140
Marke 牌子 72
(Gemüse-)Markt 菜场 88
Marmelade 果酱 141
Marmor 大理石 114
Mars 火星 21
Maschine 机器 66
Massage 推拿 158
Maßband, Lineal 尺 113
Mathematik 数学 92
Matratze 床垫 105
Mauer 围墙 99
Medien 媒体 189
Meer 海 27
Mehl 面粉 141
Meinung, Ansicht 看法 18
Meister 师傅 15
Meisterschaftstitel 冠军 188
Mensa 食堂 123
Mensch, Person 人 1
Menschheit 人类 6
Messer 刀 111
Metall 金属 115
Meter 米 117
Miete 房租 104
Mikroskop 显微镜 154
Mikrowellenherd 微波炉 111
Mine (Krieg) 地雷 79
Mineralwasser 矿泉水 137
Minister 部长 63
Minute 分 61
Missverständnis 误会 20
Mittag 中午 60
Mitte 中间 53
Mittelschule 中学 91
Mittlerer Osten 中东 42
Möbel 家具 105
Monat 月 58
Monatskalender 月历 61
Monatskarte 月票 181
Mond 月亮 22
Mondfest 中秋节 15
Mongole 蒙古人 7
morgen 明天 59
Morgen 早上 60
Moschee 清真寺 50
Moskitonetz 蚊帐 118
Motor 马达 175
Motorrad 摩托车 179
Mücke, Moskito 蚊子 38
Müll, Abfall 垃圾 31
Mund 嘴 144
Mundschutz 口罩 159
Münze 硬币 86
Museum 博物馆 185
Musik 音乐 194
Musiker 音乐家 196
Musikinstrument 乐器 195
Muskel 肌肉 148
Mutti, Mama 妈妈 9

Nachbar 邻居 13
nachher 以后 54
nächstes Jahr 明年 57
Nacht 夜 60
Nachtisch 饭后甜点 127
Nadel 针 165
Nagel 钉子 113
Nagelknipser 指甲刀 168
Nähe 附近 53
Nase 鼻子 144
nationale Minderheit 少数民族 6
Nationalfeiertag 国庆节 15
Natur 自然 26
Nebel 雾 24
nebenan 旁边 53
Nerv 神经 148
Nest 窝 36
Neuigkeit 新闻 191
(westliches) Neujahr 元旦 15
Niere 肾 146
Niveau 水平 18
Norden 北边 52
Nordpol 北极 42
Nudel 面条 125

oben 上边 52
Ober, Kellnerin 服务员 129
Oberbekleidung 上衣 160
oberes Bett 上铺 173
Obst 水果 133
Obstbaum 果树 40
öffentliche Ordnung 社会秩序 76
öffentlicher Bus 公共汽车 180
Offizier 军官 77
Ohr 耳朵 144
Ohrring 耳环 169
Öl 油 135
Ölmalerei 油画 194
Olympiade 奥运会 187
Oma (väterlicherseits) 奶奶 8
Onkel (väterlicherseits) 叔叔 11
Oper 歌剧 196
Operation 手术 156
Ordner 文件夹 98
Ort, Stelle 地方 52
Osten 东面 52
Ozean 洋 27
Ozon 臭氧 30

Paket 邮包 83
Palast 宫 185
Palme 棕榈树 39
Panda 熊猫 34
Papier 纸 98
Paprika 圆椒 131
Parfüm 香水 168
Park 公园 41
Parkplatz 停车场 176
Partei 党 64

Passagier 乘客 171
Passagierschiff 客轮 181
Patient 病人 156
Patientenzimmer 病房 156
Perle 珍珠 169
Personalausweis 身份证 2
Pestizid 农药 69
Pfand, Kaution 押金 90
Pfeffer 胡椒 136
Pfeil 箭 78
Pferd 马 34
Pfirsich 桃子 134
Pflanze 植物 38
Pilz; Champignon 蘑菇 132
Pistole 手枪 78
Pizza 比萨饼 126
Plan 计划 183
Plastikbeutel 塑料袋 122
Platz 广场 80
Politik 政治 64
Polizist 警察 76
Portemonnaie 钱包 87
Postamt 邮局 82
Postleitzahl 邮政编码 83
Preis 价格 89
Premier, Kanzler 总理 63
Problem, Frage 问题 20
Produkt 产品 66
Produktion 生产 66
Professor 教授 95
Profit, Gewinn 利润 67
Programm 节目 191
Projekt 项目 71
Provinz 省 64
Prüfung 考试 93
Publikum 观众 198
Pullover 毛衣 161
Putzlappen 抹布 121

Qipao-Tracht 旗袍 162
Quadratmeter 平方米 100
Qualität 质量 67
Qualm, Rauch 烟 32
Quellwasser 泉水 28
Quittung 发票 89

Rad 轮子 176
Radio 收音机 109
Radiostation 广播电台 190
Ratte, Maus 老鼠 35
Räucherstäbchen 香 51
Rechtsanwalt 律师 65
Reform 改革 75
Regen 雨 24
Regenbogen 彩虹 25
Regenschirm 雨伞 25
Regenwald 雨林 38
Regierung 政府 63
Regisseur 导演 198
Reifen 轮胎 176
Reinigung 洗衣店 81
Reisaal 黄鳝 130
Reisebüro 旅行社 183
Reiseführer (Mensch) 导游 183
Reisegruppe 旅游团 183
Reisepass 护照 183
Reissuppe 粥 125
Reißverschluss 拉链 163
Reiswein 黄酒 139
Religion 宗教 49
Renminbi (chin. Währung) 人民币 86
Rente 退休金 75
Republik 共和国 63
Restaurant 饭馆 123
Rettich 萝卜 132
Rettungsring 救生圈 182
Revolution 革命 75
Rezeption 服务台 81
Rind 牛 33
ringsum 周围 54
Rock 裙子 161
Rollstuhl 轮椅 159
Roman 小说 191
Rose 玫瑰花 40
Rouge 胭脂 168
Rücken 背 147
Rucksack 背包 184
Ruhr 痢疾 150
Ruine 遗址 185
Russland 俄国 44

Saat, Samen 种子 69
Säge 锯子 112
Sahne 奶油 140
Salz 盐 135
Sandale 凉鞋 166
Satz 句子 47
sauer-scharfe Suppe 酸辣汤 126
Sauerstoff 氧气 29
Schachtel 盒 90
Schaf 绵羊 34
Schaffner 乘务员 174
Schal, Halstuch 围巾 165
Schale, Schüssel 碗 128
Schalter (Strom) 开关 107
Schalter, Ticketstelle 售票处 172
Schauspieler 演员 198
Scheck 支票 85
Schere 剪刀 112
Schiff, Boot 船 181
Schinken 火腿 129
Schlaflosigkeit 失眠 151
Schlafzimmer 卧室 103
Schlaganfall 中风 151
Schlagbohrmaschine 冲击钻 112
Schläger 球拍 188
Schlagerstar 歌星 196
Schlange 蛇 35
Schloss (Tür) 锁 101
Schlüssel 钥匙 101
Schmetterling 蝴蝶 37
Schmucksachen 首饰 169
Schnaps 烧酒 139
Schnee 雪 24
Schneider 裁缝 165
Schnellzug 快车 173
Schnur, Seil 绳子 122
Schokolade 巧克力 140
Schönheitsklinik 美容院 168
Schrank 柜子 105
Schraube 螺丝钉 113
Schraubenzieher 螺丝刀 112
Schreibpinsel 毛笔 97

Schreibtisch 写字台 106
Schreibwaren 文具 97
Schrift 文字 48
Schriftsteller 作家 193
Schublade 抽屉 106
Schuh 鞋子 166
Schuhcreme 鞋油 167
Schulden 债 87
Schule 学校 91
Schüler, Student 学生 95
Schulgeld 学费 94
Schuster 鞋匠 167
Schwein 猪 34
Schweiß 汗 148
Schwert 剑 78
Schwiegertochter 媳妇 9
Schwimmbad 游泳池 187
See (der) 湖 27
Sehenswürdigkeit 名胜古迹 185
Seide 丝绸 164
Seife 肥皂 120
Seite (Buch) 页 192
Sekretär(-in) 秘书 98
(Partei-)Sekretär 书记 64
Sekt 香槟酒 139
Selbstbedienung (Essen) 自助餐 124
Selbstkosten 成本 67
Sellerie 芹菜 130
Semester 学期 93
Serviette 餐巾 128
Sesamöl 麻油 135
Sicherheitskontrolle 安全检查 170
Silber 银 116
Sinfonie 交响曲 196
Sitte, Brauch 风俗 16
Sitzplatz 座位 173
Sketch 小品 199
Skulptur, Statue 雕像 194
SMS 短信 85
Socke 短袜 167
Sofa 沙发 106
Sohn 儿子 9
Sojamilch 豆浆 138
Sojasoße 酱油 135
Soldat 士兵 77
Sommer 夏天 57
Sommerferien 暑假 93
Sonne 太阳 21
Sonnencreme 防晒霜 120
Sonnentag 晴天 22
Sonntag 星期天 59
soziale Fürsorge 福利 75
Sozialismus 社会主义 73
Sparguthaben 存款 86
Spatz, Sperling 麻雀 36
Speisekarte 菜单 127
Speisesaal 餐厅 123
Speisewagen 餐车 174
Spezies 种类 33
Spiegel 镜子 120
Spielfilm 故事片 198
Spielkarte 扑克 200
Sport 运动 186
Sportler 运动员 187
Sprache 语言 46
Spülbecken 水池 103
Spülklosett 抽水马桶 104
Staatsangehörigkeit 国籍 7
Stadion 体育场 187
Stadt 城市 80
Stadtplan, Landkarte 地图 184
Stadtzentrum 市中心 80
Stahl 钢 116
Stärke (Kochen) 淀粉 136
Stau 堵车 178
Staubsauger 吸尘器 110
Stausee 水库 28
Stecker 插头 108
Stein 石头 114
Steppe 草原 27
Stereoanlage 音响 109
Stern 星星 21
Steuer (die) 税 71
Stewardess 空中小姐 171
Stiefel 靴子 166
Stipendium 奖学金 94
Straße (in der Stadt) 街 80
Strumpfhose 连裤袜 167
Stück 个 90
Stuhl, Sessel 椅子 106
Stuhlgang 大便 148
Stunde 小时 61
Sturm 风暴 31
Süden 南面 52
Südpol 南极 42
Sun-Yatsen-Anzug 中山装 160
Supermarkt 超市 88
Suppe 汤 126
Symptom 症状 149

Tablette 药片 157
Tag; Himmel 天 59
tagsüber 白天 60
Taifun 台风 31
Tal 山谷 26
Tankstelle 加油站 176
Tante (mütterlicherseits) 阿姨 11
Tanz 舞蹈 197
Tanzsaal 舞厅 199
Taoismus 道教 50
Tasche 口袋 163
Taschendieb 小偷 76
Taschengeld 零用钱 5
Taschenrechner 计算器 88
Taschentuch 手帕 121
Tasse, Glas 杯子 139
Taube 鸽子 36
Taxi 出租车 175
Technik 技术 66
Techniker 技术员 68
Tee 茶 137
Teehaus 茶楼 123
Teich, Weiher 池塘 28
Telefon 电话 84
Telefonnummer 电话号码 2
Telefonzelle 电话亭 82
Teller 盘子 127
Tempel 庙 50
Temperatur 温度 23
Teppich 地毯 102

Text (Lehrbuch) 课文 48
Theater 话剧 197
Theatergebäude 剧场 197
Thermosflasche 热水瓶 119
Tibeter 藏族人 7
Tier 动物 32
Tiger 老虎 35
Tipp-Ex 涂改液 98
Tisch 桌子 106
Tischdecke 桌布 118
Tischtennis 乒乓球 188
Tochter 女儿 9
Tofu (Sojabohnenkäse) 豆腐 132
Toilette 厕所 104
Toilettenpapier 卫生纸 121
Tomate 番茄 131
Tonne (Gewicht) 吨 117
Topf (Kochen) 锅子 119
Trabant, Satellit 卫星 22
Tradition 传统 74
Trainer 教练 187
Traktor 拖拉机 69
Träne 眼泪 149
Traube 葡萄 133
Traum 梦想 17
Trinkgeld 小费 129
Trolleybus, O-Bus 无轨电车 180
trübes Wetter 阴天 23
T-Shirt 体恤衫 161
Tür, Tor 门 100
Türklingel 门铃 100
Turnen 体操 189
Tuschmalerei 水墨画 193

U-Bahn 地铁 180
Überschwemmung 水灾 32
U-Boot 潜水艇 79
Übung 练习 48
Ufer, Küste 岸 29
Uhr (Zeit) 点 61
Uigure 维吾尔人 7
Ultraschall 超声波 155
Umwelt 环境 25
Unfall 事故 178
Uniform 制服 162
Universität 大学 91
UNO 联合国 43
Unterführung 地道 177
Unterricht 课 92
Unterwäsche 内衣 162
Ursache, Grund 原因 20
USA 美国 45

Vater 父亲 9
Vaterland 祖国 62
Ventilator 电风扇 110
Verhandlung 谈判 71
Verkäufer 售货员 91
Verkaufsstand 摊位 88
Verkehrsmittel 交通工具 170
Verkehrsregel 交通规则 178
Verlag 出版社 192
Verlust 亏损 67
Vermieter 房东 105
Vermögen, Eigentum 财产 75
Vertrag 合同 71
Vertreter 代表 14
Verwandte(r) 亲戚 11
Videorecorder 录像机 109
Virus 病毒 157
Visum 签证 183
Vitamin 维生素 158
Vogel 鸟 36
Volk 人民 74
Volksstamm 部落 6
vor Christi Geburt 公元前 56
Vorname 名字 1
vorher 以前 54
Vormittag 上午 60
vorn 前边 52
Vorsitzende(r) 主席 63
Vorspeise (kalt) 冷盆 124
Vortrag 报告 93
Vulkan 火山 31

Waffe 武器 78
Waggon 车厢 174
Wald, Forst 森林 38
Wäldchen, Hain 树林 38
Wand, Mauer 墙 101
Wantan-Suppe 馄饨 127
Ware 货 88
Wärmflasche 热水袋 159
Wartehalle (Flughafen) 候机厅 171
Waschmaschine 洗衣机 110
Waschpulver 洗衣粉 120
Wasser 水 27
Wassereimer 水桶 121
Wasserfall 瀑布 29
Wasserhahn 水龙头 103
Wasserkraftwerk 水电站 66
Wassermelone 西瓜 133
Wecker 闹钟 61
weicher Sitzplatz 软座 173
Weide 柳树 39
Weihnachten 圣诞节 16
Wein 葡萄酒 139
Welt 世界 42
Weltall 宇宙 21
Werbung, Anzeige 广告 72
Werkstatt 车间 65
Werkstoff 材料 113
Werkzeug 工具 111
Weste 背心 162
Westen, Okzident 西方 43
westliche Küche 西餐 124
westliche Medizin 西医 157
westlicher Anzug 西装 160
Wetter 天气 22
Wetterbericht 天气预报 25
Wettkampf 比赛 188
wildes Tier 野兽 34
Wind 风 23
Winter 冬天 58
Wirtschaft 经济 70
Wirtshaus 酒家 123
Wissenschaftler 科学家 95
Woche 星期 58
Wochenende 周末 58
Wohnheim 宿舍 102
Wohnung 住房 102
Wohnzimmer 客厅 102

Wolke 云 23
Wolle 羊毛 164
Wort (Worte) 话 48
Wort (Wörter) 词 47
Wörterbuch 词典 47
Wunde 伤口 152
Wundstarrkrampf 破伤风 152
Wunsch 愿望 17
Wurst 香肠 129
Wurzel 根 41
Wushu-Kampfkunst 武术 189
Wüste 沙漠 27

Xianggu-Pilz 香菇 132

Yuan (Geldeinheit) 元 86

Zahl 数字 87
Zahn 牙齿 144
Zahnarzt 牙医 156
Zahnbürste 牙刷 119
Zahnpasta 牙膏 119
Zange 钳子 113
Zauberei 魔术 200
Zeile 行 192
Zeit, Zeitpunkt 时候 54
Zeit, Zeitraum 时间 54
Zeitschrift 杂志 190
Zeitung 报纸 189
Zement 水泥 114
Ziegelstein 砖头 114
Zigarette 香烟 142
Zimmer 房间 100
Zimmerdecke 天花板 101
Zimmergenosse 同屋 13
Zins 利息 87
Zirkus 马戏团 199
Zollamt 海关 184
Zoo 动物园 37
Zucker 糖 136
Zug 火车 172
Zugnummer 车次 174
Zugvogel 候鸟 36
Zukunft 将来 55
zuletzt 最后 56
zur Zeit 目前 55
Zuversicht 信心 19
Zweck, Ziel 目的 20
Zweig, Ast 树枝 39
Zwiebel 洋葱 131